编委会

中国文化传播 第一辑

Chinese Culture Communication ❶

王廷信　主编

中国传媒大学出版社
·北京·

图书在版编目(CIP)数据

中国文化传播. 第一辑 / 王廷信主编. -- 北京 : 中国传媒大学出版社, 2022.6
ISBN 978-7-5657-3204-1

Ⅰ. ①中… Ⅱ. ①王… Ⅲ. ①中华文化—文化传播 Ⅳ. ①G125

中国版本图书馆CIP数据核字(2022)第078772号

中国文化传播（第一辑）
ZHONGGUO WENHUA CHUANBO (DI-YI JI)

主　　编 王廷信
策划编辑 曾婧娴
责任编辑 沈刘红
责任印制 李志鹏
封面设计 赵　阳

出版发行 中国传媒大学出版社
社　　址 北京市朝阳区定福庄东街 1 号　　**邮　　编** 100024
电　　话 86-10-65450528　65450532　　**传　　真** 65779405
网　　址 http://cucp.cuc.edu.cn
经　　销 全国新华书店

印　　刷 唐山玺诚印务有限公司
开　　本 787mm × 1092mm　1 / 16
印　　张 12
字　　数 226千字
版　　次 2022 年 6 月第 1 版
印　　次 2022 年 6 月第 1 次印刷

书　　号 ISBN 978-7-5657-3204-1/G · 3204　　**定　　价** 58.00元

本社法律顾问：北京嘉润律师事务所　郭建平

目录

考察纪实

新作推介

Contents

Classic Cases

Investigation and Documentaries

New Works Recommendation

序

2011年10月，中国共产党十七届六中全会通过的《中共中央关于深化文化体制改革、推动社会主义文化大发展大繁荣若干重大问题的决定》指出："文化是民族的血脉，是人民的精神家园。"文化是集人类观念、行为于一体，体现人类生存方式的物质和精神活动。文化的传承与传播，正是让民族血脉延续、让人民家园丰盈的有效途径。

文化的传承与传播也关乎一个国家、一个民族的文化自信。习近平总书记于2016年11月30日在中国文学艺术界联合会第十次全国代表大会、中国作家协会第九次全国代表大会开幕式讲话中指出："文化是一个国家、一个民族的灵魂。……文化自信是更基础、更广泛、更深厚的自信，是更基本、更深沉、更持久的力量。"文化的传承与传播是支持文化自信的关键行动，是让文化自信深入人心、落实到社会心理和行为层面的有效途径。

文化传承是文化在时间轴上的延续和更新。文化传承主要是人的观念和行为的延续和更新。文化传承延续的是文化中的精髓，更新的是文化中的糟粕。文化中的精髓总是牵引着人类社会朝着更健康、更有效、更充实的方向发展，文化中的糟粕是特定时代的产物，随着社会的进步，这些产物或因不适应，或因不能推动社会发展而被淘汰。但如何辨析精髓和糟粕，如何认识人们为文化所注入的新观念、新行为的价值，如何思考新观念、新行为与文化精髓和糟粕之间的关系，需要理论家们投入足够的时间和精力，以新的理念和方法不断思考，拨去遮蔽在文化表层的雾障，让文化价值以一种社会动力的形式在新的时代得以彰显。

文化传播是文化在空间范围的交流、流传和扩散。空间包括国度、地区、民族等被界域化的范围，是文化交流、流传和扩散的所在。古往今来，人类创造的文化形式丰富多彩，跨国度、跨地区、跨民族的文化传播也在不断推进着人类文化的丰富性。文化是在传播过程中实现价值的，有价值的文化形态总是被人们崇尚、吸收、理解。但文化传播并非自在的，而是依靠特定的观念、组织、途径、行为来实现的。文化传播是一种价值观的分享，当一种价值观被人们理解、崇尚、吸收时，才会让人们感受到精神世界的充盈。而这种价值观的分享，既关乎理论，又涉及实践。所以，关注文化传播实践并从理论上思考文化传播原理，也是理论家们的使命。

艺术是人类把握世界、实现自我的一种独特方式。作为文化的有机组成部分，艺术以其润物无声的感染力丰富着人类的精神世界，也深刻影响着人类的观念和行为。艺术的传承与传播从一个独特的角度丰富着文化的内涵、呈现着文化的风貌、张扬着文化的价值。因此，我们热切欢迎以艺术传承与传播为主题的理论探讨。

《中国文化传播》立足中国，面向世界，结合中国传媒大学的学科优势，团结国内外优秀学者，以中国艺术传播与传承为主要内容，专注于中国文化传播的理论探索和实践研究。《中国文化传播》坚持理论与实践相结合的立场，提倡学术性、前沿性、探索性，引导文化传播的理论研究和实践探索，为文化传播提供学术支持。

我们高度重视发掘新生代学者，鼓励青年学者积极加盟，以新锐目光讨论相关问题。

《中国文化传播》像是一位初出茅庐的学界新秀，迫切需要大家的关心与支持。我们坚信，在大家的共同努力下，《中国文化传播》一定能为文化的传承与传播提供优质的理论思考和学术成果。

王廷信

2022 年 3 月 26 日于北京

走出西方中心主义　重建儒道权威*

蔡佳俊　黄永健

摘　要：伴随着近代西方向全球的扩张，来自欧美的学术和学科体系实现了全球化，并造成了学术上的西方中心主义状态。文章旨在阐述走出西方中心主义的必要性、可能性和方法。通过展示儒道权威和西方权威各自的历史，论证儒道权威的式微与西方权威的确立均有一定的偶然性。一方面，儒道权威在清代政治的影响下解体；另一方面，现代西方权威在儒道思想和技术成果的影响下形成。西方权威的积极要素主要受益于儒道思想，其消极要素则主要来源于两希（希腊、希伯来）文明的传统。由于西方权威所依赖的"工具理性"隐含不合理因素，西式现代文明与人性和自然之间均存在无法靠其自身来解决的矛盾；儒道思想则具有解决这些矛盾并提升人类社会品质的潜力，因此重建其权威在当代具有重要意义。但是，儒道权威的重建面临着真伪互杂、理论与历史混淆、学术环境已改变等问题，需要我们开展大量的基础研究工作。

关键词：西方权威；儒道权威；华夷秩序；中学西渐；明清鼎革

一、西方中心主义背后的"权威"问题

因近代西方向全球扩张，而使现代学术和现代学科体系实现了全球化，这造成了学术上西方中心主义的状态。例如，巫鸿曾指出美术史方面的"西方中心主义"：（1）非西方美术史中所使用的理论概念和分析方法也基本来自西方美术史，（2）非西方美术史所讨论的话题和提出的观点也基本走不出西方美术史中提出的问题和思想。[①] 虽然巫鸿的讨论范围为学术中的美术史，但是，无论是哪一个学科，亦无论学术圈内外，西方中心主义现象在许多领域的思想和实践中广泛存在。以设计领域为例，大多学者和设计师

* 本文是教育部人文社会科学研究规划青年基金项目（19YJC760002）、深圳市教育科学规划项目（ybfz18037）的研究成果。

① 巫鸿 . 全球视野中的美术史研究：变动的格局与未来的展望［J］. 美术研究，2019（2）：10-14.

在思想和实践中以西方理论和实践为标准和典范，其作品则以追逐西方制造的潮流为目标。即使有些学者或设计师尝试重新发现或运用中国传统思想，仍不可避免地陷入西方所制造的“东方主义”中，从而使传统文化成为廉价的装饰符号，不但无法制造潮流，更无法影响西方潮流的任何走向。实际上，各个领域的思想和实践中的西方中心主义都源于学术中的西方中心主义，“西方理论的中国化的说法，似乎就隐含着这样一种基本预设：把具有某种普遍性和真理性质的西方理论运用到中国的实践之中，从而实现了西方理论的中国化”。现代学术本身是“一个来自西方的却以普遍面貌呈现的知识体系”，“来源于欧美……是理解中国现代知识与体制的关键”[①]。

要深入理解西方中心主义，发现并解决其带来的问题，我们就不得不直面“权威”问题。这是因为，我们如何理解一件事物，关键在于我们所接受的知识以及因此形成的思考框架和思想立场——学术中的西方中心主义在本质上体现为：很多在西方学术中发展出来的观念和逻辑已经成为绝大多数非西方现代学者头脑中的权威。换言之，由于西方在学术上的权威性，西方中心主义的观念广泛存在，并且似乎已经成为许多现代学者的潜意识。早在 20 世纪 60 年代，已有学者提出当时中国学术出现的问题：在处理中国传统文化的内容时，中国知识分子总是不敢还原其本来面目，而需要以西方理论为指导对其做出牵强的解读。[②] 这种现象不但延续至今，反而更加普遍。其带来的问题是，当许多现代学者有意或无意地使用他们所熟悉和关注的西方理论、现象和术语来解读传统中国历史或思想时，他们也许只看到了他们所想看到的，并很可能因此曲解了他们的研究对象。美国学者保罗 · 柯文（Paul Cohen）在《发现中国的历史》（*Discovering History in China*）中便承认，当代美国学者在研究中国历史时，最严重的问题就是西方中心主义所引起的偏见。[③]

不过，进入 21 世纪，对学术上的西方权威的正确性和正当性提出质疑的学者逐渐增多，这些质疑来自他们对西方文化全球化之后显现出来的弊端的觉察：西方权威的垄断并非因为其绝对合理，而东方传统权威的式微，也并非因为其不尽合理。[④] 相反，东方儒道传统中的诸多因素可能解决各种西式现代化带来的危机，带领我们走出困境，从而提升社会和生活的品质[⑤]。所以，西方权威并非至高无上、神圣不可挑战。不仅如此，

---

① 刘康 . 什么是文科？现代知识的型塑与体系［J］. 上海大学学报（社会科学版），2021（2）：14-18.

② 徐复观 . 中国艺术精神［M］. 台中：东海大学，1966：自序 3.

③ COHEN P. Discovering history in China: American historical writing on the recent Chinese past［M］. New York：Columbia University Press, 1984：1.

④ 张江 . 当代西方文论若干问题辨识：兼及中国文论重建［J］. 中国社会科学，2014（5）：4-37.

⑤ 吴欣 . 山水之境：中国文化中的风景园林［M］. 北京：生活 · 读书 · 新知三联书店，2015：前言 1.

从历史的角度来看，儒道权威的式微与西方权威在当代的确立都有一定的偶然性。基于此，以下将对儒道权威重建的必要性、可能性，以及将遇到的困难和需要解决的问题展开讨论。

二、中国儒道权威的衰落与西方权威的扩张

关于权威的问题，林毓生在《中国人文的重建》中指出了“权威”对于学术的不可或缺：首先，人们思考问题的时候通常不可能只是空想，而需要根据某种权威来进行思考；其次，人们通常也不可能凭空创造契机，而需要在学习的过程中寻得转化和创造的契机，这同样需要根据权威来进行。因此，学术离不开权威。如果不信服权威，学术思考将退回一个最低层次的状态；而一个自认为不信奉任何权威的人，他的心灵便成了他所在时代世俗风气的反映。[①]

无论在科学还是在人文中，中西方各自都有着自己极为深厚的系统权威，两者隔阂既大且深，相互间难以深刻理解。解铃还须系铃人，理解或运用传统中国文化或思想时，最好的方法不是以中国传统思想为装饰，而应该是抛开现代思维的成见，从中国传统思想的内部视角看问题。否则，就会出现如钱穆所指出的，如果我们以西方的权威为指导，把天文和人生割裂开来理解，那么我们便无法进入古人的思想了。[②]但是，问题在于，在西方权威实现全球化之前，中国传统学术的儒道权威却由于种种历史原因解体了；由于儒道权威的缺失，对于现代人来说，现实中似乎不存在能够与西方权威匹敌或抗衡的其他权威，西方权威因此成为当代唯一的权威，其优越性、真理性和普适性自然不容置疑，而所有现代知识只能在此权威下生产。为了深入理解“权威”问题，我们需要对儒道权威的存在，以及西方权威和儒道权威各自地位形成的来龙去脉有一个清晰的认识。

儒道权威所依据的儒道思想源于中国中原地区的华夏文明，又可称为先王之道、先王之教、圣人之道或者内圣外王之学。根据《列子》记载，大约在公元前 27 世纪，圣人黄帝发现了“养身治物”的真理，并将其付诸实践，通过几十年的建设使社会达到安宁稳定、繁荣兴旺的状态。而后尧、舜等几代圣人都“惟精惟一”地以此真理治国，从而使中原大地成为太平富饶的乐土。南宋学者陈淳（1159—1223）曾对此真理的传承脉络进行梳理，推测其源头为更早：“粤自羲皇作易，首辟浑沦；神农、黄帝相与，继

① 林毓生．中国人文的重建［J］．联合月刊，1982（14）：7-17.
② 钱穆．天人合一［Z］．香港：香港中文大学新亚书院钱穆图书馆，1989.

天立极，而宗统之传有自来矣……上下数千年无二说也。"[①] 但是，此真理极为深奥，难以掌握，正如明代学者庄元臣（1560—1609）所说，"尝观孔子之书……骤而观之，即愚夫孺子，亦能臆度其髣髴，而至欲穷其旨归，则巨儒宿师，白首兀兀而未曾能窥测其涯涘者"[②]。然而，此真理又是如此唯一和珍贵，以至于孔子以及孔子之后的"儒家一贯的态度是尊重先师先圣，不敢自以为有所创获，自己的工作不过是探先圣之意而为之注释"[③]。同时，它又不是简单的知识和积习成规，而是具备发展知识的能力，以至于后继的学者都可以在对它进行研究时获得新的发现。正是因为此真理如此深奥，它在历史上曾多次接近中断，而（清代之前的）中国历代的学者都以追求此真理为己任。按照宋代学者对此真理的再发现，其核心包含了对宇宙本质和人性机制极其深刻的理解，可以将其一以贯之于政治、经济、文化、技术、个人生活等各个领域，从而使人民获得个人的发展，使社会获得人与自然以及人与人之间的良好秩序。

早至商周（甚至更早），儒道思想在中国建立了权威，由此创造了辉煌的中国历史，并在明代达到了高峰。农业上，中国在 6 世纪便发生了农业革命；工业上，中国在 9 世纪已经发生工业革命并平稳进步；商业上，中国在 12 世纪已经兴起商业化经济。[④] 从 14 世纪末至 17 世纪初，中国的农业产量增长了 60%，超过了欧洲任何地方的最高增长率；大多剩余农业产品均出口，国际贸易繁荣。[⑤] 从 16 世纪起，欧洲传教士陆续抵达中国，他们对中国的各个方面都有详细的记录，一致展现出明中到晚明和平美好的社会景象。社会秩序上，利玛窦（Matteo Ricci，1552—1610）生活在中国的 28 年中，他从没有听到过打架斗殴或其他暴力事件（除了一些抓头发或拉扯）；同时他也没有听到对误伤或死亡而进行报复的事件。[⑥] 曾德绍（Alvarus Semedo，1585—1658）对中国的道德风气同样印象深刻："中国人温良多礼，喜交谈。一切暴行都受到憎恶。"此外，他也见证了一个物质丰裕的大明，"这个国家盛产各种水果""他们在各地，即使小村镇，都有充足的肉食""他们还把所有东方最好最珍贵的商品售卖给外国人"。明代的富足同样体现在文化上，"住房因设计良好而便于居住，整洁舒适""中国人特别喜欢花""房里的器皿和家具奇特而奢华""他们的镶嵌金属的家具和装饰，及妇女的珠宝，因需求和

① 陈淳 . 北溪大全集［M］// 中国基本古籍库 . 北京：北京爱如生数字化技术研究中心，2009：87.

② 庄元臣 . 论学须知［M］// 王水照 . 历代文话 . 上海：复旦大学出版社，2007：2209.

③ 钱穆 . 钱穆作品精粹［M］. 台北：东大图书股份有限公司，2012：105.

④ 霍布森 . 西方文明的东方起源［M］. 济南：山东画报出版社，2009：47-52.

⑤ MARKS R. Tigers, rice, silk and silt［M］. New York：Cambridge University Press, 1997.

⑥ RICCI M. China in the sixteenth century: the journals of matthew ricci, 1583-1610［M］. New York：Random House, 1953：59.

新奇，已为全世界所熟知，这些物品经由许多港口输出，经常有大宗交易”[①]。

同时，历史上，中国在与周边各国长期和平交往的过程中，其文化对后者产生了巨大的吸引力，因此，儒道权威除了体现在儒道学问在本国的主导地位及其带来的文明和进步，还体现在周边各国对儒道文明的仰慕以及儒道文明对它们的影响，具体表现为：（1）周边各国在学术上对儒道思想的吸纳，[②]（2）周边各国对中国实践儒道思想所形成的政治制度和经济文化活动的模仿，[③]（3）周边各国形成以中国为中心的华夷秩序以及在中国的认可下得到的政权合法性。[④]这种影响随时间递增，并在明代达到高峰。据日本学者荒野泰典的考证，中国和周边各国、各民族所形成的华夷主义和华夷秩序约在1630年左右已建构完成。[⑤]

此外，儒道权威也体现在西方对明代中国的好感——通过耶稣会士对明代的记录，17世纪的欧洲人对中国充满了崇敬，“在中世纪……当英国还处于西方未开化的某个阶段时，中国的文明已达到尽善尽美……”“直到16世纪，中国大大领先于西方”[⑥]“他们的身体以及他们的头脑可以说是欧洲人的楷模……他们在许多事物上的发明和我们相反，仍然不仅不亚于我们，很多还优于我们……至于种种德行……他们远远胜于我们，可以当作基督教国家的优秀榜样”[⑦]“……与其他民族相比，真的很难描述中国所有的法律是多么的美妙：它的公众透明性，以及所产生的社会秩序——人与人之间的关系可能产生的分裂被最小化”[⑧]。

可是，明清易代，儒道权威亦被改变——清朝统治者在中国建立起政权之后，不遗余力地通过各种手段来巩固其统治：（1）篡改历史，通过污蔑和贬低晚明来正当化自己对中原的入侵和征服；（2）宣称自己是中国传统文化和价值观的守卫者；[⑨]（3）通过《大义觉迷录》缓解满汉之间的紧张关系，但其中却不乏对经典的曲解或改动；（4）阐述佛教政治思想，宣扬佛教，利用佛教的神秘主义加强统治；[⑩]（5）贬抑道家和道教，导致儒道分离，使儒学失去更深刻的理论依据；（6）实行文字狱，查禁一切批评清朝的东

① 曾德昭．大中国志［M］．何高济，译．北京：商务印书馆，2012：12-13，16-18，42-44.

② 董灏智．近世日本“自文化中心主义”的初步形成：以《大学》《中庸》的“日本化”为中心［J］．历史研究，2017（4）：128-139，192-193.

③ 孙卫国．论事大主义与朝鲜王朝对明关系［J］．南开学报，2002（4）：66-72.

④ 张丹丹．《大义觉迷录》的理论与实践［D］．长春：东北师范大学，2015：62，69-71.

⑤ 周颂伦．华夷变态三形态［J］．东北师大学报（哲学社会科学版），2014（4）：1-6.

⑥ 佩雷菲特．停滞的帝国：两个世界的撞击［M］．王国卿，毛凤支，谷炘，等译．北京：生活·读书·新知三联书店，2007：20，270.

⑦ 曾德昭．大中国志［M］．何高济，译．北京：商务印书馆，2012：2.

⑧ SPENCE D J. The Chan's great continent: China in western minds［M］. New York：Norton, 1998：85.

⑨ MOTE W F. Imperial China, 900-1800［M］. Cambridge, Mass：Harvard University Press, 1999：771.

⑩ 崔玉卿．试谈清代的佛教与政治［J］．理论探索，2007（4）：132-134.

西，把两千多种书列为禁书，焚烧了另外两千多种非禁书，并大量屠杀知识分子；（7）在文化上建立起新权威，引领新的审美，例如，在家具和各类艺术的审美上，以清式代替明式。

清朝统治者通过这些措施使其政权得以稳固，却使儒道权威的本质在这个过程中被歪曲和解体，代之以一个伪装成“儒家”的、利用“儒家”名誉的、以神秘主义为基调的权威，从而使人民处于愚昧无知的境地。可以说，儒学在清朝入关后遭受前所未有的大难，民族生命因此萎靡不振。①在清朝的统治下，中国文明以惊人的速度枯萎：首先，中国人的思想境界从以理性为主导退化为以盲从为主导；其次，中国丢失了许多原使它领先于欧洲几个世纪甚至上千年的独一无二的生产秘密，从而走向了贫穷；②再次，中国的文化和艺术变质，不再高雅优美。因此，在1780年之后，欧洲对中国的看法就变成了：一个落后的、被专制主义窒息的野蛮国度的“堕落民族”③。而到马戛尔尼使团访问中国的18世纪末，那个曾经美好的明代中国已经消失不见，代之以一个在科技、经济、文化、艺术乃至道德全面落后的清代中国。马戛尔尼因此叹息：“当我们（欧洲人）每天都在艺术和科学领域前进时，他们（中国人）实际上正在变成半野蛮人。”④可以说，清朝统治中国三百年的历史是中华文明逐渐崩塌的过程，而其根源正是儒道权威被扭曲和变质。

不仅如此，清朝所建立的“权威”完全得不到周边国家的承认。无论是日本还是朝鲜对明清易代的第一反应都是夷狄入主中原。朝鲜方面，虽然清朝通过武力征伐，把朝鲜变为附属国，但即使一百多年之后，朝鲜始终无法认同清朝，难以接受清朝的思想观念，仍视其为夷狄。⑤即便在朝鲜王朝后期，其表面上和清朝关系密切，在国内却仍然认同明朝，甚至不断强化这种认同。⑥这是因为朝鲜将儒道权威作为评判华夷正统的标准，认为清人对明朝的武力征服并不能改变其文化层面的夷狄性质。⑦

日本方面，明朝灭亡后，朝野上下普遍认为满族作为外夷，无法传承中国的正统文明，因此拒绝跟清朝交往，不承认其正统地位。江户幕府儒官收录17世纪至18世纪关

① 佚名．牟宗三［EB/OL］.（2012-8-21）［2022-2-8］.http://www.guoxue.com/.

② 佩雷菲特．停滞的帝国：两个世界的撞击［M］.王国卿，毛凤支，谷炘，等译.北京：生活·读书·新知三联书店，2007：73，269.

③ 霍布森．西方文明的东方起源［M］.孙建党，译．济南：山东画报出版社，2009：176.

④ 马戛尔尼，巴罗．马戛尔尼使团使华观感［M］.何高济，何毓宁，译．北京：商务印书馆，2013：6.

⑤ 刁书仁．从“北伐论”到“北学论”：试论李氏朝鲜对清朝态度的转变［J］.中国边疆史地研究，2006（4）：113-115.

⑥ 孙卫国．大明旗号与小中华意识：朝鲜尊周思明问题研究［M］.北京：商务印书馆，2006：97.

⑦ 张丹丹．《大义觉迷录》的理论与实践［D］.长春：东北师范大学，2015：66，68.

于中国形势的报告书两千多件，编纂为《华夷变态》，表达出“视明为华，视清为夷”的态度[①]，其题目更是断言明清更替标志着中国由华夏变成了蛮夷。与此同时，南明遗民中有大量的知识分子赴日，他们给日本带去了丰富的中国书籍和文物，以及自身的知识和技能，这些资源使日本从政府到民间都受益匪浅。日本朝野对中国从思想到艺术各方面的学问颇为重视，全国上下学术活动活跃，出现了许多思想家。[②]也许是意识到日本可以利用这些有利条件扭转中国和日本的华夷的地位，在明代中国瓦解后的整个江户时期，日本的各个学派通过对儒学经典的重新诠释，试图从理论和形象上将日本塑造为中华。对日本而言，只要占有道统，那么它就不再是夷狄，甚至可以因此成为中华。[③]在19世纪中叶之后，朝鲜和日本均以传承或掌握了儒学权威为理由以中华自居，并将周边其他国家视为夷。但是，朝鲜或日本都不承认对方为权威，并不视对方为中华。

当儒道权威在中国衰落的时候，现代西方的权威则开始逐步形成。在和中国文明碰撞之前，欧洲文明相对原始落后[④]，但通过十字军东征、蒙古西征、郑和下西洋和传教士来华，欧洲不断吸收着中华文明的成就。最关键的中学西渐发生在16世纪—18世纪，在此期间来华的传教士是中国的哲学思想、经济思想和技术思想最有力的传播者。他们除了通过大量的书信和年报向欧洲传播他们在中国的见闻以及关于中国各方面的信息，还通过翻译中国的学术经典向欧洲介绍中国的学术思想和各方面的知识。主要的译著包括:《中国的智慧》(*Sapien-tia sinica*，1662)、《中国政治道德学说》(*Sina-rum scientia politico-moralis*，1667、1669)、《中国哲学家孔子》(*Confucius Sinarum philoso-phus*，1687)和《中华帝国六经》(*Sinensis imperii libiri classici sex*，1711)等。由于传教士的贡献，许多中国书籍在欧洲出版并随处可见。

大量来自中国的信息激发了欧洲各个阶层的想象力，这些信息对欧洲产生了革命性的影响。首先，欧洲人直接将大量的中国技术和工艺运用于实践，激发并加速了欧洲的工业革命和农业革命。现代学者霍布森在《西方文明的东方起源》中详细介绍了英国农业革命的中国起源和英国工业革命的中国起源，其中包括了铧犁、旋转风扬机、条播机、马耕、蒸汽机、鼓风炉等工具和炼钢、棉纺织业等产业的中国起源。

不仅如此，中国的思想对激发欧洲大陆和英国的启蒙运动起了极为重要的作用。许多启蒙思想家积极地与中国和中国的思想联系在一起，这些思想家包括迈克尔·蒙田

① 周颂伦.华夷变态三形态［J］.东北师大学报（哲学社会科学版），2014（4）：3.

② 王勇，孙文.《华夷变态》与清代史料［J］.浙江大学学报（人文社会科学版），2008（1）：143，146.

③ 董灏智.近世日本“自文化中心主义”的初步形成——以《大学》《中庸》的“日本化”为中心［J］.历史研究，2017（4）：128，131.

④ GREER H T, LEWIS G. A brief history of the western world［M］. New York: Harcourt Brace Jovanovich, 1992：45.

（Michel de Montaigne，1533—1592）、约翰·洛克（John Locke，1632—1704）、尼古拉斯·马勒伯朗士（Nicolas de Malebranche，1638—1715）、戈特弗里德·威廉·莱布尼兹（Gottfried Wilhelm Leibniz，1646—1716）、克里斯汀·沃尔夫（Christian Wolff，1679—1754）、伏尔泰（本名：弗朗索瓦 - 马利·阿鲁埃，François-Marie Arouet，1694—1778）、弗朗索瓦·魁奈（Francois Quesnay，1694—1774）、大卫·休谟（David Hume，1711—1776）、丹尼斯·狄德罗（Denis Diderot，1713—1784）和亚当·史密斯（Adam Smith，1723-1790）。可以说，启蒙思想家们积极支持的许多思想都是从中国直接传播过来的。例如，伏尔泰的著作《风俗论》（*Essai sur les mœurs et l'esprit des nation*，1756）被形容为“那一时代关于远东所有（积极）情感的一种完美概述”①。

最关键的是，这些来自中国的知识传递了这样一个信息：中国古人借助理性已经认识到真理的存在，中国人凭借理性和努力成功实现了完美的人性并获得幸福的生活。例如，《中国哲学家孔子》的译者便强调了理性的重要性及其来源：“或许有人会说，这位哲学家的道德体系极其严肃，但同时又简单、明智，取自最纯粹的自然理性。被剥夺了神圣启示的理性，不可能显得如此完善，也不可能具有如此大的动力。”②这本书对欧洲启蒙思想家产生了极大的影响，许多启蒙思想家都表达了对理性的热爱和对理性文明的希望。现代学者阿尔道夫·利奇温（Adolf Reichwein）因此认为孔子是 18 世纪启蒙运动的奠基先贤。③在理性的启蒙下，欧洲兴起了对理性的崇拜和追求。“欧洲启蒙运动和中国思想之间的联系，最终通过人的理性是万物的中心这一共同信念联结了起来。理性至关重要，因为它导致了运动规律的发现，这种规律渗透在社会政治和自然生活的各个方面。”④儒道思想及其成果影响下发生的工业革命和启蒙运动使西方产生了科学，在政治、经济和艺术方面同样一日千里，从而率先实现了“现代化”。

莱布尼兹在《中国近事》中宣布：“当这两个文明程度最高和相距最远的民族携起手来的时候，也会把它们之间的所有民族都带入一种更合乎理性的生活。”这句话在今天看来几乎可以说是开启现代化的宣言。但不幸的是，中国却在清朝并非理性的统治下一落千丈，东西方的发展势头和各方面的力量对比由此发生了翻天覆地的变化。从 18 世纪后期开始，中国在西方人心目中的地位急转直下，被萨义德定义为“东方主义”的学术和文艺作品在欧洲极为盛行——通过对东方的想象和描述，欧洲民族建立起了其文化

① 霍布森 . 西方文明的东方起源［M］. 孙建党，译 . 济南：山东画报出版社，2009：175，178-179.

② ROWBOTHAM A H. The impact of confucianism on seventeenth century Europe［J］. The far eastern quarterly, 1944 (4): 227.

③ REICHWEIN A. China and Europe［M］. Taipei：Ch'eng-Wen Publishing Company, 1967：77-78.

④ 霍布森 . 西方文明的东方起源［M］. 孙建党，译 . 济南：山东画报出版社，2009：174.

乃至种族优于所有其他文化和种族的观念，制造出一个作为陪衬的并需要西方来统治的愚昧的“东方”。通过（不公平的）贸易、殖民和武力等手段，西方对东方的定位进一步作用于现实，加剧了东西方的不平等地位，而被强化的现实则进一步巩固了东西方人民心目中的东西方形象，在现实和想象的反复相互作用下，东方主义的影响至今犹存。

鸦片战争以来，中国接连受到来自西方的军事冲击和商业霸凌，从最初的不想学习外国到一步步走向崇拜西方。陈序经提出“全盘西化”一词，而胡适则在新文化运动期间呼吁国人必须承认自己在物质机械、政治制度、道德、知识、文艺、身体上处处劣于西方。从此，中国人的内心发生了权威的危机，儒道权威连同清政权建立起来的伪儒家权威一起崩溃。中国精英阶层将西方文化输入中国的同时，潜意识地将本土文化弱化，将西方文化拔高。中国传统权威的瓦解以及西方权威在中国的建立标志着西方中心主义的胜利，而这种胜利在几乎所有非西方的文明中都发生了。“西方以外的文明向西方文明学习是发展的唯一方向”成了一种默认的共识。从 19 世纪到 20 世纪，这种共识在东西方的共同努力下得到了巩固。

三、走出西方权威的尝试：黑川雅之的启示

学者江宁康指出，西方现代文明的形成并不能从希腊或希伯来文化源头中找到谱系脉络，因此后者不是前者形成的根源。相反，由于一方面古希腊文化富于浪漫想象，并无严谨的逻辑思维以及形成现代实验科学所需的观念体系；另一方面，来自希伯来文化的基督教文化强调对宗教故事的绝对服从，不允许任何对其不利的创新思想和科学发现，所以传承两希文明不但不能发展出西方的现代性，反而会阻碍其形成。17 世纪起西方走向现代化，反而是因为人们不再从自己的古代文化中寻找复兴的思想源泉，而是批判和扬弃了两希文明；启蒙运动就是西方现代化的源头，与两希源头有本质性差异并具有同等地位。[①] 不过，该研究并未论述中国儒道文明与启蒙运动的关系。

约翰·霍布森指出，如果没有明代“中国的这些贡献，英国很有可能还是一个渺小而落后的国家……而欧洲大陆则从公元 500 年起就游离于由亚非引导的全球经济边缘”[②]。但是，由于儒道文明对西方现代化的积极影响并没有得到广泛明确的认知与承认[③]，并由于清代中国的没落，现代人仍普遍认为现代西方权威的源头为两希文明，其

① 江宁康 . 启蒙运动与西方现代文明的起源［J］. 人文杂志，2019（6）：73-80.
② 霍布森 . 西方文明的东方起源［M］. 孙建党，译 . 济南：山东画报出版社，2009：194.
③ NEEDHAM J, BRAY F. Science and civilization in China［M］. Cambridge: Cambridge University Press, 1984: 570.

血统为纯粹的西方。相反，因为现代西方权威的全球化，“西方”的优越性和优越感使“西方”血统以及几乎所有的“西方”事物戴上神一般的光环。由于现代人对两希传统膜拜有加，古希腊和希伯来文化传统在现代有着持久的潜移默化的影响力，以至于两者潜在的非积极要素，如竞争主义、势力崇拜、切割分类、投机冒险和宗教虚构等也成为构成现代西方权威的要素。此外，由于在儒道思想和成果启蒙下发生的启蒙运动并不是对儒道思想的继承，所以，西方权威和儒道权威仍存在很大差距。

与儒道权威的和平扩张不同，西方权威的扩张是伴随着武力、战争、侵略和殖民统治的。“现代化本身具有一种侵略能力，而针对这一侵略最有效的自卫，则是以其矛攻其盾，即尽快地实现现代化。”① 因此，对于西方以外的人民来说，来自西方的权威不是一种因为喜欢而“心悦诚服”地认可和接受。然而，因为西方权威已成为当代世界的权威，大多数人将其默认为现实，很少人会对其正确性和唯一性提出质疑并将其清晰地表达出来——不过，日本设计师黑川雅之正是这类为数不多的有代表性的学者之一。在《日本的八个审美意识》一书中，他在开篇就直接表达出他的压抑，他所指向的实际上也是日本原有的权威被西方权威替代的问题：

> 在世界观方面，无论怎么说现在的日本人已经沦为西方文化的奴隶了。明治维新后的百年以来，西方的近代化以非常可怕的气势朝着日本涌来了……西方的近代思想是以基督教为背景的，而且，带有以日耳曼民族思想为中心的浓厚影响。然而，日本的西方化速度之快，被西方思想的色彩涂抹之重，是出乎所有人的意料的，以至于……日本的审美意识考量，也有许多部分都已经被近代西方思想和世界观所替代。②

黑川雅之指出，这种替代表面上看非常彻底，表现在日本人的日常会话和观念中，但这种替代对日本人却又是不自然的，他因此将日本人对西方权威的接受称为“盲从”。他以建筑设计为例，展示了西方的权威不仅给他自己，也给很多日本人带来了挥之不去的困扰——历史上，西方建筑和日本建筑之间并没有什么实质性的交流，各自发展只属于自己的体系，但现代以来，日本所有大学的建筑专业能提供的却只有与日本传统毫无关系的西方建筑学理论，守卫传统的人成为社会中的极少数。但建筑教育的去日本化带来了不少问题：其一，现实中，当东西方的事物有任何不一致时，东方就是错的，一切都以西方模式为标准；其二，具备日本审美意识的设计师在设计工作中倾向于刻意去压抑和克制表现“日本式”的设计；其三，由于对日本建筑的描述往往只能用西方化的思

---

① 艾恺. 世界范围内的反现代化思潮：论文化守成主义［M］. 贵阳：贵州人民出版社，1991：前言.

② 黑川雅之. 日本的八个审美意识［M］. 王超鹰，张迎星，译. 石家庄：河北美术出版社，2014：7.

路进行分析和解释，传统中所展现出来的审美意识无法为大多数日本设计师所理解。这些都导致日本传统审美遭到束缚。

但是，黑川雅之通过自己的体验以及长期的思考和实践发现，这种束缚是不应当存在的，实际上日本与西方审美上的不一致不但不是错误或失败，反而是审美上的成功。从此，他走出了内心和外在的西方权威的控制，大胆说出日本和西方有着“完全不同的历史背景”“日本的背景文化与西方几乎是完全相反的”“日本的环境与西方完全不同”“日本城市与西方城市在文化习惯上的本质不同……各自形成不同体系”，以及日本和西方有着“完全相反的审美意识”等见解。[①]他因此能放松地直面非西方的审美意识，并开启了追寻自身遗传基因的旅程，从而最终总结和表达出日本的审美意识。可以说，黑川雅之的《日本的八个审美意识》标志着西方以外的设计师在摆脱西方权威上走出了第一步。

黑川雅之的字里行间无不透露着他作为一个设计师对西方权威的极度不满，但这种不满与其说是出于民族主义的情绪，不如说是出于西方权威中存在着的本质上的非合理性。实际上，除了前面所提到的西方权威的古希腊源头和希伯来源头所带来的消极因素外，作为西方权威的核心和精华的“工具理性”以及工具理性思维并未达到儒道思想中的“理”和理性。前者从理论和源头到实践和结果都具有不人性的因素——从理论和源头上看，马克斯·韦伯（Max Weber）曾指出，工具理性是受到宗教影响的结果，其背后的动力是极端的非理性;“工具理性”与“价值理性”之间不但具有本质性的差异，而且相互矛盾对立。从实践和结果来看，工具理性虽然带来了西方的近代工业文明以及相应的物质丰裕，但这种文明也显示出它与自然以及它与人性之间不可调和的本质性矛盾。

工具理性与自然的矛盾体现在现代文明发展模式的不可持续性。然而，工具理性本身似乎很难解决这个问题。西方权威下的现代学术虽然提出了可持续发展理念及相关理论，很多理论在现实中也得到了实践，但这只是对现代的不可持续发展模式的补救，并不能够彻底改变不可持续发展的模式，做到真正的可持续发展。不仅如此，大多数“补救”对于目前的不可持续发展模式来说只是杯水车薪，甚至不但起不到有效的补救作用，反而带来了新的副作用。

工具理性与人性的矛盾则体现在它导致了人类活动的机械化和形式化，也导致了人性的异化。芒福德在研究了西方城市 5,000 年的发展史后指出：现代的发展模式呈现为

① 黑川雅之. 日本的八个审美意识［M］. 王超鹰，张迎星，译. 石家庄：河北美术出版社，2014：7-8，130-132.

无休止地推进技术进步，使人类在严密的组织和控制中生活；非人性的科学技术的最终结局是一台超大型机器一般的世界。每个人都被组织到这部机器中成为一个零件或一个装置，但这部机器的意义只是在于生产更多的机器。正如芒福德所预言，单一西方权威下的建设模式正在把我们带向一个赛博朋克式的并非美好的未来，而这个方向目前似乎没有一个更好的设计去替代——西方权威下提出的后现代主义对于改变机械化发展模式的方向同样无济于事。

实际上，工具理性造成的，并且自身难以解决的现代文明与自然之间的矛盾，以及现代文明与人性之间的矛盾，可以从儒道思想中找到解决办法。儒道对宇宙运行的机制和人性的机制有着深刻的认识，可以对当下不可持续的发展模式提出颠覆性的挑战，可以为我们提供实现主观世界和客观世界统一的途径，最终使人类达到“先天而天弗违”“从心所欲不逾矩”的理想世界。只要人性的机制不变，宇宙运行的机制不变，儒道理论就仍然适用于当代，仍然是提升人类社会品质的力量。可以预见，儒道智慧的运用将使人类走向美好的未来——而这也正是芒福德所期待的理想世界，“如果生命得胜了，未来的城市将有这张（明代版的）中国画《清明上河图》所显示的质量：各种各样的景观，各种各样的职业，各种各样的文化活动，各种各样人物的特有属性——所有这些能组成无穷的组合、排列和变化，不是完善的蜂窝，而是充满生气的城市”。① 实际上，晚明的江南曾部分正确地实践了儒道的理想，并走在通往全面实现的道路上。晚明的江南虽然短暂，却让我们见到了自由、秩序、物质和文化丰裕与可持续发展兼得的社会景象。历史学家牟复礼（Frederick W. Mote）同样对晚明的生活无限迷恋：“最妙的是，晚明是一个充满了想象、幽默和激情的极度浪漫的时期。许多人乘着越来越自由的社会风气过上了不被‘传统’所拘束的生活。对于大部分知识精英来说，享受生活的社会风气挑战了人的能力——不但在享乐方面，而且在个人智慧的发展方面。”② 最重要的是，明代是一个各个阶层的人民都喜爱的时代。反清复明的声音不但贯穿了整个清代，而且当清代灭亡之后，“农民希望很快恢复明朝”③。人类需要怎样的理想世界，如何实现，也许儒道的思想和明代的实践可以共同帮助我们找到更清晰的答案。

---

① 芒福德．城市发展史：起源、演变和前景［M］．宋俊岭，倪文彦，译．北京：中国建筑工业出版社，2005：448-449.

② MOTE F W. Imperial China 900-1800［M］. Cambridge, Mass: Harvard University Press, 1999: 851.

③ 佩雷菲特．停滞的帝国：两个世界的撞击［M］．王国卿，毛凤支，谷炘，等译．北京：生活 · 读书 · 新知三联书店，2007：161.

四、儒道权威的重建路径及其实现的可能性

从以上论述可以看到，权威问题中有几个复杂而关键的问题：（1）来自中国的儒道学术及其成果通过启发工业革命和启蒙运动为构建西方现代文明和西方现代权威贡献了不可或缺的力量。（2）虽然当下的西方权威乃是在儒道文明的影响下产生并取得了巨大的成就，但西方中心主义造成了西方的两希传统中所附带的负面要素亦以权威的身份通过学术影响着西方权威下的现代社会以及现代人的思想和实践。（3）清代在形式上因循文化积习的成规，背后建立起的却是一套与儒道权威完全不同的、以神秘主义和伪善主义为主调的"伪儒家权威"，从而把中华民族带向深渊，所以，与西方权威相遇的清代权威，是完全没有竞争性且需要被推翻的。但是，到目前为止，这个伪权威与真正的儒道权威往往被混为一谈，两者需要被清晰地区分开来。（4）儒道权威在清代的崩溃断绝了另一条通往真理途径的可能性，现代学者除了西方权威，几乎无可选择。抛却西式的思维方式之后，人们甚至就不知道该如何思考了。（5）由于西方权威的唯一性，现代人只能建设西方模式下的理想世界，而不是其他文明所设计和构想的世界。但由于西方权威所依赖的工具理性存在着潜在的不合理因素，西式现代文明与人性之间、与自然之间都存在着无法靠工具理性来化解的矛盾。

可以预见，要走出西方中心主义对我们的支配及其导致的困境，我们需要首先在学术上打破西方学术思想和理论的"权威"给我们的各种精神禁锢，树立起西方以外的权威，真正获得西方以外的智慧和思想。从以上的分析来看，中国清代以前的繁荣有序，西方近代的工业革命和启蒙运动，以及日本近代的发展，都是在儒道权威的直接或间接影响下发生和实现的，所以，对于东西方民族来说，儒道权威一直是推动历史进步的力量。此外，儒道权威的树立将有助于我们解决现代文明与人性之间的矛盾，以及现代文明与自然之间的矛盾。因此，如果要树立起西方以外的权威，中国的儒道权威是一个强有力的选择。

不可否认，清朝对明朝的征服凸显了儒道权威的缺陷——正如莱布尼兹所指出的，明代中国人"对任何残暴的东西都不感兴趣……他们厌恶战争。如果世界上只有中华民族一个民族的话那当然他们是最明智的。但事情就是这样，就算善者也要懂得和发展战争的艺术，这样，邪恶就不会占据上风"①。但是，时代已发生了改变，两次世界大战以

① SPENCE J D. The Chan's great continent: China in western minds［M］. New York: Norton, 1998：84.

后，战争和霸权并不是大部分现代人内心所崇拜的事物。如何建设有着高质量生活的可持续发展的和平的人类社会才是更重要的议题，而走出西方中心主义和重建儒道权威将为现代文明提供一条通往真理和美好未来的途径。

也许有人担心，儒道权威虽然能带来道德、艺术、社会秩序和人与自然关系等方面的进步，但它是否意味着科技落后？从前面的论述可以看到，儒道权威下，直到明末，中国的科技也取得了骄人的成绩，导致中国科技退步的只是清代的伪儒学权威。实际上，除了技术的先进，作为基础科学的数学在明代也遥遥领先。以数学家王文素（1465—1535）完成于1524年的著作《算学宝鉴》为例，该著作中的很多算法在现代仍然被使用，而其中的解高次方程的方法、解代数方程的方法、导数等均领先于欧洲100年到300年不等，而“开方本源图”则至今为中国所独有。① 但也许还有人担心，儒道权威是否和当下我们所依赖的西方权威互相排斥，甚至势不两立，以至于容易引发思想上的斗争？实际上，从前面论述的儒道文明和启蒙运动的关系来看，现代文明的积极因素很大程度来自儒道文明，所以儒道权威与现代西方权威不存在本质上的矛盾。同时，儒道理性会从中国实践中开辟新思路，化解或超越可能出现的“斗争”。

前面提到，在明朝灭亡之后，日本各个学派的思想家都曾尝试通过重新理解和诠释儒学建立起儒学在日本的权威，从而使日本获得“中华”的身份。此外，来自南明的遗民如朱之瑜等儒家学者在日本传播儒学，倡导经国济民的国家改革，以他学说为宗的江户学派影响了明治维新，使日本顺利地走向现代化。② 这再次验证了儒道思想有利于促进现代化与现代性的产生。但这是否也说明日本已经成功建立起新的自成体系的权威了呢？似乎有些成效，但不能说达到成功。江户时期的日本学者在对儒学的改造过程中较为急功近利，看重的是其中的治国之道，去掉了心性之学和修身之学；只强调礼仪和外在规范，而非内在的道德。③ 此外，日本的国学派宣扬了神格化的宇宙论，使日本本土权威染上了神秘主义的色彩。

但是，儒道作为内圣外王之学是否可以随意改造呢？似乎不可以，因为经过日本改造并树立的日本民族的“权威”似乎没有得到日本之外的国家或民族的认同。黑川雅之在审美上做出了走出西方权威的尝试，但他并没有做出建立新权威的提议；他承认日本人并没有非常坚定的信念，没有入心和刻骨的铭感，不管对基督教、佛教还是道教都可

① 李孔伦，刘五然．王文素与《算学宝鉴》[J]．珠算，1998（2）：6-10.

② 成中英．第五阶段儒学的发展与新新儒学的定位 [J]．文史哲，2002（5）：8.

③ 董灏智．近世日本“自文化中心主义”的初步形成——以《大学》《中庸》的“日本化”为中心 [J]．历史研究，2017（4）：135-136.

能产生好感。由于没有源于本土的深刻的哲学，当代日本仍不具备建立起有别于儒道思想的权威所需要的坚实的哲学依据。

不可否认，儒道权威的重建具有极大的难度。当初清朝刚入主中原时，日本和朝鲜便坚信其无法维系儒道权威，而实际上清朝的统治除了改变儒道权威，也确实无法将其重建。虽然权威的建立不需要民族主义，但是，根据林毓生的研究，权威与民族情感有关，所以儒道权威重建的任务也许只能落到中国学者身上，正如习近平总书记指出的："我们要特别重视挖掘中华五千年文明中的精华。"儒道权威的重建问题对于当代来说既是一个崭新的课题也是一个难题，但是，因为儒道权威有着坚实的哲学基础，其重建是可能的。由于目前关于儒道权威重建的问题尚未得到论述，以下便对此问题进行初步的探讨。

我们需要对我们所面对的现实情况有清晰的认识。第一，我们需要认识到"权威"是极其深厚的，其原理是极其深奥的，而儒道权威的基本结构已经崩溃，其重建就相当于依靠其尚存的文献和文物从头开始。第二，儒道权威的重建无法硬来，既不需要也不应该变成民族主义。如果仅凭情绪强走"复古"道路，不但不能树立权威，参与者自身也可能迷失方向。因此，儒道权威的建立必须以理服人，需要扎实地依靠言之成理的哲学。第三，从前面我们可以看到，清朝所建立的权威已不是儒道权威，而是一个伪儒家权威。因此，儒道权威的建立必须分清真伪。第四，在西方中心主义形成并盛行的一百多年以来，许多中国近代知识分子倾向于见了西方有什么好东西，就硬说中国也有[①]，容易造成中国传统学术中很多重要的概念在向西方看齐的过程中被歪曲或曲解，这些概念需要在儒道权威的重建过程中恢复其定义。由于学术中西方权威的唯一性、牢固性和相应的巨大影响力，儒道权威重建过程中重建者应谨慎西方权威在头脑中所造成的干扰或影响。第五，西方权威和儒道权威之间并非对立，儒道权威的建立不需要以对抗西方权威为目标。

基于对这些现实情况的清晰认识，重建儒道权威需要解决几个大的问题：(1)需要论证儒道思想是否仅仅只是对政治实践经验的总结或政治实践的产物。(2)需要论证儒道哲学体系是否是传统学者在各方面的思考和行动中的真正"权威"。(3)需要论证是否存在严谨成体系的"儒道"哲学体系；儒道哲学体系是一个体系还是多个体系；儒家和道家之间是否能够严格划分；选择儒家还是道家作为"权威"是否会造成不同的立场。

① 林毓生 . 中国人文的重建［J］. 联合月刊，1982(14)：47.

为了支持以上的几个论证，需要提供的学术上的其他基础工作包括：（1）需要还原儒道思想中重要的基本概念；（2）需要还原儒道思想中的学科划分及体系；（3）需要还原儒道思想中的研究方法；（4）需要辨认儒道思想中重要的基本概念、学科划分及体系、研究方法在清代期间发生的改变，以做到去伪存真，从而避免把清代思想（包括神秘主义）和儒道思想混为一谈；（5）需要比较儒道思想中重要的基本概念、学科划分及体系、研究方法与西方权威下的现代学术重要的基本概念、学科划分、研究方法的差异；（6）需要探索儒道权威中的理想和价值观，这个价值观很可能和当下的人类命运共同体意识与新时代中国特色社会主义理想及其相应的价值观存在着极大的契合，从而能够互相完善；（7）最终而言，儒道权威的建立有赖于宇宙论的建立。欧洲知识思想的核心是宇宙论，儒道思想的核心也是宇宙论，两种宇宙论的区别是西方权威与儒道权威的本质区别。

作者简介：

蔡佳俊，深圳大学艺术学部美术与设计学院助理教授，主要研究领域：儒道设计理论、明式家具设计与文化研究。

黄永健，深圳大学艺术学部美术与设计学院教授，主要研究领域：艺术文化学、诗学理论与文艺美学研究。

新全球化背景下水与博弈跨文化交际理论构建 *

田德新 王凌宇

摘 要： 本文以文化博弈理论为指导，以厘清西方国际博弈意图与中国跨文化传播路径的相互关系为研究对象，以“中国哲学书电子化计划”网站及相关平台上先秦两汉至明清民国的中国传统文化经典为第一手资料，通过主题分析的方法，提炼出至善至柔、载舟覆舟、至烈至刚三类有关水的中国文化特性主题，将其作为交际策略以应对美国及其盟友针对中国的正和、零和与负和以及其他博弈意图。在此基础上，本文构建了六条基本假设的水与博弈跨文化交际理论，同时论述了可用来挖掘上述博弈意图和跨文化交际策略文化根源的文化模式与本理论的跨文化交际适用性。本理论的提出将有助于预判美方及其盟友的各种博弈意图，有助于中国面对文明碰撞与跨文化冲突时采取正确的应对策略，从而取得“知己知彼，百战不殆”的博弈结局。

关键词： 新全球化；水文化；博弈；跨文化交际

一、问题的提出

当今世界正在经历一场巨大变革。对于这场变革，吴传华和李新烽指出：“一方面，和平、发展、合作、共赢成为人类社会共同的诉求；另一方面，霸权主义、单边主义等问题给人类社会带来严峻挑战。”① 二位专家可谓一语中的，点明了这场变革的本质和要害。从表面上看，这场变革是直冲经济全球化而来。一些西方发达国家将经济全球化从“阿里巴巴的山洞”一下子变为“潘多拉的盒子”②，突然从支持变为反对，并在全球范

* 本文是田德新主持的国家社会科学基金项目“文化博弈视域下大运河国际形象提升路径研究”（18BGJ086）的阶段性成果。

① 吴传华，李新烽．加强中非学术研究深化中非文明互鉴：写在中国非洲研究院成立之际［EB/OL］.（2019-04-09）［2019-08-06］.http://www.sohu.com/a/306868871_488440.

② 习近平．习近平总书记系列重要讲话读本：绿水青山就是金山银山·大力推进生态文明建设［EB/OL］.（2014-07-11）［2018-12-1］. http://theory.people.com.cn/n/2014/0711/c40531-25267092.html.

围设置贸易保护主义壁垒，导致“经济全球化的发展势头明显受阻，世界范围内出现了一股强烈的逆全球化或反全球化的势头，致使经济全球化的发展进入低谷阶段”[①]。

实际上，经济全球化从一开始就充满矛盾，其核心是有国家边界的政府力量与无国家边界的市场力量的平衡较量，其本质是“社会公正和人类共同命运在意识形态上的博弈”[②]。一方面，以美国为首的西方社会在理论上宣扬全人类利益高于国家民族利益，在实践中通过建立权威国际宪法秩序和国际协调机制，通过旗下主流媒体输出欧美价值观念，诱导其他国家自动全盘西化，以便使少数发达国家利益长期最大化。另一方面，作为当今世界第二大经济体，中国以亚洲基础设施投资银行和金砖国家开发银行为依托，通过实现“一带一路”倡议的“一个核心”“三个共同体”和“五通”的目标，来创造“共建共享、合作共赢、开放包容”的理想世界。

因此，不少新兴市场国家认为中国的机会来了，其应该站出来扛旗，引领全球治理结构的优化。面对复杂的国际局势和竞争激烈的世界文化话语博弈，一大批学者坚持以我为主，主张中西文化互补，在挖掘中国文化宝库的同时，开展中西融通和学科交叉研究，以实现中国式传播理论构建的本土化与国际化。学者们指出，西方的价值取向和经营理念在二战后，特别是在苏联解体后美国独霸、西方独强的环境下，反而导致其所主导的全球化出现严重问题，使其陷入“衰落的国际霸权秩序话语环境”[③]中。因此，新型全球化和中式全球化的主张应运而生，新型全球化语境下的“撮合——磨合——融合”中式全球化范式随机问世[④]，当代中国话语传播理论也呼之欲出。上述学术研究成果，十分难能可贵，值得大加赞赏。正如革命导师恩格斯所言：“一个民族想要站在科学的最高峰，就一刻也不能没有理论思维。”[⑤]

尽管有关学者在本土传播理论构建方面，不断尝试并取得了不菲的成就。但是，瞬息万变、剧烈动荡的国际形势，错综复杂、日趋紧张的中美抗争态势与各种反华势力或明或暗、或阴或阳的双边和多边外交局面，呼唤更多行之有效的学术贡献。因此，本文以文化博弈理论为指导，以“中国哲学书电子化计划”网站（https://ctext.org/zh）与相关平台的中国传统文化经典为第一手资料，通过主题分析的方法，探究西方国际博弈意图与中国跨文化传播路径的相互关系，并在此基础上构建本土水与博弈的跨文化交际理论。为此，本文提出三个具体研究问题：第一，促使全球化演变的文化根由是什么？第

---

① 霍建国．经济全球化趋势不可逆转［J］．探索与争鸣，2018，1：41-43.

② 田科瑞．全球主义意识形态批判［J］．贵州师范大学学报（社会科学版），2005，1：32-37.

③ 施旭．（逆）全球化语境下的中国话语理论与实践［J］．外国语，2018，5：90-95.

④ 贾文山，纪之文．人类命运共同体与全球传播［J］．全球传播学刊，2018，3：27-37.

⑤ 马克思恩格斯选集（第3卷）［M］．中共中央马恩列斯著作编译局，译．北京：人民出版社，1995.

二，确定中美大国博弈的文化价值观念有哪些？第三，如何构建水与博弈跨文化交际理论，其跨文化交际的适用性怎么样？

二、促使全球化演变的文化根由

对全球化演变的研究包括两个方面：一是对全球化、反全球化与逆全球化的学术探讨；二是对全球主义、新全球化与中国方案的学术探究。

（一）全球化、反全球化与逆全球化

全球化（globalization）是“人、财、物的自由流动”[①]。具体而言，作为一种由于科技资讯和交通运输的发展而促使人类活动超越地域限制的现象，全球化在人类历史上曾经发生过多次，已有数百年之久。但是，作为一个学术概念，全球化在 20 世纪 80 年代才受到各方关注和广泛讨论。据考证，莱维特（Levitt）于 1985 年首先使用该术语，意指生产要素在全球范围内的流动。伴随经济全球化，政治和文化日益一体化。[②] 因此，全球化“不仅是一个物质生产的过程，更是一个精神生产的过程”[③]。全球化的实质是“人类不同的价值追求和行为准则在不断碰撞、冲突和融合中逐步在承认和尊重差异的基础上达成共识的过程”[④]。但是，经济全球化具有两面性，一方面通过推动跨越国界全球生产体系的形成和资源配置与生产效率的优化，促进世界经贸的繁荣昌盛和人类社会文化的高度发展；另一方面，由于市场经济所固有的自发性和盲目性，经济全球化也带来了分配不公、文化价值碰撞和人类文明冲突等严重问题。

由于世界市场的扩展满足不了资本主义生产的绝对增长，于是主张全球化的贸易自由主义与主张逆全球化的贸易保护主义便产生冲突。[⑤] 事实上，面对全球化，一开始就有弗里德曼（Friedman）于 1999 年称作“海龟”的反对势力[⑥] 和包括 2011 年 9 月“占

---

① 霍建国 . 经济全球化趋势不可逆转［J］. 探索与争鸣，2018，1：41-43.

② THEODORE L. The globalization of markets：an evolution after two decades［J］. Harvard NOM working paper, 1985: 1-29.

③ 田科瑞 . 全球主义意识形态批判［J］. 贵州师范大学学报（社会科学版），2005，1：32-37.

④ 傅守祥 . 文化博弈与中国形象［J］. 观察与思考，2012，1：15-16.

⑤ 张韦恺镝，刘强 . 逆全球化、反全球化与全球化新出路的中国方案［J］. 世界经济与政治论坛，2018，2：143-153.

⑥ FRIEDMAN L T. Understanding globalization: the lexus and the olive tree［M］. New York: Farrar, Straus and Giroux, LLC, 1999.

领华尔街”的一股反全球化的游行示威浪潮。[①] 在学术上，也有学者干脆否认全球化的存在。第一，他们认为经济全球化是虚拟的，最多只是一种经济国际化，并没有动摇国际政治体系中国家的主权地位；第二，他们否认文化全球化，因为世界上不但没有出现全球文化或全球文明，相反民族矛盾日益尖锐；第三，全球化只不过是资本主义市场拓展和帝国主义病态扩张的另一种表现形式。[②]

若以上是针对反全球化行为的探讨，以下则是针对逆全球化举动的研究。自 2008 年金融危机以来，全球经济一体化逐渐受阻，贸易保护主义抬头，非关税壁垒盛行。英国于 2016 年 6 月 23 日举行了脱欧公投，2020 年 1 月 31 日最终脱欧，使得欧洲一体化严重受挫。美国特朗普政府曾接二连三退出国际组织或协定，意图奉行“美国优先”和“美国利益至上”主张，并按照“顺我者昌，逆我者亡”的准则处理国际事务。2021 年 1 月 20 日上台的拜登当局“将继续针对北京的对抗政策……并动员美国的盟友联合遏制中国”[③]，继续对中国贸易产品增加关税，以保护人权为幌子，捏造新疆“强迫劳动”和“种族灭绝”以及南海军事威胁等虚假新闻。这些致使民粹主义、保护主义及孤立主义接踵而至，在世界范围带来了一股来势凶猛的反全球化和逆全球化寒流，无疑给经济全球化和文化全球化带来极大冲击。

（二）全球主义、新全球化与中国方案

全球主义是一种“区别于国家主义的世界整体论和人类中心论的文化意识、社会主张、行为规范”。[④] 它起源于古希腊斯多葛派的自然法理论，认为国家和人是宇宙这个整体的一部分，人是宇宙人，国家是世界国家。全球主义要求用人类中心论和世界整体论来代替并摆脱国家中心论的束缚。长期以来，美国以世界领袖自居，率领西方盟国一方面打着“民主”“自由”及“自决”的旗帜，描绘一幅世界和平蓝图；另一方面却建立了以联合国为标志的国际政治秩序，以北大西洋公约组织为标志的西方国家军事联盟，联合以包括国际货币基金组织、世界银行及世界贸易组织在内的布雷顿森林体系为标志的国际金融体系，打造了一个相当完整、稳固而自利的意识形态和权威机制体系。然而，其造成的后果是：全球经济发展失衡，治理机制滞后，内部增长乏力；财富

---

① 郭海强.从“反全球化”到“占领华尔街”[EB/OL].(2011-10-17)[2019-12-10]. http://www.wyzxwk.com/Article/guoji/2011/11/260478.html.

② HELD D, MCGREW A. Global transformations reader[M]. Cambridge: Polity Press, 2000.

③ JAKOBOWSKI J. Biden’s policy towards China: the prospects for transatlantic dialogue[EB/OL]. (2020-11-13)[2022-11.02]. https://www.osw.waw.pl/sites/default/files/OSW_Commentary_363.pdf.

④ 蔡拓.全球主义与国家主义[J].中国社会科学，2000，3：16-27，203.

分配不均，贫富差距加大；文化同质化严重，生命色调单一，从而引发了新全球化的到来。①

面对新全球化的新挑战，中国的立场是：“历史地看，经济全球化是社会生产力发展的客观要求和科技进步的必然结果。”② 因此，中国将矢志不移地推进全球化进程。2013 年以来，中国推动的“丝绸之路经济带”与“21 世纪海上丝绸之路”，即“一带一路”倡议，已有 123 个国家和 29 个国际组织同中方签署了共建“一带一路”合作文件。它已成为“当今世界范围最大的合作平台，也是最受欢迎的公共产品”③。2015 年以来，中国首次倡导人类命运共同体的哲学命题。其主要内涵是要与世界各国建立平等相待、互商互谅的伙伴关系，营造公道正义、共建共享的安全格局，谋求开放创新、包容互惠的发展前景，促进和而不同、兼收并蓄的文明交流，构筑尊崇自然、绿色发展的生态体。④ 人类命运共同体体现了“五位一体”的丰富内涵，从主要途径、重要保障、基本原则及未来目标上为中国的国家发展与国际战略描绘了宏大而清晰的蓝图，也为扶正动荡的世界局势，提出了中国方案。由于人类命运共同体的命题“既根植于悠久的中华文化中，又体现了现代的公共哲学”，因而“深受中国人民的拥戴和世界人民的热赞”，也在国际社会和越来越多的世界公共事务中展现出生命力，并受到普遍欢迎。⑤

（三）对全球化演变文化根由的挖掘

通过文化反思，学者们发现，高唱全球主义的西方意见领袖以“全球思维”和“全人类利益”之名，宣扬“西方中心主义”和“资产阶级利益”之实，期望世界其他国家最终接受其所渲染的“认知图式”，通过“不战而胜”取得全球西化的目的。⑥ 常亮尖锐地指出，以英、美为首的西方发达国家发现有利可图时，曾是全球化的倡导者和鼓吹者，而在其享尽全球化红利、感觉全球化对其不利后，立刻开始反对全球化，并抡起贸易保护主义的大棒，致使已经深度融入全球化行列的新兴市场国家陷入进退两难的尴尬

---

① 贾文山，纪之文．人类命运共同体与全球传播［J］．全球传播学刊，2018，3：27-37.

② 习近平．习近平主席在世界经济论坛2017年年会开幕式上的主旨演讲［EB/OL］．（2017-01-01）［2020-02-20］. http://www.xinhuanet.com/world/2017-01/18/c_1120331545.htm.

③ 王毅．王毅谈“一带一路”：已有123个国家明确投出支持票［EB/OL］．（2019-03-08）［2020-01-05］. http://www.china.com.cn/lianghui/news/2019-03/08/content_74546968.shtml?f=pad&a=true.

④ 吴绮敏，杜尚泽，赵成．让人类命运共同体理念照亮未来——写在习近平主席2017年首次出访之际［EB/OL］．（2017-01-15）［2020-02-01］. http://www.qstheory.cn/zhuanqu/zywz/2017-01/15/c_1120313457.htm.

⑤ 吕国蔚，张富兴，李云庆．人类命运共同体：一个崇高而辉煌的哲学命题［J］．哲学进展，2018，4：71-76.

⑥ 田科瑞．全球主义意识形态批判［J］．贵州师范大学学报（社会科学版），2005，1：32-37.

境地。①可以说，正是西方奉为圭臬的新自由主义，导致了当今国际分配的不公和许多国家内部的严重两极分化，从而“构成了 21 世纪经济全球化走向困局的根本原因”②。

相比之下，中国发起的“一带一路”倡议，顺应了世界多极化、社会信息化、经济全球化、文化多样化的时代特点。作为一个“多元一体民族”的国家，中国以“两元互补”思维与“关系中心”立场替代西方的“两元对立”思维与“主体中心”立场，以国家为主体，尊重差异，共建共享，最终“实现主体间心理和文化的认同，构建人类命运共同体”。学者们认为，面对世界风云变幻，中国坚持“全球化的捍卫者、完善者，而非革命者”的立场，③“通过利用、补充和创新西方已确立的自由贸易体制和规则为当下全球化提供中国方案”。④

可见，全球化进程不会因美国的“退群”“脱钩”或孤立中国的企图而发生彻底的逆转，反而会以 2019 年达沃斯论坛确定的“全球化 4.0 打造第四次工业革命时代的全球架构”为新动力，推进全球化向纵深发展。“全球化 4.0”指“以智能技术为基础的全球投资、生产、服务一体化与社会生活网络化”。⑤为提升自身文化话语博弈的软实力，中国力图通过文化整合，把文化博弈中各种分散、孤立及冲突的文化价值力量，优化组合为一种具有总体性价值理想的力量，为人类丰富多彩的文化活动注入健康的人文情怀和世界精神。

三、确定中西大国博弈的文化价值观念

要确定中西大国博弈的文化价值观念，一要说明博弈、博弈的基本要素和博弈的主要特点；二要厘清中西文化区别的根源与实质。

（一）博弈、博弈的基本要素和博弈的主要特点

博弈是人们如何选择，以及这种选择如何达到均衡的一项活动，也可以说是一种如何做出最佳决策，以获取最大利益的行为。博弈论（game theory）是“研究在风险不确定情况下，多个参与主体的行为相互影响时，理性参与者的理性活动行为及其实现参

---

① 常亮. 经济全球化趋势不可逆转［N/OL］. 北京青年报，2017-01-19［2020-02-12］.http://www.xinhuanet.com/comments/2017-01/19/c_1120340768.htm.

② 张韦恺镝，刘强. 逆全球化、反全球化与全球化新出路的中国方案［J］. 世界经济与政治论坛，2018，2：143-153.

③ 贾文山，纪之文. 人类命运共同体与全球传播［J］. 全球传播学刊，2018，3：27-37.

④ 王辉耀，苗绿. 全球化 vs. 逆全球化：政府与企业的挑战与机遇［C］. 北京：东方出版社，2017.

⑤ 张蕴岭. 关注全球 4.0［J］. 世界知识，2019，2：72-72.

与均衡问题的一种理论”①。作为一门正式学科，美国数学家冯·诺依曼（von Neumann）和奥斯卡·摩根斯顿（Oskar Morgenstern）首先将博弈从二人博弈推广到N人博弈结构，并将系统化的博弈论应用于经济领域，从而催生博弈论的正式诞生，并大幅度推动了博弈论在政治、经济、军事、管理、文化等不同领域地位的日益升高。

刘庆财发现，博弈论具有四个基本要素：（1）至少有两个参与者，（2）参与者争取最大利益，（3）博弈策略，（4）博弈信息。从是否受到约束力限制看，博弈分为合作博弈和非合作博弈；从策略选择看，博弈又分为静态博弈和动态博弈；从掌握信息量上看，博弈分为完全信息博弈和非完全信息博弈。一般而言，博弈有三种结局：（1）负和博弈，指博弈的参与者最后得到的收获都小于付出，属于两败俱伤的博弈；（2）零和博弈，指参与者一方获益，另一方损失，且参与者之间所获得的利益与损失之和为零；（3）正和博弈，指参与者都能获益，属于双赢博弈。②上述要素和结局适用于各个领域的博弈，当然也包括文化博弈。

宫京成和赵丹将文化博弈定义为“在文化的交往中出现的交流与碰撞、对话与交锋的共生样态”③。他们将博弈论引入中西文化安全领域。依据中西主要文化差异，他们发现中西方国家之间的博弈具有三个主要特点：（1）主权国家人格化，即博弈参与人是人格化的主权国家；（2）博弈信息的不完全性，即博弈双方或多方参与者对彼此的特征、策略空间及受益函数信息了解不完整的情况下，已经开始博弈；（3）博弈方式的非合作性，即博弈参与国在绝大多数情况下彼此不便合作，而只能根据自身利益做决断。上述有关博弈的论述，当然有其深远的文化根源。

（二）中西文化区别的根源与实质

研究发现，中国传统文化以“儒”“释”“道”为基础，是一种强调“天人合一”、和谐、自然与感应的文化观。首先，向外，它渴望人与自然和谐相处；向内，它追求“修、齐、治、平”和“内圣外王”的自身完善。所以，中国人与他人交往时往往表现出一种隐忍、变通、悠然的处事态度，强调运用语言时旨在“立德”，以建立和维持和谐的社会关系。其次，中国文化强调辩证的整体思维，将人与言、言与行、行与德相结合，进行全面而深刻的自我认识。最后，中国传统文化更看重“言有尽而意无穷”

---

① 王奎清 . 文化博弈与文化整合［J］. 长白学刊，2005，5：101-104.

② 刘庆财 . 规训与惩罚博弈论：最高级思维和生存策略［M］. 北京：北京联合出版公司，2018.

③ 宫京成，赵丹 . 全球化背景下中西方文化安全博弈分析——基于不完全信息动态博弈模型［J］. 湖北经济学院学报（人文社会科学版），2015，12：28-30.

的语言观，非常讲究超越语言形式，运用“妙语”，甚至“留白”来获取“共鸣”或“神韵”。

相比之下，西方文化承袭古希腊文化中的个人主义和冒险精神的外在征服特性，崇尚个人主义和实用主义。首先，由于崇尚个人主义和实用主义，西方人在自身追求平等、自由、科学和理性的同时，倾向于将自身的喜好强加于其他民族和文化。对西方人而言，语言是用于达到个人目的的工具。其次，西方深受笛卡尔二元论的影响，极力从两极化的事物之间寻求简单而机械的因果关系，往往见树不见林。最后，西方多数学者受到德里达后现代主义和索绪尔结构主义的影响，认为可以观察的语言形式才是意义的载体，过多注重语言形式和语言内容，而忽略语言的使用者和语言使用的语境。

由于中西方的文化价值观存在根本性的差异，双方思维模式与行为规范大相径庭。在中西文化博弈中，一方基于种族或文化优越感，试图将自己的文化价值观强加于另一方，是不明智的，也是行不通的。实际上，能使双方获取利益最大化的可取策略是“彼此吸收对方先进的文化以补自身文化之短”[①]。

四、水与博弈跨文化交际理论的构建

首先，在构建水与博弈跨文化交际理论之前，需要搞清楚一个跨文化交际理论应该具备的功能、要素与质量评判标准。其次，本文水与博弈跨文化交际理论的构建基于对西方国际博弈意图与中国跨文化传播路径相互关系的澄清上。在此基础上，它以中国水文化的突出特性和西方国家博弈的代表性与可能性意图为关键要素，来体现一个跨文化交际理论应该具备的三大功能。最后，本文构建的水与博弈跨文化交际理论至少展示出三项跨文化交际的适用性。但是，其功效究竟如何，还有待进一步的案例或实证检验。

（一）跨文化交际理论的功能、要素与质量评判标准

任何一种理论都是对某种经验或现象做出解释和阐述的尝试。正如宏观的传播理论是对传播过程的性质进行的一种系统总结一样，具体的跨文化传播理论是“对跨文化交际行为与价值观念系统化、抽象化及理性化的解释和总结”[②]。怀斯曼（Wiseman）和霍恩（Horn）指出，理论的功能有三个：（1）提供解释，即理论通过系统化的知识，帮助人们理解事物；（2）提供预测，即理论可以对将要发生的事情提供启发、可检验的预测；

① 初彤．以博弈论视角探析中西文化碰撞及文化全球化趋势［J］. 文化学刊，2011，4：75-79.
② 戴晓东．跨文化交际理论［M］. 上海：上海外语教育出版社，2011.

（3）理论的解释力和预测力可使人们获得控制事物进程的手段。因此，“理论的建构应该成为跨文化交际研究的重心议题”[①]。

两位专家同时指出，每种跨文化传播理论一般都包含四个要素：（1）研究问题，即社会实践中所产生的抽象问题，而不是日常生活中的具体问题；（2）基本假设，即在既有研究基础上对学术问题所做的尝试性回答；（3）概念与变量，即概念是研究者从丰富多变的现象或事物中提炼出的内在本质属性，而变量是反映现象或事物的外在基本属性，包括其状态、速度及规模等；（4）与概念和变量相关的命题，即命题是有关概念或变量之间逻辑关系的陈述，一般用公理（axiom）、假设（hypothesis）或经验归纳（empirical generalization）表示。[②]

戴晓东指出，评鉴理论优劣的标准各式各样，但是，至少有四条标准适用于跨文化传播理论质量的评判。它们是：（1）逻辑性，即具备逻辑上的一致性，能够自圆其说；（2）解释力和预测力，即能够令人信服地解释事情为何发生以及如何发生，并能预测事情的结果或发展趋势；（3）启发性，即能够启发人们思考和进行新的探索与发现；（4）简约性，即既能用清晰的语言提纲挈领、切中要害，又能使用简单的逻辑关系说明问题，或者说不仅理解容易，而且操作简便。[③]

（二）中国水文化的特性与西方国际博弈的意图及其相互关系

古人云：三山六水一分田。也就是说，地球上的水约占60%，其余为山川和田野。巧合的是人体内的水含量也为60%~70%。这些足以说明水是所有生命最重要的要素。管仲在《管子·水地》中云：“水者，何也？万物之本源也，诸生之宗室也。”还云：“人，水也。男女精气和合，二水流行。”[④]可见，水是包括人类在内的宇宙万物的生命之源和构成之本。水本是一种自然资源，它与人发生联系后，便产生了水文化。透过人与水的关系，我们可以领会人与自然的关系；透过水文化的物质属性，我们可以体悟水文化的精神属性。水文化的物质属性指“人们的水观念，主要通过水利工程、水环境和水务文化阵地来体现”[⑤]；而水文化的精神属性指水的灵气，是人们对水所代表的品质的感悟和升华。本文基于“中国哲学书电子化计划”网站的中国传统文化经典版块及其文献检索功能，运用主题分析的方法，提炼出了三类有关水的中国文化特性主题，并在此

① RICHARD L W, HORN T V. Theorizing in intercultural communication research [C]. Thousand Oaks, CA: Sage, 1995.
② RICHARD L W, HORN T V. Theorizing in intercultural communication research [C]. Thousand Oaks, CA: Sage, 1995.
③ 戴晓东. 跨文化交际理论 [M]. 上海：上海外语教育出版社，2011.
④ 管子. 管子·水地 [EB/OL].（2006-03-06）[2021-02-11]. https://ctext.org/guanzi/shui-di/zh.
⑤ 姚羽中. 从传播学的角度看水文化的大众传播 [J]. 北京水务，2007，6：56-58.

基础上完成了本土水文化与博弈论跨文化交际理论的构建。

1. 中国水文化的特性主题

至善至柔是本文所提炼的水的中国文化特性的第一个主题。作为人类赖以生存和发展的物质条件，水在哺育和锻造中华民族的同时，也成为儒、释、道传统文化观念，乃至当代中国文化思想体系的重要素材。道家老子在《道德经·第八章》里指出："上善若水，水善利万物而不争，处众人之所恶，故几于道。居善地、心善渊、与善仁、言善信、正善治、事善能、动善时。夫唯不争，故无忧。"① 其中的"上善"指最善良、最具高尚品德的人。水，泽被万物而不与其相争，众人都厌恶的地方，却是它久留之处。虽然它在世间万物之中最柔最弱，但却能以柔克刚，穿透最坚硬的东西。它"忍辱负重，海纳百川，最终成为不争之王"②。在老子看来，作为宇宙的运行法则和最高的理想境界，道是无形的、用语言难以描绘的，而水的形态、运行方式及功能，体现出"至德"的品质，因而最接近其所谓的道。水囊括七种具体善举：（1）居住要像水那样安于卑下；（2）心胸要像水那样深沉广博；（3）待人要像水那样宅心仁厚，甘于奉献而不斤斤计较，正如"君子之交淡如水"的表现；（4）说话要像水那样恪守信用，正如"一言既出，驷马难追"所表达的意思；（5）为政要像水那样清明、廉洁、有条不紊；（6）做事要像水那样尽心尽力；（7）行为要像水那样适时适度，恰如"好雨知时节，当春乃发生"的举动。正因为水不与万物相争，所以才没有烦恼。只有具备上述品质，才是至仁至善，才能达到上善或"至德"的境界。③

至于儒家，《荀子·宥坐》提到孔子"每临大水比观焉"④。在《孟子·离娄下》中，孟子用"源泉混混，不舍昼夜，盈科而后进，放乎四海……"赞赏孔子做事根基牢固，并像水一样持之以恒，表现出《周易》中"天行健，君子当自强不息；地势坤，君子以厚德载物"⑤ 的精神。孔子在《论语·雍也》中讲："智者乐水"是因为水具有"德、仁、义、智、勇、察、贞、善、正、度、意"十一种美德。同时，佛家倡导"以水观佛，以水修心"⑥。佛家认为水是佛教智慧的体现，如"夫水也者，虽器方圆，逐物浊清。弥漫无间，澄湛莫测。满而示之，以我学之智周也"⑦。另外，佛家有"大海不容死尸"的说法，其缘由是水看上去不择物、不择地，但实际上不容污垢，至净至纯，这使佛家感悟

① 道德经·第八章［EB/OL］.（2006-01-09）［2020-03-16］. https://ctext.org/dao-de-jing.

② 李宗新 . 试论水文化之魂——水精神［J］. 水利发展研究，2011，3：79-84.

③ 李中锋，张朝霞 . 水与哲学思想［M］. 北京：中国水利水电出版社，2015.

④ 荀子·宥坐［EB/OL］.（2006-01-12）［2020-03-16］. https://ctext.org/xunzi/you-zuo.

⑤ 孟子·离娄下［EB/OL］.（2006-01-12）［2020-03-16］. https://ctext.org/xunzi/you-zuo.

⑥ 论语·雍也［EB/OL］.（2006-01-12）［2020-03-18］. https://ctext.org/xunzi/you-zuo.

⑦ 玄奘 . 大唐西域记［M］. 南宁：广西师范大学出版社，2007.

到水的深刻内涵，即“净”“空”“明”。

在跨文化传播上学习水的至善至柔品性，就是要以最高的道德标准，胸怀全人类利益和彼此双赢的意愿；以共建共享、合作共赢、开放包容的态度；以平等交流、互学互鉴、增进跨文化共识的交际方式，来创造出和平共处、交流共鉴的一系列跨文化传播规则，并构建一种世人普遍欢迎的世界性文明。

载舟覆舟是本文所提炼的水的中国文化特性的第二个主题。首先，《荀子 · 哀公》记载：“……且丘闻之，君者，舟也；庶人者，水也。水则载舟，水则覆舟，君以此思危，则危将焉而不至矣。”[①] 另外，《荀子 · 王制》有云：“君者、舟也，庶人者、水也；水则载舟，水则覆舟。”[②] 上文中的“载舟覆舟”指的是统治者如船，老百姓如水。老百姓可以让船平稳航行，也能将船推翻淹没。这些基于官民关系的治国经验和亡国教训在唐朝由魏征向唐太宗李世民反复提及。《贞观政要 · 论政体》记载，魏征曾谏言：“臣又闻古语云：‘君，舟也；人，水也。水能载舟，亦能覆舟。’陛下以为可畏，诚如圣旨。”[③]《谏太宗十思疏》记载，魏征再次提醒唐太宗：“怨不在大，可畏惟人；载舟载覆，所宜深慎。”[④] 前一段文字的意思显而易见，后一段是说：怨恨不在于大小，可怕的是人心向背。水能载船也能翻船，所以应该高度谨慎。综观中国历朝历代的变更，“其兴也勃焉，其亡也忽焉”。“载舟覆舟”体现“得民心者得天下，失民心者失天下”的辩证统一思想和富于哲理的治国经验。

仔细考察，这种辩证观在水的精神属性方面至少还体现在清与浊、刚与柔、动与静、利与害等方面。李中锋、张朝霞认为，第一，水有清有浊，人亦有好有坏。然而，“清者自清，浊者自浊”。只要“激浊扬清”，而不“浑水摸鱼”，那么，良莠好坏则“泾渭分明”。第二，对“刚与柔”关系的深刻探究，应该始于老子。老子以水喻道，既体现其“天下莫柔于水，而攻坚者莫之能胜”的以柔克刚、至柔至刚的赏柔精神，又表露其“寓刚于柔，柔中有刚”的刚柔与强弱辩证关系。第三，山谷、江河的水以及海水多为动水，而湖水、潭水、井水以及水库的水相对而言为静水。动水有黄河瀑布的壮观，有“飞流直下三千尺，疑是银河落九天”的气势，也有“抽刀断水水更流”的无奈。静水在老子看来，“水之性，不杂则清，莫动则平”。这是一种物我两忘、宁静归真的境

---

① 荀子 · 哀公［EB/OL］.（2006-01-12）［2020-03-20］. https://ctext.org/xunzi/you-zuo.

② 荀子 · 王制［EB/OL］.（2006-01-12）［2020-03-18］. https://ctext.org/xunzi/you-zuo.

③ 贞观政要 · 论政体［EB/OL］.（2018-10-19）［2020-02-06］. https://www.xzslx.net/bookview/5182.html.

④ 魏征 . 谏太宗十思疏［EB/OL］.（2018-10-19）［2020-02-06］. https://so.gushiwen.org/shiwenv_3827a21544f0.aspx.

界。总之，作为一把双刃剑，水可造福于人，也可给人类带来灭顶之灾。[①]因此，水利与水害并存，关键是在开发利用水资源时，必须符合科学标准和自然规律。

在跨文化传播上学习水的载舟覆舟品性，首先，要明白传播者与受众的相互依赖和制约关系，依据具体环境，针对不同对象，刚柔并济；其次，要善于分清和灵活处理现实社会里的清浊、刚柔、动静、利害等辩证关系，该刚则刚，该柔则柔；最后，应该在熟练掌握各种传播规律的前提下，创造性地运用以柔克刚和刚柔并用等跨文化传播技巧技能。

至烈至刚是本文所提炼的水的中国文化特性的第三个主题。张盛文发现，人与水的关系在人类历史的进程中共经历了“敬畏”“开发”“掠夺”“共生”四个不同时期，也可说是一个“和谐—失衡—和谐”的螺旋式上升历程。[②]从文化的角度看，有基于“人类是万物之灵”和“人定胜天”的“极端人类中心论”，有将大地当作“母亲”的“自然中心论”，还有基于“天人合一”的“人与自然和谐相处论”。无论哪种观点，只要违犯自然规律，就要受到惩罚。正如马克思、恩格斯所说：“不以伟大的自然规律为依据的人类计划，只会带来灾难。”[③]以下是一些与水有关的天灾人祸记载：五千年前，“当尧之时，天下犹未平，洪水横流，泛滥于天下”[④]，于是，便有了家喻户晓的“大禹治水”的故事。据左丘明在《国语·周语》(上)的记载：

> 阳失而在阴，川源必塞，源塞，国必亡。夫水土演而民用也。水土无所演，民乏财用，不亡何待？昔伊、洛竭而夏亡，河竭而商亡。今周德若二代之季矣，其川源又塞，塞必竭。夫国必依山川，山崩川竭，亡之徽也。[⑤]

鲧、禹父子的“封堵”与“疏导”在上文的治国和亡国故事中不断重演、反复强调，并将堵塞水源、枯竭水道与山崩地裂、国家衰亡联系在一起。另外，《管子·度地》记载，“桓公曰：愿闻五害之说。管仲对曰：‘水，一害也。旱，一害也。风雾雹霜，一害也。厉，一害也。虫，一害也。此谓五害。五害之属，水最为大。五害已除，人乃可治’”。[⑥]可见，在管仲看来，水是五害之首，其危害还要大于旱灾、风雾雹霜、瘟疫和虫害。

数据表明，从公元前18世纪到20世纪40年代，在中国发生了1,058起水灾和1,074

① 李中锋，张朝霞. 水与哲学思想［M］. 北京：中国水利水电出版社，2015.
② 张盛文. 关于人水关系的哲学思考［J］. 水利发展研究，2012，2：30-32.
③ 马克思恩格斯全集（第31卷）［M］. 中共中央马恩列斯著作编译局，译. 北京：人民出版社，1972.
④ 杨伯峻. 孟子译注［M］. 北京：中华书局，1960.
⑤ 左丘明. 国语·周语（上）［EB/OL］.（2022-03-08）［2022-12-02］. http://www.guoxue.com/book/guoyu/0001.htm.
⑥ 管子·度地［EB/OL］.（2006-01-12）［2020-02-23］. https://ctext.org/guanzi/du-di/zh.

场旱灾，占全国所有灾害的40%以上。实际上，中国在20世纪40年代以前的“三千年间，几乎无年无灾，从亦无年不荒”①。自1949年以来，中国修建的各类水利大坝就有8.6万座，数量居世界第一。洪涝、干旱、台风、山洪、泥石流等重大灾害虽然还是频繁发生，但是在灾害数量、破坏程度，以及灾后的救援和重建等方面，都发生了翻天覆地的变化。1988年在长江和嫩江流域发生的特大暴雨和洪水，使中国的各级政府决策者和广大民众，充分认识到伐木毁林导致水土流失的危害性和通过植树造林改善生态环境的迫切性和重要性。②

在跨文化传播上学习水的至烈至刚品性，不是学习水给人类和地球带来多少灾难，而是从中悟出：至柔之水之中，蕴含着无比猛烈和巨大的影响力。这种影响力的70%～80%在当今世界的大众传媒中仍然由西方发达国家控制，甚至时常被滥用。但是，只要掌握话语权，就有机会发声，制造出影响力。因此，一旦掌握至烈至刚的传播功效，在运用时必须慎之又慎。否则，温顺至柔之水将会像脱缰的野马，变为洪水猛兽，肆虐人间，给人类带来灾难。

2. 西方国际博弈的意图

关于西方国际博弈的意图，正如前文宫京成和赵丹所强调的，本文讨论的博弈参与双方是“人格化”的中国与西方博弈对象国家。③除了博弈信息不完全和博弈方式非合作的特性外，参与博弈的国家、博弈焦点及博弈强度会依据时局的变化和各自国家利益的需求而随时变化。在一般情况下，博弈者都想取得或双赢或单赢的理想结果。但是，不能排除，在某些特殊或非常规情况下，以中国为竞争对手，甚至对中方抱有敌意的西方博弈者很有可能就是冲着零和，甚至负和而来。

当今的美国，尽管仍以民主、自由的化身自居，坚称其所有谋略与举措都是为了维护以规则为基础的国际秩序，可是现实是它已很难掩盖其外强中干、日渐衰落的本质。为了实现美国优先、美国利益至上的国家图谋，美国已经在非理智的大道上狂奔，与中国的抗争，将不择手段，没有底线。因此，美国及其盟友面对中国时，其博弈意图除了通常的正和（双赢）、零和（一方赢，一方输）和负和（双输）三种选择以外，还会随时变化、忽隐忽现、声东击西，真假难辨。

① 邓拓．邓拓文集（第二卷）［M］．北京：北京出版社，1986.

② 余达淮，张文捷，钱自立．人水和谐：水文化的核心价值［J］．河海大学学报（哲学社会科学版），2008，2：20-22.

③ 宫京成，赵丹．全球化背景下中西方文化安全博弈分析——基于不完全信息动态博弈模型［J］．湖北经济学院学报（人文社会科学版），2015，12：28-30.

3. 中国水文化特性与西方国际博弈意图的相互关系

接下来，我们对中国水文化特性与西方国际博弈意图的相互关系进行论述。具体而言，本文所构建的水与博弈跨文化交际理论以水为比喻，以其三大突出特性表示跨文化传播中从最可取到最不可取的传播路径选择（如图 1）。在图 1 左侧的垂直轴线上，由低（0）到高（1）标示着“至善至柔”“载舟覆舟”“至烈至刚”三个节点。首先，最可取和最不可取是相对而言的两个动态概念，而不是两个绝对的静态概念。根据博弈者的非常规意图，一般情况下的不可取选择，可能会成为最可取的选择。其次，在最可取和最不可取或 0 和 1 之间，存在无数的选择，最后的决断落在这个连续统上的哪一点上，应以博弈者的常规或非常规意图而定。此处的连续统指“点的集合，而实线作为连续统正好与实数集同构，即线上的每一个点对应着一个实数，线的划分犹如实数的划分一样”[①]。最后，垂直轴线上的中间点（载舟覆舟），谨作讨论时的参考，此点以上的选择更趋向于“最不可取”，而此点以下的选择则趋向于“最可取”。因此，此节点本身不参与垂直轴线与平行轴线假设关系的表述。

同时，本理论以博弈打比方，表示在图 1 底部平行横线轴上从 0 到 1 的范围内，存在正和、零和和负和三种主要博弈意图的选择。正如前文所言，美国及其盟友在面对中国时，其博弈意图将会变化多端，难以琢磨。这样，除了通常博弈的三种主要意图以外，还可能会有无数的、想象不到的其他意图。那么，作为对应的传播路径可在最可取和最不可取的范围内，灵活、创造性地选取任意一点，来应对博弈者所显露出的、半隐半露的或不露声色的博弈意图。

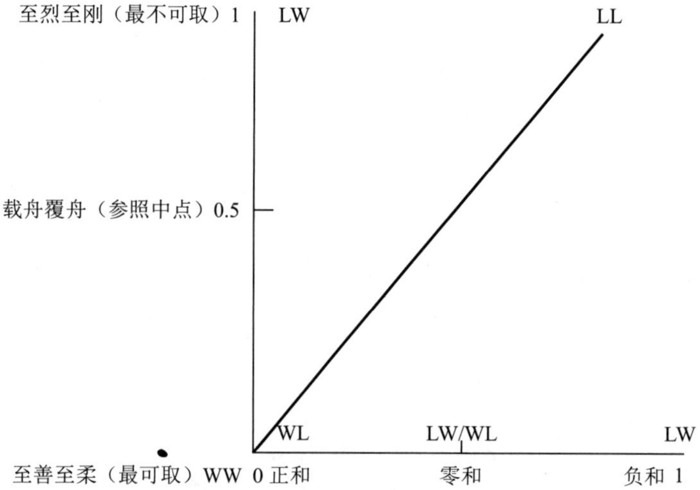

图 1　中国水文化与大国博弈跨文化交际理论示意图

---

① 张留华 . 皮尔士对康托连续统的哲学批判［J］. 科学技术哲学研究，2011，2：66-70.

基于以上内容，我们提出以下 6 点基本假设：

（1）若博弈者表现出明显的正和意向，选择倾向于至善至柔的传播路径，则博弈趋向双赢结果；

（2）若博弈者表现出明显的正和意向，却选择倾向于至烈至刚的传播路径，则博弈趋向我输他赢结果；

（3）若博弈者表现出明显的零和意向，选择倾向于至善至柔的传播路径，则趋向我赢他输结果；

（4）若博弈者表现出明显的零和意向，却选择倾向于至烈至刚的传播路径，则博弈趋向他赢我输结果；

（5）若博弈者表现出明显的负和意向，选择倾向于至善至柔的传播路径，则博弈趋向我赢他输结果；

（6）若博弈者表现出明显的负和意向，却选择倾向于至烈至刚的传播路径，则博弈趋向双输结果。

图 1 中的 WW（Win-Win）指双赢，LL（Lose-Lose）指双输，WL（Win-Lose）指我赢他输，LW（Lose-Win）我输他赢，LW/WL（Lose-Win & Win-Lose）指有输有赢或有赢有输。总体而言，本理论包含怀斯曼和霍思（1995）指出的有关跨文化交际理论的三项功能和四个要素，①也满足戴晓东（2011）用来衡量理论质量的四条标准。②当然，其可靠性、可信度和实用价值还有待进一步的案例或实证检验。

4. 挖掘文化根源的文化模式

正如前文所言，无论是博弈意图还是应对交际策略，均基于一定的文化根源。虽然学术界对文化的定义有上百条之多，本文选取的文化定义来自著名的英国文化学者雷蒙德·威廉姆斯和中国著名学者庞朴。前者对文化的定义是："对特定生活方式的描述，不仅在艺术和学习中，而且在制度和普通行为中表达特定的意义和价值观。"③后者认为，文化包括"人的一切生活方式和为满足这些方式所创造的事事物物，以及基于这些方式所形成的心理和行为，包含着物的部分、心物结合的部分和心的部分"。作为一个立体的系统，文化的外层是物的部分，即经过人力作用的第二自然；文化的中层包括隐藏在外层物质里的人的思想、感情、意志与宗教神话、社会伦理、教育制度和政治体

① RICHARD L W, WISEMAN L R, Van T H. Theorizing in intercultural communication research［C］. Thousand Oaks, CA：Sage, 1995.

② 戴晓东 . 跨文化交际理论［M］. 上海：上海外语教育出版社，2011.

③ WILLIAMS R. The long revolution［M］. Chatto and Windus, London：Broadview Press, 1961.

制等；文化的里层或深层主要是包括价值观念、思维方式、审美趣味、道德情操、宗教情绪、民族性格等文化心理状态。“文化的三个层面，彼此相关，形成一个系统，构成了文化的有机体。”[①] 结合两位学者对文化的界定，我们将文化理解为一种整体的生活方式，具体包括物质、制度和观念三个层面或维度，用于挖掘上述国际博弈意图和应对跨文化交际策略的文化根源。

此处必须指出的是，文化模式是多种多样的，各种文化都有其不同的特色或主旋律。1934 年，人类学家鲁思·本尼迪克特（Ruth Benedict）率先提出文化模式这一概念。本尼迪克特认为，一种文化，犹如一个人或团体的思想与行动模式，必须具备一定的一致性或核心理念，致使人们的一言一行，都趋向于这种起支配地位的核心理念或特有的目标，从而形成相当一致的基本态度。基于此，本尼迪克特将文化模式界定为一个具有内在一致性、各个部分相互关联的思想和行为的整体。[②] 由此可见，无论是美国及其盟友的各种博弈意图，还是中国相应的不同跨文化交际对策，均可通过恰当的文化模式对其文化根由追踪溯源，而上述基于中英两位文化鸿儒相关研究而形成的文化模式堪当此任。当然，选取哪种文化模式，还须以特定的跨文化交际博弈场合和双方对手之间瞬息万变的具体情形而定。

5. 跨文化交际适用性

首先，水文化与大国博弈跨文化交际理论是关于在“至善至柔”“载舟覆舟”“至烈至刚”三个节点内灵活、创造性地选择任意一个最佳传播路径，来应对美国及其盟友常规或非常规情况下的正和、零和或负和博弈意图及其他不可知意图，以获取最佳传播效果和最理想的博弈结果的理论。本理论的跨文化交际适用性表现在以下三个方面。

第一，在当今的全球化世界，各国在社会各个方面的联系相比以前更加紧密。虽然针对全球化趋势存在不同的声音甚至出现反全球化运动，不同文化背景和不同地区人民之间的交流仍是当今时代的常态，而不是相反。本理论有助于从文化价值体系的本源上，探寻并克服导致跨文化交际中系统性误解或战略性误判的根由与路径。

第二，“上善若水”在几千年的中国历史长河中可谓家喻户晓，有关其特性与功效的认知已经融入中华民族的集体记忆和基因序列。以水的形象用作隐喻，“能够传达十分重要的中国哲学命题与政治学说，从而成为传播和理解现代中国思想主要途径的源

---

① 庞朴．文化结构与近代中国［J］．中国社会科学，1986，5：81–98.

② 潘乃德．文化模式［M］．黄道琳，译．台北：巨流图书公司，1976.

泉”[①]。相比之下，美国为了确保其国际霸权的地位，维护其国家利益最大化的目的，往往先发制人，动辄对盟友威逼利诱，对潜在竞争对手打压制裁、全面围堵，无所不用其极。因此，其博弈意图与手段可谓反复无常和毫无底线。该理论有助于参与博弈的双方及其他相关国家与组织，深刻了解中美，乃至中西博弈的复杂性、重要性与博弈结局。

第三，鉴于中国日益增强的国际角色与世界影响，中国与美国及其盟友之间的博弈会在力度、难度、复杂性和挑战性上全方位攀升，远远超越一般博弈策略与技巧的功效范围，需要从理论的层次寻求应对方案与实施举措。本理论有助于相关国际关系的决策者、智库及学者，有效预判和妥善处理美方及其盟友的各种博弈意图与中国应对策略之间的文明碰撞与跨文化冲突，从而获取“知己知彼，百战不殆”的创造性传播和理性博弈结局。

五、结语

本文以文化博弈理论为指导，以厘清美国及其盟友针对中国的博弈意图与中国跨文化传播路径的相互关系为研究对象，通过梳理和提炼中国文化经典中有关水的特性，并结合博弈论的相关内容，构建了本土水文化与大国博弈跨文化交际理论。本理论是关于在“至善至柔”“载舟覆舟”“至烈至刚”三个节点内灵活、创造性地选择任意一个最佳传播路径，来应对常规或非常规情况下的正和、零和或负和及其他不可知博弈目的，以获取最佳传播效果和最理想的博弈结果的理论。

本理论以水和博弈为比喻，主要有三个特性。第一，通过对中国水文化特性的系统性探究，以及对美国及其盟友博弈意图的三种或多种可能性的描述，本理论揭示出现实社会中两对变量之间存在随时可变化的、可隐可现的、声东击西的复杂多元关系，从而突破了通常在两个变量之间论证其因果和关系的范畴。第二，本理论将常规或非常规的博弈意图置于一个连续统内，使得博弈意图选择的所有可能性都被纳入可控范围之内，以便对其做出最恰当的跨文化传播应对策略，使得博弈者利益和跨文化交际者传播效果的最大化成为可能。第三，博弈论来自西方，而本文跨文化传播路径所依赖的三大水文化主题来源于中华优秀传统文化经典，将二者有机结合，构建出本土水文化与大国博弈跨文化交际理论，既可对当下错综复杂的中美跨文化博弈现象提供学术解释与理论指导，也可为构建本土跨文化交际理论提供参考。

---

① CHEN G M, RICHARD G H. Persuasion through the water metaphor in *Dao De Jing*[J]. Intercultural communication studies, 2002, 11：153-171.

具体而言，本研究发现具有三点启示。第一，集中展示了中国文化话语的丰富多彩与博大精深，在跨文化交际理论的构建和运用上，摆脱了对西方现有相关理论的依附和盲从，有助于彻底避免和逐渐消除中国传统和当代话语体系边缘化或矮小化的趋势。第二，相关中国学者应该积极参与到当代中国话语体系和本土跨文化交际理论构建的行列中来，以实际行动推动人类话语的学术和文化多元对话与批评。第三，要特别强调的是本土跨文化交际理论的构建，必须扎根于中国传统和现当代文化的土壤，同时博采对中国文化发展有利的所有其他文化养分。

作者简介：

田德新，扬州大学外国语学院教授、扬州大学中国大运河研究院研究员，主要研究方向：跨文化交际学。

王凌宇，《中国名城》杂志副主编、高级记者，主要研究方向：城市规划、遗产保护及媒体传播。

从先秦道家传承序列中看《列子》的思想

韩 猛

摘 要：本文主要从天人宇宙观、虚静无为的修养论与实践论、知命任己的有限自由论三个方面来整体反观今本《列子》的思想，及其与先秦以来道家思想的关联。不仅可以看到该书承袭《老子》《文子》以来道家思想的脉络和发展，而且也在宏观纵向体系中观照具体的问题阐发，使其各自所处的时间节点与各自在思想史上的独特价值更加明确。

关键词：《列子》；法天；虚静；性命

主张《列子》是伪书者，往往祖述柳宗元。柳宗元虽率先发难，但细绎其意，无非质疑《列子》刘向序的“郑缪公”之误，质疑《列子》书可能多是后人“增窜”不是列子一人所著，以及怀疑《杨朱篇》《力命篇》可能是《杨子》书[①]；但并没有提出对《列子》一书系伪造的判断。如宋高似孙、黄震、朱熹、叶大庆，明宋濂，清姚际恒、钱大昕、钮树玉、姚鼐、何治运、俞正燮、吴德旋、汪继培，下至章太炎、陈三立、梁启超、朱谦之、顾实、季羡林等。但同时，为《列子》辩护的也大有人在，如梁刘勰、宋洪迈、元刘埙、明王世贞、清褚人获以及日本学者武内义雄等。尤其近现代学者岑仲勉、李养正、严灵峰、陈鼓应、许抗生、马达等，对“伪书说”进行了有力的辩驳。[②]

今本《列子》深文周纳、陈义精卓，与先秦诸子横向比较，也不无别开生面、过其所承之处，所以妄断为伪而草草定案是不可取的。我们认为，《列子》一书应当是战国末年列子后学及其他道家学派学者陆续编定而成，大约西汉中期以后罕见于世，此后流传中有散佚和窜入的现象，但基本篇目和大体的面貌仍然保留了下来。今本《列子》全书与先秦至魏晋的约 23 种典籍有所重合。但其中，《天瑞篇》《周穆王篇》《仲尼篇》

---

① 曾国藩，余德基．经史百家杂钞［M］．北京：中华书局，2019：0330.

② 杨伯峻．列子集释［M］．北京：中华书局，1979：287-348；马达．《列子》真伪考辨［M］．北京：北京出版社，2000：452-459.

《力命篇》《杨朱篇》是较少有与他书重合的例证的，大约是比较纯粹的《列子》原书，而且其中的逻辑体系也是全书中最为严密的。可能有抄撮别书痕迹的，主要集中在《黄帝篇》《汤问篇》《说符篇》三篇，但也未可断定三篇全伪。

先秦诸子的思想都有其发源和衍生的土壤，他们也不约而同地对宇宙万物、人生、心性等问题提出了迫切而识见卓然的讨论，虽则最终指向往往不免导向政治术，但也不可抹杀他们因生命需要而思考的鲜活色彩。王充《论衡·自然》说："师无其说而弟子独言者，未之有也。"① 中古之前的学说思想都是有其师承渊源的。《列子》思想中，就与众多先秦道家学说的成分有相互承袭发展的关系。这也有助于我们从纵向角度上全面把握在整个道家思想体系中《列子》一书的独特内涵。同时，从道家思想传承发展的时间序列上来看《列子》思想的位置，无疑也是从内在证明今本《列子》主体思想大致不失本来面目的重要视角。

一、天道人德

先秦诸子谈论天人之际，最终的落脚点都不在天，而在于人，毕竟，人类探讨宇宙规则的目的，还是为了探索人自身。如何顺天应人，来论证人道，这也是《列子·天瑞篇》的宗旨。《列子》开篇所讲的"天瑞"，本身就已经有了天与人交流沟通的意思。"瑞"原指"瑞圭"，即古代天子颁给诸侯的圭玉，作为颁赐治权的凭信，"圭"有"归属"之意，诸侯朝见天子必须执献瑞圭，而天子依据诸侯的政绩来确定"复圭"或"留圭"，进一步则可能削爵削地以示惩罚。延伸出"天瑞""瑞应"之意，"瑞者，宝也，信也。天以宝为信，应人之德，故曰瑞应"②，则说天瑞如何"应人之德"。

老子论述的世界万物的本原、本体是"道"。"道"是一种绝对理念，"道"在万物之上的显现为物之"德"。物不违背"道"，就是有德。《列子》开篇虽没有拈出"道"的概念，却仍是说"道"："有生不生，有化不化。不生者能生生，不化者能化化。生者不能不生，化者不能不化。故常生常化。常生常化者，无时不生，无时不化。"③ 这个不生不化的存在，却又是决定万物生化、赋予万物形色声貌等有形形体的根本。《管子·心术上》说："虚无无形谓之道，化育万物谓之德。""道与德无间"④，道在具象化生

① 王充．论衡［M］. 上海：上海人民出版社，1974：278.
② 刘歆．西京杂记［M］. 上海：上海古籍出版社，2012：28.
③ 杨伯峻．列子集释［M］. 北京：中华书局，1979：2.
④ 黎翔凤．管子校注［M］. 北京：中华书局，2004：932.

的万物中显现。谷神指的就是虚无的“道”，即《列子》所说化育万物的不生不化者，它是永恒独立、永劫回归的世界本体。

“道”又被称为“天道”，是天地运化所凭依的原则。所以首先要帮人们认识所处身于此的这个宇宙，它的本质是什么，它是如何运转生化的，才有助于人们了解如何在其中生存以及所应取的态度。天人关系是先秦时期具有普泛性的思考，但儒家说“六合之外，圣人存而不论”，不肯讨论宇宙本体，而专注于讲人事，的确是儒家不如道家高明的地方，所以后世常将以老庄列为代表的道家对比儒家六经，是“真足以先于六经”，正是对道家更加高远的着眼点和透析的本体论而言的。

《列子》中有一段比较著名的宇宙生成论：“夫有形者生于无形，则天地安从生？故曰：有太易，有太初，有太始，有太素。太易者，未见气也；太初者，气之始也；太始者，形之始也；太素者，质之始也。气形质具而未相离，故曰浑沦。……易变而为一，一变而为七，七变而为九。九变者，究也；乃复变而为一。一者，形变之始也。清轻者上为天，浊重者下为地，冲和气者为人；故天地含精，万物化生。”①天地宇宙是什么呢？又是怎么产生的呢？人又是从何而来的呢？太易、太初、太始、太素、浑沦五个阶段的生成运动说，是很有意味的。汉代的《易纬乾凿度》即据此发展出流行于后世的道家著名的“先天五太”的说法，即太易、太初、太始、太素、太极。《老子》说：“视之不见，名曰夷；听之不闻，名曰希；抟之不得，名曰微。此三者不可致诘，故混而为一。其上不皦，在下不昧。绳绳不可名，复归于无物。是谓无状之状，无物之象，是谓忽恍。”②这里尤其可以看到《列子》对它的继承和发展。太易，应该就是老子所说的“忽恍”，“易”字的解释也正是来自“夷”“希”“微”三字，显然也吸收了《周易》八卦“变易”衍生的概念。《列子》的新奇处，是提出了“气”有所发生的“太初”。气，成为沟通绝对理念和有形世界的连接点，实际上在这里被置换为真正的虚无本源。以“气”为宇宙化生的本体，是老子时代所没有的，这也能说明《列子》在先秦道家思想序列中的位置，它应该是早期道家发展到战国黄老道家的过渡阶段所产生的。

本书开篇，旨在破除生死之惑，这其实也非常符合现代哲学的思路。何谓生？何谓死？对于人类来说，永远是个大谜团。并且，对于死亡和生存，如何去理解，持何种态度，直接决定了人的一切思想和行动，因此是人生之根本问题，应首要解决的问题。

人的生命是怎么回事？《列子》的解释是宇宙间一种气的凝聚。同时，这个气的凝聚又有不同的形态，天地是“强阳”之气，人则是冲和之气。《慎子》——“天地相去

① 杨伯峻．列子集释［M］．北京：中华书局，1979：5-8.
② 朱谦之．老子校释［M］．北京：中华书局，1984：52-54.

八万四千里，冲和之气在其中，四万二千里已上为阳位，四万二千里已下为阴位"，《文子·上德》——"万物负阴而抱阳，冲气以为和，和居中央"[①]，《文子·上仁》——"和者阴阳调"，《淮南子·氾论训》——"阴阳相接，乃能成和"，说的都是阴阳二气调和之后，产生的冲气。所以《黄帝内经太素》"知针石"篇中杨上善注曰："万物负阴抱阳，冲气以为和，万物尽从三气而生，故人之形不离阴阳也。"[②] 可以说天地之间是三种气构成，亦即本书所说的清轻、重浊、冲和三种，但冲和之气，其实并非纯阴纯阳之气，不过就是阴、阳二气调和的一种形态罢了。除了天地是纯阴纯阳，此外天地间所生的万物，则都同人一样是阴阳调和的产物。

有了这个本源认识，对人德就可以提出顺理成章的要求。《庄子》就提出应当"游心于德之和"（《德充符》），"形莫若就，心莫若和"（《人间世》）。刘武《庄子集解内篇补正》说："《易》曰：'保合太和。'朱注：'太和，阴阳会合冲和之气也。'是则儒家之说亦如此矣。是气也，人物即秉之以生。故《老子》曰：'万物负阴而抱阳，冲气以为和。'《列子·天瑞篇》——'冲和气者为人'，《管子·内业篇》——'天出其精，地出其形，合此以为人，和乃生'，《淮南子·天文训》——'阴阳合和而万物生'，《庄子·知北游》——'生非汝有也，天地之委和也'，皆为明证。道家所重在养生，而养生之要，则在养此生生之和。庄子之道，即在于此。"[③] 所述相当精辟。

《列子》也同样认可这种以"冲和"为"德"的思想，它认为人的一生分为四个阶段：婴孩，少壮，老耄，死亡。婴儿阶段的人是人德最厚的，因为构成人的冲和之气此时达到最高点；人到成年，因为人欲和心虑的干扰，使人的德性削弱到最低；只有到了老年，德性才略微可以恢复到与婴儿阶段的理想状态相比，亦即《老子》所谓"含德之厚，比于赤子"，但已无法达到那样的"全德"了；最后到死亡，则重新返回气未尝凝聚时的临界点。《周易》"乾卦"曰："乾道变化，各正性命，保合大和，乃利贞。"[④] 意思正是要人返归人的本然，保有自身的冲和之气，与《列子》的观念也是一致的。阴阳相冲，和气自此而生。和字本身也有"不坚不柔"（《广韵》）、不偏不倚的意思，因此《庄子》就自然而然地提出中正的要求："正汝形，一汝视，天和将至。"[⑤] 这也正是基于和气生人的观念而来，但这一观念与《列子》却又不同。婴儿与老人的德全，在于没有了"欲虑"干扰，也就是后面将要说的"虚静"。

---

① 方国瑜. 方国瑜文集（第五辑）[M]. 昆明：云南教育出版社，2003：364.

② 杨上善. 黄帝内经太素 [M]. 北京：中国医药科技出版社，2018：264.

③ 王先谦. 庄子集解 [M]// 王先谦，刘武. 庄子集解　庄子集解内篇补正. 北京：中华书局，2012：20.

④ 李学勤. 十三经注疏周易正义 [M]. 北京：北京大学出版社，1999：7–9.

⑤ 王先谦. 庄子集解 [M]// 王先谦，刘武. 庄子集解　庄子集解内篇补正. 北京：中华书局，2012：20.

“大哉死乎”，如何破除人们对于死的恐惧和困惑，《列子》视之为最重要的命题，也是整个《天瑞篇》试图解决的问题，所以涉及死亡的章节，不免有些重三叠四，不厌其烦。归纳起来，大概有以下几种意思。

其一，死是终结，而终结是宇宙生成的常道。道终结于原来没有开始的时候，穷尽于原来没有有形的地方。有生死的事物则回复到没有生死的状态，有形回复到没有有形的状态。从无到有，又从有到无，正是道的演化运转。但凡有形，必然归于无形，必然终结，化为本来的无的状态。由此延伸，天地也是由无到有，所以“天地不得不坏，则会归于坏”，但天地的成毁，人的死生，都不值得忧虑。这也是“杞人忧天”故事的本旨所在。懂得无和有的转化，了解天地人的生成的道理，就可以坦然地遵从自然的命数，而不再迷惑了。

其二，死亡是回归，生死是一往一返。《列子》指出：死亡是德性的复归，也就是说，人是“盗阴阳之和以成若生”，人的德性的形成也是“道”和阴阳之气凝聚于人身而来，身死气散，作为人的本性的“德”也就散归于宇宙之间，重归于“道”。“精神者，天之分；骨骸者，地之分。属天清而散，属地浊而聚。精神离形，各归其真；故谓之鬼。鬼，归也，归其真宅。”① 精神和肉体，分别回归于天地，精神约可等同于德性，重新散于天上，肉体则是长埋地下，归于土地。两者都是回归。

其三，死亡是变化，变化是常道。《列子》这里引用了佚失的《鬻子》中的文章：“运转亡已，天地密移，畴觉之哉？故物损于彼者盈于此，成于此者亏于彼。损盈成亏，随世随死，往来相接，间不可省，畴觉之哉？凡一气不顿进，一形不顿亏；亦不觉其成，亦不觉其亏。亦如人自世至老，貌色智态，亡日不异；皮肤爪发，随世随落，非婴孩时有停而不易也。”② 渐变导致质变，也符合能量守恒的定律，损和益都是在宇宙间大的恒定前提下的变化，不知不觉，遵循着损益守恒之道。“生之暂来，死之暂去”（《列子·杨朱篇》），永远都在变化之中，都是暂时的，生命来时不能抗拒，去时也无法阻挡。死亡也是来到了才会知道。因此“生不知死，死不知生”，也就不值得畏惧和忧虑了。

其四，死亡是休息，是生于彼处。“生无所息”，活着就注定要劳苦终生，《列子》以寓言借孔子之口说：“人胥知生之乐，未知生之苦；知老之惫，未知老之佚；知死之恶，未知死之息也。”③ 只有死亡，才能使人摆脱活着的劳苦。同时，这也是辩证法的

---

① 杨伯峻．列子集释［M］．北京：中华书局，1979：20.

② 杨伯峻．列子集释［M］．北京：中华书局，1979：29-30.

③ 杨伯峻．列子集释［M］．北京：中华书局，1979：26-27.

体现，生有乐就有苦，老有疲惫也有安逸，死亡有可恶也有它的好处，那就是长久的安息。

其五，死亡是公心的体现。《天瑞篇》通过“盗天”的寓言，提出“公公私私，天地之德”。也就是以“天之所与”为公，以“人之所聚”为私。同时，又特别指出：人的身体、生命、心性、子孙，都不是自己所有的，而是天地或者说宇宙秩序所赋予的，都是不可以据为私有的，就像天地无法被人据为私有是一样的道理。偷盗人所私有的财产会被问罪，偷盗天地赋予的一切，却被人所忽略。身体，是暂时自天地间借来用的，并非一己所能私有。因此“盗天地阴阳”而成的人身，以及生命、精神等，都是天地所公有的，都应该随着死亡重归于天地，这才符合“公公私私”的道理。[①]值得指出的是，这一点与《杨朱篇》中“公天下之身，公天下之物”的观念也是一致的，也可以作为该篇与该书诸卷的内在整体联系的证据。

总而言之，对于生死问题的探讨，目的是要确立一种对于生命的态度，或者说一种生活的态度。生，应该“全德”，不要让“欲虑”过度损伤冲和的本性。对于死，则应采取一种超然、超越的态度。《庄子·大宗师》也认为生死有命，永恒轮转不息，是天道。所以道家彰显达观的人生态度，也是《庄子》所说的“达生”，是处贫不忧、临终不惧、以贫为常、视死如归。这也就是该书《天瑞篇》中荣启期与林类两则故事所昭示的意思。

二、虚静无为

《吕氏春秋·不二》中记载诸子学说的各自主张：“老聃贵柔，孔子贵仁，墨翟贵廉，关尹贵清，子列子贵虚，陈骈贵齐，阳生贵己，孙膑贵势，王廖贵先，儿良贵后。”[②]其间的“子列子”一称，隐约透露出其书的编纂者与列子后学不乏关联。这里明确说列子的主张是“贵虚”。但《战国策·韩策》却标榜列子“贵正”。因此，清代汪继培《列子序》称：“其文或浅近卑弱，于《韩策》所称贵正，《尸子》《吕氏春秋》所称贵虚之旨，持之不坚，故先儒多疑其伪。”[③]常有论者认同两者是有所矛盾的说法，殊不知两者恰恰是互为一体的，综合道家文献来看，“贵虚”与“贵正”，只是一体两面。

虚静，是老庄共同提倡的修养论，也是道家一贯推崇的修心之首务。《老子》说：

---

① 杨伯峻．列子集释［M］．北京：中华书局，1979：38.

② 吕不韦．吕氏春秋新校释［M］．陈奇猷，校译．上海：上海古籍出版社，2002：1134.

③ 杨伯峻．列子集释［M］．北京：中华书局，1979：285.

“致虚极，守静笃。”[①] 虚静，首先是一种修养方法，是用以体道的一种途径，以此来达到与道冥合，属于《管子》所称的“心术”，即治心之术，对内在心性的修养以求体道、得道，故又被称为“内德”“内业”。《文子·道原》说，清静，是“道之鉴”“德之至”；虚无，则是“道之舍”“万物之祖”。[②] 其中的“虚”，与《老子》所谓的“上德若谷”又是一致的，因此“道”本身又被称为“谷神”。也就是说，虚和静，都是有鉴于道而得来的，体现了天地的本性，是人德的根本，也是人的本性，即《庄子·刻意》所说的“虚无恬淡，乃合天德”。因此要与大道冥合，就要做到以虚静修心。《淮南子》曰：“静漠恬淡，所以养性。和愉虚无，所以养德也。外不滑内，则性得其宜；性不动和，则德安人位。”[③] 虚和静追求的是对德性的修养。《管子》甚至提出了“虚”的内涵和方法：“无藏”“无求”“无设”“无虑”，排除成见、杂念、欲望、妄想。[④]

《列子·黄帝篇》是主要阐述“虚静”养生论的篇章。但本篇 19 则寓言中，约有 14 则与《庄子》相同，是两书重合最多的篇章，因袭之迹的背后究竟孰先孰后，迄无定论。但作为《列子》最重要的养生论部分，《黄帝篇》在内在逻辑上和严密的体系性上均显稍弱，较之《庄子》以《养生主》《达生》等篇建立起来的养生论，大有不及。

黄帝梦游华胥国的寓言是“思有以养身治物之术”。这个“养身治物之术”在《黄帝篇》中所体现者，首先是“纯气之守”，摒弃智巧，“心如渊泉”；其次则是“用志不分”“心凝神释”“一其性，养其气，含其德”“其天守全，其神无郤”，也就是《庄子》所说的“一”；再次则是“大同于物”，与物无忤，“心无顺逆”，不喜不怒，达到“神全”“全于天”的目的。这三重意思，正是《庄子》所讲的“心斋”“坐忘”，也可以说同是致虚静的途径或方法。总而言之，只有保守内心的虚静空灵，虚以待物，应而不藏，道才能由此而集聚。

至于由虚静人格或说理想人格的虚静特征，提出应该舍弃聪明技巧，纯发乎自然，以虚静之心应物，“通乎物之所造”，与物为一，以达到治身和治国的目的。这也是由理论延伸出的对人的期许和要求。

《列子·天瑞篇》记录了列子关于“贵虚”说的一则问答：“或谓子列子曰：‘子奚贵虚？’列子曰：‘虚者无贵也。’子列子曰：‘非其名也，莫如静，莫如虚。静也虚也，得其居矣；取也与也，失其所矣。事之破毁，而后有舞仁义者，弗能复也。’”[⑤] 可见列子

① 朱谦之 . 老子校释［M］. 北京：中华书局，1984：64.
② 王利器 . 文子疏义［M］. 北京：中华书局，2000：14.
③ 何宁 . 淮南子集释［M］. 北京：中华书局，1998：152.
④ 黎翔凤 . 管子校注［M］. 北京：中华书局，2004：767.
⑤ 杨伯峻 . 列子集释［M］. 北京：中华书局，1979：28.

本来就不执着于“虚”的概念名相。“虚”原本没有什么可贵，只是想要全性保真，保全物我不破毁，保守自然本性不损伤，就不得不虚静。保性全真，保持本然，才是根本目的。《庄子·天道》中有段非常相似的话来说“静”：“圣人之静也，非曰静也善，故静也；万物无足以铙心者，故静也。水静则明烛须眉，平中准，大匠取法焉。水静犹明，而况精神！圣人之心静乎！天地之鉴也，万物之镜也。”①说的虽然也是虚静本身不足贵重，然而表达却稍有不同，后者强调的是，静是人的本然、本来状态，静的原理如同镜子，为的是达到澄明的状态，也就是《荀子》所谓“大清明”的境界。阐述的其实正与《列子·仲尼篇》引关尹的话“其动若水，其静若镜”相仿。

贵正，无论从政治论上，还是养生论上，都是与虚静相通的。《老子》主张“以正治国”，在政治论上强调说，“清静为天下正”，“我无为，人自化；我好静，人自正；我无事，人自富；我无欲，人自朴”。显然是站在君主角度上立论的，可见原始道家的本旨。《文子》从虚以导正的角度概括两者的关系，逻辑较为清晰：“夫纵欲失性，动未尝正，以治生则失身，以治国则乱人，故不闻道者，无以反性。古者圣人得诸己，故令行禁止。凡举事者，必先平意清神，神清意平，物乃可正。听失于非誉，目淫于采色，而欲得事正即难矣，是以贵虚。故水激则波起，气乱则智昏；昏智不可以为正，波水不可以为平，故圣王执一，以理物之情性。”②心的本真是虚静恬淡，所以“无撄人心”（《庄子·在宥》）、平意清神，使人性一归于平正，才是对人心最好的保护。同时，这也是《庄子》中借老聃之口所讲的“天下大乱，罪在撄人心”，保证人心的虚静不被扰乱，岂不是使天下拨乱返“正”的根本要义吗？《吕氏春秋》里讲究的“六欲皆得其宜”的“全生”，《管子》中所强调的“节其五欲，去其二凶，不喜不怒”的“平正”，都是在情感欲求上提倡正定，《庄子·庚桑楚》说：“贵富显严名利六者，勃志也。容动色理气意六者，谬心也。恶欲喜怒哀乐六者，累德也。去就取与知能六者，塞道也。此四六者不荡胸中，则正，正则静，静则明，明则虚，虚则无为而无不为也。”③也可以看出正与虚的关系：人内心的安宁也就是“正”，同时也是其达到虚静的根本。人心正，才能致虚静，人人内心虚静，天下才能归正。“心静气理，道乃可止”（《管子·内业》），因此，虚静也成为治国的根本。

可见，贵虚即贵正，治身同治国，“虚”与“正”都是道家治身治国的原则。清虚寂寞，才能心体平正；反而言之，正定心志，也才能虚静澄明。这是“贵虚”“贵正”

① 王先谦．庄子集解［M］// 王先谦，刘武．庄子集解　庄子集解内篇补正．北京：中华书局，2012：205.
② 王利器．文子疏义［M］．北京：中华书局，2000：394.
③ 王先谦．庄子集解［M］// 王先谦，刘武．庄子集解　庄子集解内篇补正．北京：中华书局，2012：205.

的一体两面。

关于“无为”概念的提出,《文子·道原》说:“人生而静，天之性也。……故通于道者，反于清静；究于物者，终于无为。”[①]生而为人，既应“与化游息”，又要“与世浮沉”，这两点实际上是老庄道家原旨的两个指向：针对自然之道的方向，他们提出了虚静理论；而针对世俗之世，则提出了无为。所以“无为”从一开始就与“虚静”和“正”关系密切。《文子·道德》说:“无为者，守静也，守静能为天下正。”[②]虚静是更加本质意义上的要求。《庄子·天道》则把“虚静无为”悬为“道德”的最高目标:“夫虚静恬淡，寂漠无为者，天地之平而道德之至也。”认为其是天地之间最平正的轨道范式，又说是“万物之本”，是为君为臣为圣所遵循的“术”[③]。“道”是本原、原理，“术”则是方法。“无为”和“虚静”一样，都是道家提倡的“术”中标志性的基本范畴。在最初的概念里，虚静应该是针对心灵的治心术，或者说是修养论；而无为则是针对处事的治术，或者说是实践论，是治身、治国术，讨论如何持身处事，进而治理国家，其理一揆。“治术”，又是“心术”的自然延伸，所以虚静与无为，也常常被混为一谈。

关于“无为”的具体内涵,《老子》《庄子》都谈得比较混沌，反而不如《列子·仲尼篇》所阐明的那样深切具体。其中原因，大致是因为《列子》一书至少汲取了荀子前后稷下之学的营养，对“无为”作为纯粹理论的意义做出了较为突出的开拓。

第一,“无为”是取法于自然的原则。天道无为而功成，运化万物而不显现。所以不显现、不作为正是“道”的实践方式，因此《仲尼篇》说体道的方法:“欲若道而用视听形智以求之，弗当矣。瞻之在前，忽焉在后；用之，弥满六虚，废之，莫知其所。亦非有心者所能得远，亦非无心者所能得近。唯默而得之，而性成之者得之。”[④]也就是说，要做到像天地一样“无为”，才能体道，“至道不可以情求”。《老子》反复提到“无为”，还只是局限在治事处世以体道的层次，并没有阐述“无为”的理论基础，这一理论基础是《列子》所阐发的。

第二,“无为”所代表的把握外物或说“治事”的方式，是“内观”，亦即《老子》所谓“玄览”。这就要求“亦不用耳，亦不用目，亦不用力，亦不用心”，所谓“其动若水，其静若镜，其应若响”。所以《列子》提出“内观”的要求，不是“求备于物”，而是“取足于身”。这种对于眼、耳、鼻、舌、身、意等的有意闭塞来求取反躬自省的

---

① 王利器.文子疏义［M］.北京：中华书局，2000：26.
② 王利器.文子疏义［M］.北京：中华书局，2000：231.
③ 王先谦.庄子集解［M］// 王先谦，刘武.庄子集解　庄子集解内篇补正.北京：中华书局，2012：113，114.
④ 杨伯峻.列子集释［M］.北京：中华书局，1979：146.

内证方式，也就是《老子》之“塞其兑”，《文子》之“闭四关（耳、目、口、心），止五遁（金、木、水、火、土）”，《庄子·人间世》之“徇耳目内通，而外于心知”，佛家所谓“空六尘，净六根”，这都是完全相通的。因此，决不能说这类类似佛家的意旨来自魏晋，这也是中国本土思想所固有的。

第三，《列子》提出“无为”的一个基础思想，用书中关尹的话说，叫作“无居”，这其实也是“虚”或“上德若谷”的要求，同时与《荀子》所谓“解蔽”、《韩非子》说的“意无所制”、佛家所说的破除“法执”不无相似之处。被先入为主的知识所限定，偏执于某种理念，是理性所造成的障碍、蔽塞，所以佛家也称之为“理障”“所知障”。即使“六孔流通”已然达到较高境界，却因为有“一孔不达”（《仲尼篇》），真正的识见被遮蔽了，也难以体道。

《列子·黄帝篇》曰：“至言去言，至为无为。齐智之所知，则浅矣。”① 智或知，所代表的理性，是浅表的层次，执着于理性，只能对人的判断造成阻碍。所以只有解蔽、破执，实现认识上和思维上的“无为”，才能进入“大清明”境界，才能“理无所隐”，才能体道。这其实也是治身要求的“正静”的一个途径。无为，寻求的也是虚、静、正、清。这是高妙的认识论，也是实践方式。只是“貌充心虚，耳无闻，目无见，口无言，心无知，形无惕”，是否就体道了呢？“无言与不言，无知与不知，亦言亦知。亦无所不言，亦无所不知；亦无所言，亦无所知。”能够打破这些名相的界限，无所羁绊，才是真正的无为的境界。

第四，《列子·仲尼篇》提出了“无为”在实践论上的真意，及其内涵的层次。《仲尼篇》说：“知而亡情，能而不为，真知真能也。发无知，何能情？发不能，何能为？聚块也，积尘也，虽无为而非理也。”② 说明《列子》“无为”的理论指向，并非说无所作为就是无为；无为的真意，是针对有智能可以有所作为的人，所做到的取消理智、忘却情怀，而成就的无为。前文所说“内观”“无居”，一个是实现方法，一个是理论原则。除此之外，《列子》还将弃智、忘情、废心三个老庄道家范畴，注入“无为”的概念中，成为它的内涵层次。弃智、忘情、废心三者是老庄道家所反复提及的命题。“情”，就是情绪、情欲，即人的主观接触外在事物时产生的喜、怒、哀、乐、恶等反应。“智”就是智能，即人的主观能动性。“心”就是意念、想法。

《庄子·在宥》讲“汝徒处无为，而物自化。堕尔形体，吐尔聪明，伦与物忘；大同乎涬溟。解心释神，莫然无魂。万物云云，各复其根，各复其根而不知；浑浑沌沌，

① 杨伯峻．列子集释［M］．北京：中华书局，1979：68.

② 杨伯峻．列子集释［M］．北京：中华书局，1979：145-146.

终身不离；若彼知之，乃是离之。无问其名，无窥其情，物故自生。”[①]所讲的也正是使心处于物我两忘、无知无觉的状态，否则便不能回归道的根本。所以《老子》讲“上德无为而无以为”，也是说无所用心，没有意念和目的的先导。这是对“心智”的要求，同时也是虚静的表现。所以虚静仍然是实现无为的基础。

早期道家如《老子》实际上有更多社会政治论色彩，在“无为”这个问题上，也是主要落实在君道无为上，乃至稷下后学申不害、韩非更是将其发挥出权术阴谋论的成分。这些在《列子》中都是很少触及的。

三、知命任己

杨朱学说在战国时代曾经是名噪一时的显学之一，有所谓“杨朱、墨翟之言盈天下，天下之言不归杨，则归墨”[②]的说法。多数学者认为《列子·杨朱篇》的内容大体应该就是杨朱学派的主张，这也应该是现存文献中最集中具体地呈现杨朱思想的文字，所以本篇应当是研究杨朱思想不可或缺的一环。

杨朱在后世常被人诟病，主要是他的“为我”和纵性任情的思想。前者即所谓“拔一毛利天下而不为”，被人看作其极端自私自利的表现；后者则常被人看作纵欲主义。这些一反伦常、公然违背社会公德的观念，乍看之下不免令人费解，这样的学说是如何获得社会普遍认可的呢？在《列子》中，杨朱学的真貌得到了呈现，人们才得以了解其背后的理论依据。

《杨朱篇》说，“从心而动”“肆之而已，勿壅勿阏”“欲尊礼义以夸人，矫情性以招名，吾以为弗若死也”，这种蔑视礼法、及时行乐的倾向，以往的评论多认为与魏晋崇尚放达的风尚是类似的。其实在战国中后期也的确出现过类似的纵欲主义思潮，应该是杨朱派的末流，即《荀子·非十二子》所说：“纵情性，安恣睢，禽兽行，不足以合文通治，然而其持之有故，其言之成理，足以欺惑愚众，是它嚣、魏牟也。”[③]另一个证据则是《庄子·盗跖》中盗跖的话：“今吾告子以人之情，目欲视色，耳欲听声，口欲察味，志气欲盈。人上寿百岁，中寿八十，下寿六十，除病瘦死丧忧患，其中开口而笑者，一月之中不过四五日而已矣。天与地无穷，人死者有时，操有时之具，而托于无穷

① 王先谦．庄子集解［M］// 王先谦，刘武．庄子集解　庄子集解内篇补正．北京：中华书局，2012：96.
② 李学勤．十三经注疏孟子注疏［M］．北京：北京大学出版社，1999：178.
③ 王先谦．荀子集解［M］．北京：中华书局，1988：91.

之间，忽然无异骐骥之驰过隙也。不能悦其志意、养其寿命者，皆非通道者也。”① 其与本书《杨朱篇》言论极其相似：“百年，寿之大齐。得百年者千无一焉。设有一者，孩抱以逮昏老，几居其半矣。夜眠之所弭，昼觉之所遗，又几居其半矣。痛疾哀苦，亡失忧惧，又几居其半矣。量十数年之中，逌然而自得，亡介焉之虑者，亦亡一时之中尔。则人之生也奚为哉？奚乐哉？……太古之人知生之暂来，知死之暂往；故从心而动，不违自然所好，当身之娱非所去也。”② 其逻辑思路也是完全相同的。前文所谓“持之有故，其言之成理”的思想脉络，显然是杨朱后学，极端发展了杨朱学纵性任情的一面。

《韩非子·显学》所说的“轻物重生之士”，亦即《荀子·非十二子》所称“阳生贵己”，指的是杨朱的主导思想。杨朱“轻物重生”的思想，其实也是承继自《老子》的“贵以身为天下，若可寄天下”。这是极为可贵的思想起点。直接提出人本身就是最高目的，世间最宝贵的莫过于生命，而不是强调人的工具性。关于“轻物重生”的思想，仍以《吕氏春秋》所叙最为贴合：“今吾生之为我有，而利我亦大矣。论其贵贱，爵为天子，不足以比焉；论其轻重，富有天下，不可以易之；论其安危，一曙失之，终身不复得。此三者，有道者之所慎也。有慎之而反害之者，不达乎性命之情也。”③

正如前文所叙，《杨朱篇》是仅仅以死亡观来推导的，认为人生的个体和社会价值最终因死亡而失去意义，在世的生命与身体才是最宝贵的，所以提出“存我为贵”的说法。主张抛弃任何因外物导致的“损生”“累生”的行为，这也包括对仁义礼法、功名利禄的追求，这些东西与生命本质没有关系，但却恰恰是损伤生命质地的东西，是“重囚累梏”、金枷玉锁。

因此，又推导出一个重要问题，就是如何对待欲望的问题。《杨朱篇》由“爱身”，顺势衍生出一系列“乐身”“逸身”“究其所欲”的快乐观、养生观、政治观。其认为活着的目的就是获得生命感性的充分愉悦，而养生的最好方法就是顺应耳、目、口、鼻、体、意之“所欲”，“尽一生之欢，穷当年之乐”。然后可以得到身心的安逸和生活的快乐。并进一步认为，以针对内心的“治内”，来取代“治外”的种种政治和非政治手段，推广开来，可以使人人安逸快乐，甚至取消政治。这一思路，由生死一路推演而来，死了就死了，一了百了，确实容易引导人走入纵欲主义的误区，去盲目追求当下可能的一切欲望的满足。这当然不是杨朱学说的本意。

---

① 王先谦．庄子集解［M］// 王先谦，刘武．庄子集解　庄子集解内篇补正．北京：中华书局，2012：264.
② 杨伯峻．列子集释［M］. 北京：中华书局，1979：219.
③ 吕不韦．吕氏春秋新校释［M］. 陈奇猷，校译．上海：上海古籍出版社，2002：1134.

关于对欲望的态度，一直是黄老道家所重视的死生存亡的根本。《吕氏春秋》对于此问题的思路：“古之治身与天下者，必法天地也。”[①]这才是为贵生任己说提出的最切要的理论基础。“能养天之所生而勿撄之”，人以自然为本，是自然生成，因此，人所具有的欲望喜乐，都应是不得不然的自然规则。这一思路，《杨朱篇》也略有提及：“既生，则废而任之，究其所欲，以俟于死。将死，则废而任之，究其所之，以放于尽。无不废，无不任，何遽迟速于其间乎？”[②]但似乎更接近其自然生死观的呈现。正如《吕氏春秋》的《大乐》《为欲》等篇所说，“天使人有欲，人弗得不求”“耳不乐声，目不乐色，口不甘味，与死无择”。人的情感欲望的合理性首先应该得到肯定。

虽然《杨朱篇》也说“无厌之性，阴阳之蠹也”，却不是对人的自然欲望而言。杨朱所提倡的对自然欲望的追求，是“丰屋美服，厚味姣色”四者，也是房子、衣服、美食、美女。杨朱所反对的，是忠义、礼法、人鬼、威刑等墨家、儒家推崇的社会规范。[③]

所以，我们看杨朱或说《列子》的“究其所欲”，其实是有所界定的。这又有性、身、命的三个层面：

其一，性——“全性保真”。《杨朱篇》借杨朱对孟孙阳的教导明确指出，“贵生爱身”的目的，不是为了长生不死。既然如此，则其目的何在？《淮南子·氾论训》说：“全性保真，不以物累形，杨子之所立也，而孟子非之。”[④]可见，这四字，才是杨朱的基础理论。《杨朱篇》虽然没有揭橥这四字，却对这一思想也有充分的阐发：“夫耳之所欲闻者音声，而不得听，谓之阏聪；目之所欲见者美色，而不得视，谓之阏明……凡此诸阏，废虐之主。去废虐之主，熙熙然以俟死，一日、一月、一年、十年，吾所谓养。拘此废虐之主，录而不舍，戚戚然以至久生，百年、千年、万年，非吾所谓养。”[⑤]消除人为对本性的遏制，清除残毁自身的根源，保护人的本真，是养生的根本。“肆之而已，勿壅勿阏”，重在强调不要对欲望和本性进行阻碍和遏制。所以，只有“循性保真”，顺从天性来养生，才能保全人的天然本性，这是道家思想理想的人道观念：“圣人之制万物也，以全其天也。天全则神和矣，目明矣，耳聪矣，鼻臭矣，口敏矣，三百六十节皆通利矣。若此人者：不言而信，不谋而当，不虑而得；精通乎天地，神覆乎宇宙。”[⑥]

---

① 吕不韦．吕氏春秋新校释［M］．陈奇猷，校译．上海：上海古籍出版社，2002：87.
② 杨伯峻．列子集释［M］．北京：中华书局，1979：230.
③ 杨伯峻．列子集释［M］．北京：中华书局，1979：238.
④ 何宁．淮南子集释［M］．北京：中华书局，1998：940.
⑤ 杨伯峻．列子集释［M］．北京：中华书局，1979：223.
⑥ 吕不韦．吕氏春秋新校释［M］．陈奇猷，校译．上海：上海古籍出版社，2002：22.

德与性正是一体两面，性即各种事物的天然之性、本性，因应于道，就是事物的德。因此《杨朱篇》称公孙朝、穆以及端木叔等顺从天性而动的人为“真人”“达人”。

但应注意，《杨朱篇》对于保全真性的反面论证，未免陷入了“执其一端”的片面论证。使人性本真受到伤害的方式，其实也有两个极端：一是《杨朱篇》所排斥的对功名利禄、世俗价值的过分追求，会导致对人本真的伤害；二是本篇所没有提到的，即如果毫无限度地顺从人的欲望，也将造成对本真本性的伤害。即《文子·道原》所言“从欲失性”，《淮南子·原道训》所谓“嗜欲者，性之累也”。关于这一点，《庄子·天地篇》甚至直接针对杨朱提出批评：“且夫失性有五：一曰五色乱目，使目不明；二曰五声乱耳，使耳不聪；三曰五臭熏鼻，困惾中颡；四曰五味浊口，使口厉爽；五曰趣舍滑心，使性飞扬。此五者，皆生之害也。而杨、墨乃始离跂自以为得，非吾所谓得也。夫得者困，可以为得乎？则鸠鸮之在于笼也，亦可以为得矣。且夫趣舍声色以柴其内，皮弁鹬冠，搢笏绅修以约其外。内支盈于柴栅，外重纆缴，睆睆然在纆缴之中而自以为得，则是罪人交臂历指而虎豹在于囊槛，亦可以为得矣！”[①]说他如同内里与野兽同囚于槛栏内，外面还要重重捆缚，这是不明智的。这其实是老子以来道家要求“寡欲”的原旨，所谓“五色令人目盲，五音令人耳聋，五味令人口爽，驰骋畋猎使人心发狂”[②]。所以《庄子·大宗师》说“其嗜欲深者，其天机浅”，对声色等嗜欲采取不容置疑的态度。《吕氏春秋》对此也提出，感官的享受和嗜欲，也是“损生”“累生”的行为方式。

可见，《杨朱篇》以及魏牟等所持的杨朱学说，大约是因袭了杨朱学说的本来面目，而没有具体分析杨朱的言论是针对当时的儒墨两家过分注重人的社会责任而做出的理论上的反动。

所以《杨朱篇》举出端木叔的极端例子，以其“放意所好，其生民之所欲为，人意之所欲玩者，无不为也，无不玩也”，“至其情所欲好，耳所欲听，目所欲视，口所欲尝，……无不必致之”，但同时，他又能聚能舍，把自己所有聚藏的财宝、车马、衣服、美妾，全都在死前施散给别人。[③]这里提出的任情，其实并非毫无限制地追逐欲望。其本意，仍然只是提倡应顺从人的本性而已，但矫枉过正、无限夸大，客观上不免陷入导人纵欲的倾向。

“全性保真”是道家的一贯宗旨，西汉《淮南子·本经训》提出的“闭四关，止五

---

① 王先谦. 庄子集解［M］// 王先谦，刘武. 庄子集解　庄子集解内篇补正. 北京：中华书局，2012：111-113.
② 朱谦之. 老子校释［M］. 北京：中华书局，1984：45-46.
③ 杨伯峻. 列子集释［M］. 北京：中华书局，1979：227.

遁”，则是让人关闭眼、耳、口、心对于外物的贪求，以及避免沉湎于金、木、水、火、土五行所代表的物质享受。但杨朱和黄老道家所一贯倡导的“全性保真”，却是顺从而不阻遏人的自然本性和自然欲望的发展，只是不可被外在于身家性命的名缰利锁所拘束，迷失了本性；同时也不被声色犬马的“伐性之斧”伤害了本性，即《文子》所谓“人之性欲平，嗜欲害之”。也就是说，倡导随顺而不遏制平正自然的本性，但要拒绝嗜欲和外物的诱惑。这与佛家眼、耳、鼻、舌、身、意六触皆空，从而导入虚无的宗旨，显然是有区别的。

在“性”的问题上，《杨朱篇》片面的倾向，反映出的正是它的理论来源，是源于与儒、墨的论辩。正所谓“反者道之动”，这也是先秦诸子思潮此起彼伏的动力所在。

其二，身——天下为公，“身非我有”。杨朱学说虽然“重身”“全生”，但又郑重提出“身非我有”，如同不可以蛮横强行占有不属于自己的外物一样，这个身体也不是自己可以胡乱占有的：“然身非我有也，既生，不得不全之；物非我有也，既有，不得而去之。身固生之主，物亦养之主。虽全生，不可有其身；虽不去物，不可有其物。有其物，有其身，是横私天下之身，横私天下之物。不横私天下之身，不横私天下物者，其唯圣人乎！公天下之身，公天下之物，其唯至人矣！此之谓至至者也。”[①] 体现了与墨家、儒家同样高远的“天下为公”的政治情怀。

并且，杨朱基于“身”与“物”的关系，提出：“夫善治外者，物未必治，而身交苦；善治内者，物未必乱，而性交逸。以若之治外，其法可暂行于一国，未合于人心；以我之治内，可推之于天下，君臣之道息矣。”[②] 同样指出顺从人欲的合理性，以及对待欲望问题的政治方向。“治内”，包括抛弃任何因外物导致的“损生”“累生”的行为。值得注意的是，杨朱在强调去除外物之累的同时，又提出“身非我有”“不横私天下之身，不横私天下之物”，以“公天下之身，公天下之物”为难以企及的最高境界。这里就已经体现出其思想中个体与群体互为义务、互为保障的观念。

《杨朱篇》又认为，人身是师法天地而生的，所以也应顺从自然来存养身体，但人的身体要依靠外物来滋养。人身要保全，但不应占有；外物无法舍弃，却也不应占有。由此，“损一毫利天下”和“悉天下奉一身”，要把人身或外物据为己有的思路，便自然是不合乎杨朱之道的做法了。原来看似极端自私的言论，这就转变为出于“公心”的宏大思路了。

杨朱学说所建立的新的价值体系的根本，在于“制命在内”，顺其自然，不要让对

① 杨伯峻. 列子集释［M］. 北京：中华书局，1979：235.
② 杨伯峻. 列子集释［M］. 北京：中华书局，1979：226.

外物的追求制约自己，“不以物累形”，不为外物伤生、扭曲、异化。其结果，便应该是人人各安其位，不思利人，也不思利己，即所谓“损一毫利天下不与”“悉天下奉一身不取”，避免因群体利益之名对个体利益造成伤害，也避免特殊个体对群体利益的损害，取消争竞之心，人人都在保全真性的基础上充分享受个体生命的欢愉，人类社会就会自然而然地消除异化，回归安宁。这岂非也是贵正的思路？

“杨子哭歧道，墨子哭练丝，盖伤离本，不可复变也”①，杨朱与墨翟表面上针锋相对，根本上却是一致的，都是看到人世逐物不返所产生的普遍忧虑，两者要解决的问题是一致的。所以，所谓“正”，就是扭转人性异化和本真的丧失，力图正本清源、返本归正的一种理想。因此，杨朱的期待“人人不损一毫，人人不利天下，天下治矣”，也就与《列子》一书“贵正”的思路有了一致的方向。

其三，命——“安时知命”“制命在内”。命，是人力所不能左右的一种具有必然性、决定性的异己力量。除了老子、墨子，孔孟庄列都认为命是不可抗拒的，应当“知命”“畏天命”“知其不可奈何而安之若命”。至于《列子》，刘向叙论称：“至于力命篇，一推分命；杨子之篇，唯贵放逸，二义乖背，不似一家之书。”②其实恰恰是刘向的误读。两篇之间不仅不背离，反而有着紧密的联系，且相互界定，共同构成了一个完整层次的思想脉络。《杨朱篇》的“田父坐杀”“野芹献曝”的故事，都是为了说明顺从自然秉性，也就是顺从了时命，就不会有非分之想、超越自己位份的追求和需索。“不可得”“不可足”的欲求，都是违逆天命的，也就是违反自然的。这也是《老子》“知止不殆”的原旨，正如同《庄子·逍遥游》描绘的“鷦鷯巢於深林，不过一枝；偃鼠饮河，不过满腹”，知止知足，是顺从命运的理所当然。

《力命篇》探讨人力与命运，实际是《杨朱篇》的先导。“力”所涉及的实际上即《杨朱篇》所谓“治内”者，“命”所涉及的即该篇所谓“治外”，是人力所不能及的，如以虚拟的人力与命运的对话，说寿夭、穷达、贵贱、贫富，都是自外于人身的，所以也不是人力所能求得的，当然无论人的才、智、德、行如何，都与之没有必然的联系。因此面对外在力量决定的命运，应该调制内心，安之若素，而非盲目施力，慌张失措。“天道自运”，外在的自然力决定人的命运，“自然者默之成之，平之宁之，将之迎之”③，也没有人格神或别的主宰，“不由天，亦不由人，亦不由鬼”。所以生死穷达都应该随顺自然。顺乎自然的生死，都是福佑。违逆自然的生死，无异惩罚。进一步说，意

① 王充．论衡［M］．上海：上海人民出版社，1974：25.
② 杨伯峻．列子集释［M］．北京：中华书局，1979：278.
③ 杨伯峻．列子集释［M］．北京：中华书局，1979：203.

志、智计和揣测在命运面前都毫无意义。所以，在命运面前，只有放弃智计猜度，不再有意外的情志反应，“不骇外祸，不喜内福”，“当死不惧，在穷不戚”，真正做到“知命安时”，了然生死，坦然面对命运，循势顺时而动[①]，才是全性保真的方式。

因此，《力命篇》实际上阐述了《杨朱篇》“为我”“贵生”的前提和限定，即安时守顺。这也是《杨朱篇》所谓“制命在内”的意图使然，在追求内心安逸的可能性下纵心任性，而不是被超出本分之外的外物名相所牵制、诱引。这种有限制的自由论正是“列子御风”的自由与必然的阐发，人的自由是最高目的，但自由与必然之间永远存在紧张关系，所以需要制约内心来因应身外万物，这也是《列子》的深刻之处。《力命篇》甚至以寓言形式指出，人性的各种偏执的情貌，只要一切顺遂自然，各安其位，也都可以合乎道。因此，两篇非但不相背离，反而相互生发，足见其间缜密的逻辑性。

《力命篇》甚至提出“命”的概念：“不知所以然而然，命也。今昏昏昧昧，纷纷若若，随所为，随所不为。日去日来，孰能知其故？皆命也夫。信命者，亡寿夭。”[②]命运显现为一种非理性形态，所以，对于体道者，寿夭、是非、逆顺、安危，都是无可无不可。这里所体现的，也正与“无为”的主张相合。因此，命理心性，都应该是“用心若镜，不将不迎”，感而后动，而不为世俗的价值所推动的，所以仍然是一条孤独的“为我”之路的坚持。而《杨朱篇》则是写出了命定论之下《列子》或杨朱学说所追求的不肯“为人”的人生观以及修养身心的原则。

同时，以针对内心的“治内”，来取代“治外”的种种追求功名利禄的手段，推广开来，可以使人人安逸快乐，取消政治。这其实又是“内观”自省的要求，与“无为”讲求的是一致的。“为我”与“为人”的思想精髓，直至后世，其实仍然沿承了下来，孔子所说“古之学者为己，今之学者为人”的理念[③]即是此意。这也是《列子・仲尼篇》中杨朱与列子共同倡导的灭迹于人、独行其道的理念。“为己”而非“为人”，同时也是对“无为”的追求。

依据天地自然的规律，思考怎样生活才能给生命带来益处，带来真正的快乐。这是《杨朱篇》和《力命篇》所探讨的命题。《孟子》曾批评庄子“蔽于天而不知人”，以天道自然为依据，忽略了人道，导致了人性的丧失，这是老庄道家原旨的欠缺。《列子》中这两篇则从身、性、命的综合立场来探讨“欲”“乐”，将道家原旨的息欲无为导向正视和鼓励人追求正常欲求，这可以说是对人性的解放；而这种有限度的自由的提出，

---

① 杨伯峻．列子集释［M］．北京：中华书局，1979：211-212.
② 杨伯峻．列子集释［M］．北京：中华书局，1979：206-207.
③ 李学勤．十三经注疏论语注疏［M］．北京：北京大学出版社，1999：195.

较之《庄子》中“超世”逍遥的立场，更加具有现实的可操作性和普适性。同时，在充分推广了每个个体自由的基础上实现的大同，是可以消除政治壁垒、礼制刑罚规范的真正安宁的社会。这说明，它在终极信仰上，仍然遵奉原始道家自然主义和无政府主义的宗旨，并且试图为之提供一种更加具有可行性的途径。

总结

以上我们已经分别从天人宇宙观、虚静无为的修养论与实践论、知命任己的有限自由论三个方面来整体反观《列子》中的思想，及其与先秦以来道家思想的关联。李学勤先生关于古书流传问题早已提出了不能简单以真伪论的意见[①]，尤其是近些年简帛书的陆续出土，更让人们开始认识到古书的渊源流变和后人不断地增编、改造的关系。[②]我们通过今本《列子》思想脉络的梳理，希望至少澄清其基本思想观念在时间框架中的一定合理性，从而在没有相应出土本佐证的前提下，为该书的真伪公案提供一定的参考。

首先，今本《列子》一书思想承袭《老子》《文子》以来的道家思想的痕迹是明显的。《列子》思想中，对于人德要求的冲和、虚静、全性等，无不根植于同样的早期以来道家天人宇宙观的原则，即所谓“法天地”“法自然”的思路。与先秦以讫秦汉的道家各种学说都一脉相承，完全可以嵌合到相应的思想阐发序列之中。

其次，在具体的问题阐发上，则可以根据某些观念和思想的不同发展阶段看到彼此所处的时间节点。如《管子》提到修炼虚静的方法、《吕氏春秋》论及欲望损生累身，都是对《列子》在内的早期道家学说的进一步发展，后者更是《杨朱篇》中“循性”说的反向制约和必要补充。这些都可以说是《列子》相关内容写定早于《管子》《吕氏春秋》相关篇目的内证。汉代《易纬乾凿度》的“先天五太”，显然来自对《列子》所持宇宙生成论的发展。从宇宙生成论来看，《列子》相关内容产生的时代一定在《庄子》和《管子》的时代之间。在解蔽、破执、弃智、忘情、废心的阐发上，该书显然比《荀子》《庄子》的同类阐发更为深切具体，显然在二书相关思想基础上已有所发展。

最后，这些道家思想序列中或隐或显的表述，一旦明确了其在宏观纵向体系中的位置，也就有了各自的价值显现，如某些道家理念对无为内涵的阐发、对死亡问题的阐发等，都是在古今诸子书中绝无仅有的。“内观”要求中的闭塞耳、目、口、心以反躬自

① 资料来源：李学勤《对古书的反思》，选自《中国传统文化再估计——首届国际中国文化学术讨论会论文集》。

② 张丰乾．出土文献与文子公案［M］. 北京：社会科学文献出版社，2007：226-227.

省的方法，则系《老子》《文子》《庄子》以来一贯的思路，以及关于真幻问题的思考，这些与后世佛教直接相通的思想，也都有明确的本土渊源。我们可以更清晰地看到《列子》思想资源中超越其时代的部分。

作者简介：

韩猛，中央美术学院人文学院在读博士，副编审。研究方向：汉唐美术、中国传统文化、宗教与宗教艺术、金石学。

传播仪式观视域下中国传统音乐的跨界现象研究

张蓓荔　邹佳芙

摘　要： 作为中华优秀传统文化丰富宝藏中的重要一员，中国传统音乐历经数千年的时光更迭和兴衰演变，终又迎来了一个创新发展的春天。跨界作为当下艺术创作与表演的潮流，亦被中国传统音乐的相关从业者以“他山之石，可以攻玉”的尝试用于中国传统音乐的传播与发展中。然而在这场跨界的大潮流下，中国传统音乐的跨界表演究竟应该怎样表达？中国传统音乐跨界的意义究竟是什么？这些热点问题需要音乐表演艺术实践者和艺术学理论研究者们深入思考和探究。本文从美国传播学者詹姆斯·凯瑞提出的传播仪式观的角度切入，对当下中国传统音乐的跨界现象进行研究，探索中国传统音乐跨界创新的理念与方向，以期能够为中国传统音乐文化的传播和发展提供参考与借鉴。

关键词： 传播仪式观；中国传统音乐；跨界；文化传播

“传播仪式观”是由美国传播学者詹姆斯·凯瑞（James W. Carey，1934—2006）在1975年发表的《传播的文化研究取向》一文中首次提出的。作为一名在美国颇具影响力的传播学学者，詹姆斯·凯瑞从词源学的角度对“传播”一词进行了考察，他发现“传播”的词根“common”在英语词源上有着共同、共享的意义，这与传统传播观念中信息传递的意义有着明显的不同。因此仪式观下的传播不再是把信息从一端传送到另一端的线性信息传递过程，而是通过在符号描述的现实世界中建立一种场域内共享文化的模式，强调了传播文化的内涵价值的重要性，从而达到维系一个更加文明和美好的人类社会的目的。

同样从词源学角度去看，有趣的是，在对于“跨界”这一词进行考察时，跨界所使用的两个关键词根“cross”和“inter”也具有不同含义，“cross”具有跨越之意，而“inter”则强调相互间的影响。[①] 由此可见，跨界所体现出的内涵不仅有跨越之意，还可

① 张伯瑜．“跨界”能否成为国际化概念［J］. 音乐研究，2014（1）：9.

以打破界限将不同领域的内容互融互通，这恰恰也与传播仪式观的核心理念“共享”有着异曲同工之妙。所以从词源学角度上看，两者之间的渊源不言而喻。同样，中国传统音乐的跨界也不是无源之水、无本之木。深入梳理跨界与中国传统音乐二者融合衍生的特性，思考二者协作表达的根本理念，探索二者碰撞产生出来的意义与价值，是未来中国传统音乐跨界创新的立足之本，更是未来中国传统音乐传播的关键所在。本文从美国传播学者詹姆斯·凯瑞提出的传播仪式观这一理论视域切入，打破传统意义上对传播主体、客体、内容、媒介、效果进行线性研究的思维模式，从传播即为文化共享的场域思维出发，为中国传统音乐的跨界现象研究提供了一个新的视角。

一、传播仪式观下中国传统音乐跨界的特征

（一）多元性——跨界再造中国传统音乐的符号体系

在传播仪式观中，符号是代表着信仰与意义的载体，人们通过各种各样的象征性符号来进行传播中的分享和交流，在这里符号起到反映、改造并构建现实的作用，这也是仪式观中符号的意义所在。正如詹姆斯·凯瑞所言：“传播在本质上是一种现实得以生产、维系、修正和转变的符号过程。”[①] 无论是从传播学这种学科理论角度中阐释出的编码与解码，还是人类日常生活文化中的行为，抑或是生产创造活动中的产物，符号都以各种各样的形式与表征存在于每一个角落中。传播仪式观下的共享与互动都是通过一系列的符号来进行的，它架起了传播过程中的桥梁，所以符号也作为最基本的构成存在于传播仪式观中。

1. 中国传统音乐符号体系的新样式

在中国传统音乐的符号体系中，最早并没有十分明确的种类与界限划分，在其所依托的艺术这个大领域内也是如此，均是以整体的角度来看待艺术形态的全貌。在当代，随着时间的推移人们才去追寻艺术整体角度下的不同类别，比如说在中国传统音乐中，现常用的划分即宫廷、宗教、文人及民间四大类音乐体系，每一个体系中均有代表自身特征的符号描述。然而，不同的分类原则与标准虽然能够使中国传统音乐的符号类别更为清晰，但是容易被禁锢于自身的界限之内，长此以往，必然会局限中国传统音乐整体的创新与发展。由此可见，适当地打破界限去互通互融就显得十分重要了。而跨界在中

① 凯瑞．作为文化的传播［M］．丁未，译．北京：华夏出版社，2005：31.

国传统音乐中的运用便是将中国传统音乐符号与其他体系的符号联结，打破各符号之间的局限，让中国传统音乐符号变得更加多元。与此同时，在跨界的联结作用下，新的符号样式也被创造与发展出来，而原有的符号文本在此也被进行了二次升华。

在这个方面，由中央民族乐团制作推出、作曲家姜莹担任导演的大型民族器乐剧《玄奘西行》可谓一个十分有力的例证。这部作品的诞生创造出一个新生的中国传统音乐体裁形式——民族器乐剧。在该部作品的演出中，多件复原的敦煌古乐器被一一重现在大众眼前，成为其最大的亮点，上百种中国传统乐器汇聚在一起，洋洋洒洒地奏出属于中华文明的独特之音，让历史上那位来自大唐盛世的高僧玄奘历时 17 年跋山涉水的行程好似又重现于今天。如果没有这场跨界演出，或许我们只会看到一场复原古乐器的独奏音乐会，或是一场以玄奘西行故事为内容的话剧。而在这场演出中，跨界的融会衍生出了中国传统音乐的一种新类别，以多元性的艺术特征，让一件件民族乐器仿佛开了口一般，将苍凉、神秘、缥缈的向西之行如泣如诉地展现出来。

2. 中国传统音乐二度创作的推进

跨界除了能够促进中国传统音乐符号体系新样式的推出，还激发了一些已有的中国传统音乐符号文本被二度创作，改变了中国传统音乐某一符号文本的原有物理结构，将文本以更多样的形式呈现出来。譬如说中国传统音乐与戏剧、舞蹈或文学的跨界等。此外，还包括在原作品基础上进行重新编创或重新组合等，这样的跨界应用也使得中国传统音乐在体裁和内容上都变得更加丰富。

在交响京剧《大唐贵妃》中，创作文本实际上是取材于 20 世纪 20 年代梅兰芳先生的名剧《太真外传》，这部作品在原剧的基础上将京剧的伴奏方式进行跨界改编，不再是用传统京剧舞台的“三大件”进行伴奏，而是将交响乐池融入舞台中央，以跨界的手法将交响乐与京剧步步融合，也被人们誉为“戏中有新，新中有根”。类似于此的跨界手法激发了传统戏剧被再次创作的灵感，使中国传统音乐的符号文本得以脱下旧衣换上新颜。诸如此类的跨界，或对乐曲在原曲调基础上进行重新编创，或将原曲乐器换作其他乐器进行重组，或将叙事的舞台表演加上演奏以解读曲目背后的故事等。一系列跨界手法的运用实际上促成了对原作品的二度创作，既保留了传统中的精华，又让传统在时代的语境下得以重构。

（二）互动性——跨界增强中国传统音乐的互动参与

在詹姆斯·凯瑞提出的传播仪式观中，传播活动的过程是由人们通过各种各样的表象性符号来进行的经验和意义的交流与共享，在这个过程中传播的互动性被凸显。在传统的传播传递观中，信息从发送到接收的过程多少呈现出传受双方不平等的意味，这一过程更加注重的是信息被传达后到达的精准度，即一方向另一方传播什么信息，另一方能够照单全收就好了。而在传播仪式观中，信息发送与接收双方均是以平等的姿态出现的，人们通过对符号的探讨与交流进行互动并建立连接，来分享共同的信仰与经验，在这个过程中，共同参与和体验才是传播仪式观这一理念的传播目的。

中国传统音乐一般以表演者在舞台上进行表演，观众在舞台下观看表演为最常见的观演方式。但仅仅在舞台上呈现中国传统音乐作品中的叙事内容，未免对作品深层内涵的呈现有所禁锢，也对作品中角色的塑造有着一定的局限。但随着跨界手法这些年在中国传统音乐中的运用，其在一定程度上打破了舞台表演与观众观演的隔阂，在与观众的交流和体验上都体现出了更强的互动性。无论是将中国传统音乐的演出从台上走入观众中，还是从剧场走入实景中，都使中国传统音乐在表演与形式上有了质的转变。

1. 与受众的交流互动

在中国传统音乐传统的演出中，由于观演方式的限制将观众与表演者之间的界限划分得特别清晰，而通过跨界将其观演方式进行改变则会大大提升观众参与的互动性。在今天的互联网社会中，人们之间的交流变得更加即时化和碎片化，与此同时，人们也在寻求更为丰富和更易融入的信息接收体验。在这样的供求关系下，各种互联网信息互动平台逐渐渗透到人们日常的生活之中，而在将中国传统音乐与互联网的跨界结合中，最大特点就是互动性与实时性得到极强的体现。譬如在国内大型短视频平台“抖音”上，中央民族乐团中阮演奏家冯满天，中国古琴艺术家、教育家杨青，国家一级演员、京剧余派老生王珮瑜等中国传统音乐的相关工作者都建立了个人官方账户，他们或在平台上传播有关中国传统音乐的短视频，或在平台上讲解中国传统音乐知识，不仅能够让观众参与到作品之中，也大大拉近了观演双方的心理距离。此类中国传统音乐在线上呈现作品的方式，不仅加强了其与观众之间的互动沟通，更是传播仪式观强调传播过程互动性的现实写照。

在中国传统音乐的跨界表达中，不仅线上的参与方式增进了观众与演出者的互动，而且在线下的演出中，其也通过沉浸式观演互动方式来让观众更多地参与作品。譬如，在大型民族器乐剧《玄奘西行》的第八曲《高昌》中，除了感人的故事情节和高昌王作为高级礼仪款待客人所用的西域音乐，更加让观众兴奋的地方是玄奘在此章节中的出场。在描述玄奘来到西域高昌时，扮演玄奘的演员不再是从台口登上舞台中央进行演出，而是直接在观众席入口处出现，伴随着西域风格的音乐和高昌西域王子与随从的接待，其缓缓地步入观众席中向观演者施礼走来。这样的出场方式让在场的观众一下子沸腾了起来，大家纷纷站起来鼓掌，更有甚者激动地随音乐一同起舞。还值得一提的是在2016年的北京国际音乐节上，三里屯的橙色大厅上演了一场谭盾的实验性音乐会。该音乐会总共有两首曲目，其中第一首《风与鸟的密语》给予了观众一场全新的体验。在这首作品的创作中，他使用了六件中国传统乐器（古筝、琵琶、笙、唢呐、笛子和二胡）演奏出一段“鸟鸣”并进行录制，通过对传统乐曲《百鸟朝凤》《空山鸟语》等作品的改编，以数字技术手段创作出总时长为53秒的“深林之音”。该作品在正式演出前，组织方让观众使用社交网络将这些“鸟鸣”的声音片段下载到手机里，到正式演出时，谭盾指挥现场乐队演奏，与现场观众的成百上千部手机中传出的“鸟鸣”声互相鸣唱，浑然天成，一部清风徐来的自然画卷就通过这样的跨界融合方式在观与演的合作中展开。整首作品的亮点是将中国传统音乐元素细腻地挥洒在每一个音符上，更将观众与演出的互动表现得淋漓尽致。

2. 受众的情境互动

中国传统音乐跨界互动性的体现，除了线上观演和线下演出的实时互动，还包括对演出内容中所要表达的精神与情感的领略。近些年在演出场域和舞台包装上的变化都让受众在感官上有了更强的互动体验，主要包括自然实景下的演出场域以及舞美设计中的感官体验。“18世纪以后随着建筑技术、声学技术成果的积累和应用，世界各地的剧场、音乐厅如雨后春笋般地建造起来。”[①] 在现当代，中国传统音乐的演出也都被放在了音乐厅、剧场等专门的演出场所，这类演出场所从专业音响上来讲，的确是其他场所不能企及的，然而这样的演出场所却在作品的艺术呈现和思想内涵的体现上有着一定的束缚与局限。观众是否能够与作品之间有一个良性的互动，是否能随演出的进行与发展参与其中，观演环境在这里起到了十分重要的作用。中国传统音乐在演出场域上的跨界表达，只为给予观众更为身临其境的参与感。

其实，自然实景中的演出在我国由来已久。上至春秋战国时期，伯牙与子期的高山流水遇知音，再至秦汉时期帝王宫苑中的赏玩助兴等。这种在实景中的演出方式，虽古即有之，但与今天中国传统音乐跨界应用的实景也不大相同。如今将实景与演出相结合形成了一种新兴的艺术形式，这个形式主要是区别于在音乐厅、剧场中进行的演出。中国传统音乐创作者们不满足于这些现有场所对于作品在思想内涵和情感表达上的禁锢，而是追求如古时高山流水般回归天地、回归自然，让观与演双方都得到情感的释放，从而将舞台搬下剧场走进田间瓦舍或溪水山峦之间，将舞台与观众席之间的距离拉近，让

① 曾遂今. 音乐传播链上的音乐表演空间与文化创意［J］. 艺术百家，2010（2）：8.

观众能够与演员进行更为直接地互动以增强其在作品中的代入感，从而产生有别于舞台观演的体验。中国传统音乐在这种表演场域的跨界中，不得不提的便是全国第一部以“山水实景演出”概念打造出来的大型山水实景演出《印象刘三姐》。它的上演彻底打破了中国传统音乐在音乐厅等有限空间场所里演出的模式，将舞台和观众席都放置于自然山水之中，并且使用大量声光电融合的舞美设计来重现经典的传统艺术角色以及角色背后的民族山歌、民族风情。这样的跨界创作不仅在视觉呈现上给予了观众更广阔的空间，更将观众与人物、景物融为一体，使观众身临其境并与剧中人物进行着互动。这场我国首部大型实景演出的诞生掀起了一股中国传统音乐实景演出的风潮，此后与自然景观跨界融合的演出作品不断出现。组织方将中国传统音乐的演出从专业观演场所跨界到大自然的山水之间，打破了观众在观演时所受的空间局限，将人、物、境三者合为一体，从而达到了“天人合一”的观演情境。而在舞美包装上与高科技的跨界互动所产生的表现力能够大大地加强中国传统音乐的艺术渲染能力，这样的效果更加符合观众审美心理的感知需求，也就是观众审美心理中感觉和知觉的合称。“感觉通过五官感受反映事物的个别属性；知觉则是进行整合，反映事物的整体状貌，是一种更加积极主动的心理活动。”① 可见，高新技术在中国传统音乐的跨界实践中为观众带来了具有引导性和积极性的情感共鸣。

（三）共享性——跨界构建中国传统音乐的共享空间

在詹姆斯·凯瑞的传播仪式观中，传播的模式由信息传递的“线”变为了文化共享的“场”。他强调：“传播的仪式观并非指信息在空中的扩散，而是指在时间上对一个社会的维系，不是指分享信息的行为，而是共享信息的表征。”② 换句话说，仪式观中传播这一过程是通过仪式性活动将人们聚集到一个场域中来的。

在这样一个场域的传播模式中，“共享”便是一个十分重要的方法论。但是，在单一符号领域内的仪式活动所构成的场域中，仅能够在此之间吸引共同身份的人来进行共享活动，而跨界的手法可以将不同领域的仪式活动组合在一起，这里所构成的共享空间范围则被拓宽。换言之，就中国传统音乐这一符号体系而言，它所举行的仪式性活动，即传统音乐的演出或活动，会将此专业内或喜好这一领域的人们聚集在中国传统音乐所构建的场域中，大家通过对中国传统音乐各种符号的理解进行交流与分享。而跨界手法的加入，则将中国传统音乐领域的仪式性活动与其他领域的仪式性活动相结合，从而扩

① 余秋雨．观众心理学［M］．武汉：长江文艺出版社，2013（1）：27.

② 凯瑞．作为文化的传播［M］．丁未，译．北京：华夏出版社，2005：7.

大了这个仪式性活动参与者的范围，与此同时，与其他领域融合所建立的这样一个共享空间，也大大延伸了中国传统音乐的传播渠道。

1. 中国传统音乐与其他艺术领域的共享

对于中国传统音乐自身所构建的共享场域来说，喜好中国传统音乐的人们聚集在一起共享着传统音乐中各种符号的功能和意义，然而这个趣缘群体的空间相对来说却是有限的，但将中国传统音乐符号与其他艺术领域符号相融合时，这个趣缘群体的空间在无形中就汇聚了更多具有相同或相似爱好的人共享着两种或以上的内容。

将中国传统音乐中的符号元素或是与不同的艺术种类相结合，如舞蹈、戏剧、文学、电影等；或是与不同的艺术风格相结合，如爵士、摇滚、流行、乡村等，都会吸引具有其中某一方面兴趣爱好的人参与到这场有关中国传统音乐跨界的仪式活动中来。在实验京剧《图兰朵》中，中国传统音乐中的京剧艺术是主体，其融合了意大利歌剧的艺术手法与音乐元素，再加以京剧超高技巧的身段展示和服化道（即服饰、化妆、道具），这部意大利经典歌剧被以全新的东方视角来诠释。该作品在意大利 6 个城市的巡演中，吸引了数万名观众前来观演，被多家当地主流媒体采访与报道。这部作品以跨界的手法不仅将京剧的趣缘群体与歌剧的趣缘群体汇集到了一起，更是将中国传统文化的趣缘群体与西方经典文化的趣缘群体进行了汇聚，让其跨越了时间与地域，共享这场演出中所带来的不同艺术与文化的碰撞。诸如此类将中国传统音乐符号与其他艺术种类的符号以跨界的手法进行融合的作品，对中国传统音乐的共享场域来说是一种极大地丰富与拓展，多种艺术形式相互融会贯通不仅仅是打破了艺术领域间的壁垒，消除了各领域趣缘群体间的界限，也为中国传统音乐在创作上推陈出新提供了丰厚的艺术滋养。

2. 中国传统音乐与非艺术领域的共享

当今社会，人类在物质生活得到满足的前提下，精神需求就被提升到了日常生活的条件之中，在这样的社会背景下，物质条件的极大满足和精神条件的极大需求激发了艺术与其他领域的跨界合作，譬如与商业、时尚、新媒体及互联网领域等，这样的跨界合作促进了中国传统音乐在市场上的运作和发展，大大加强了其传播效果。对于中国传统音乐的符号体系与非艺术领域符号的跨界来说，实际上是一场双赢的实践。在这个消费型的社会中，各种商业领域也开始追求对自身品牌形象更加艺术化的表达和自身品牌文化内涵的塑造。反过来，这种需求也对艺术领域有所作用，使艺术能够适应社会的角色转变，朝着更加大众化的方向发展，并且能够在更广的范围中吸引受众驻足欣赏，也使中国传统音乐的市场价值空间被无限放大。

“时尚”总是引领潮流的代名词，对于在 21 世纪成长起来的年轻人来说，时尚永远是大家所追寻的目标。在以往人们的观念中，时尚与传统无法相交，但在2018年北京时装周的开幕晚会中，一场服饰时尚与京剧国粹的跨界走秀被呈现在具有历史地域坐标意义的王府井的耀眼T台之上。在这届被誉为“最有京味的时装周”中，整场服装走秀变成了“音视剧”跨界结合的艺术盛典，其以经典的京剧剧目《定军山》作为开场，模特身着具有浓烈中国传统文化元素的设计服装走台。此外，还以名曲《贵妃醉酒》与经典英文歌曲融合表演，演绎古老凄美的爱情故事《霸王别姬》。这场时装周的上演，将中国传统音乐元素与时尚紧密结合，通过时尚界在全球拥有的极大共享场域，将这一古老的艺术与文化推向世界，让东方的美韵在世界舞台上大放光彩。

二、传播仪式观下中国传统音乐跨界的意义

（一）维系中国传统音乐传承

传播仪式观与传统的传递观在研究角度上有着很大的区别。传播仪式观主要采取了文化研究作为路径，而非传统意义的传递观中以经验性和实证性为主的科学研究路径，这就代表着传播仪式观的角度是一种更具有历史意义和宏观意义的思维。正如《詹姆斯·凯瑞：一个批判性读者》一书中所收录的凯瑞的相关论述中说的那样，“传播的深层目的就是维系脆弱的文化”①。而在中国传统文化体系中的中国传统音乐，从新石器时代的骨笛到战国时期的编钟，从汉唐的大曲到宋元杂剧，历史的每一步都承载着中华民族人民的生活印迹。可以说，中国传统音乐是中国传统文化的一部有声历史。然而在20世纪末及21世纪初，随着经济的全球化发展，西方及日韩流行音乐文化也很快渗透到我国的青年群体中，掀起一片热潮，他文化的入侵必定会影响到国民音乐文化环境，导致中国传统音乐的传播发展逐渐出现断层现象，长此下去中国传统音乐将愈来愈失去自身的民族特性。

为了挽救、维系这一传统文化，中国传统音乐的相关工作者对传统音乐的素材进行了挖掘，对呈现方式的创新进行了思考，从而找到了跨界这一能够连接历史与今天的方式，而这样的方式对于中国传统音乐的传承来说，与传统意义上的传承与发展也有着一定的区别。我们都知道，中国传统音乐实际上是属于一种非物质文化，那么对于传统意义上的非物质文化的传承而言，主要有两种方式：一是收集整理装订成册，馆藏起来

① 刘建明，徐开彬．“仪式”作为传播的隐喻之原因探析［J］.湖北大学学报（哲学社会科学版），2015（4）：82.

留作日后研究用；二是确定非物质文化项目的传承人，通过师傅带徒弟的方式将其延续下去。上述方式对中国传统音乐的传承与保护确实有着一定的作用，但在如今也存在一定的问题，譬如通过确立传承人这样的方式就存在一定的风险性。以 90 后为例，时代发展的原因使得这一代在成长过程中接触更多的是日韩等外来流行文化，对于中国传统音乐并没有太多的兴趣或关注，所以这也就导致会出现一种现象，即传承者的缺失。从传播仪式观的角度来看，传统意义上的传承方式也是依循了传递观中的线性思维，而缺乏了仪式观中共享的理念，从而限制了其自身发展的空间。跨界这一手法在中国传统音乐中的加入便是可以打破这种局限，能够将中国传统音乐与各种当下时代中的艺术元素或非艺术元素结合起来，创作出诸多更符合当代人审美标准的新作品。譬如谭盾与全民游戏王者荣耀联手，创作了《五虎上将交响乐组曲》作为游戏的背景音乐，用复原古乐器的音色来诠释游戏中的人物，引导年轻受众群体去关注中国传统音乐，再如文中提到过的以山水实景带动观众感官体验的大型实景演出“印象系列”，以高科技手段渲染舞台气氛的民族器乐剧《玄奘西行》等。无论是与不同艺术种类的跨界还是在艺术风格上的跨界，对于中国传统音乐的传承和发展来说，跨界方式与被动地去硬性要求传承的方式有着完全不同的效果，它能够让传统音乐更好地跟上时代的步伐，以符合当代大众的审美，同时使更多的人关注中国传统音乐，让中国传统音乐能够在当代重焕生机。

（二）塑造身份与文化认同

对于传播而言，只是为了传播而进行传播的活动，是传统传递观所展现出的特性，这是从传播本位观所发展而来的典型。但从凯瑞给传播下的定义中我们便可看出在仪式活动所建立的场域内，人们都以平等的身份参加到这场仪式性活动中，通过互动参与来共享自身对符号的经验和符号所承载的意义。简而言之，凯瑞将文化作为内核放入传播中，并且让仪式活动的参与者们通过对文化的共享和体验，引发情感上的共鸣，促进其文化的接受、身份的认同和信仰的确认。

中国传统音乐是在中华民族五千年悠久的历史流传中诞生、成长起来的。在中国传统音乐所呈现的仪式性活动中，对于中华儿女来说，当这些传统音乐的音符被奏响时，很容易就能够理解音符背后所要表达的文化内涵是什么，在这个文化共享的过程中，情感的共鸣与身份的确认及文化内涵的认同很容易被构建起来。但对于某些不熟知中国传统音乐背后文化内涵的群体来说，这样身份的确认并不是一个十分顺利的过程。所以，在中国传统音乐的仪式性活动中，通过跨界的手法来增强这种身份与文化的认同感就显得更具意义。譬如在当下许多中国传统音乐的跨界作品中，为使这独具特色的东方雅韵能够更多地被西方社会所理解，其采用将中西方不同的艺术体裁或题材相结合的方式，找到东西方艺术与文化之间的契合点，从而建立东西方共同的文化认同。马友友的《丝绸之路》、谭盾的《地图》等，都是利用中国传统音乐的跨界，在文化共享中融入更多的符号元素，使共享中单一符号的背后所传递的人文品格与思想价值被不断地强化和巩固，让人们从互动与分享里能够确认共同的身份连接，从而培育和塑造一种共同的身份与文化认同感。

（三）强化人文精神价值表达

在传播仪式观提出者凯瑞看来，传统的传播传递观过于着眼在特定的目的和功能的实现，将信息从一端传送到另一端以达到对距离和人的控制。它总是带着一定的功利性、浅表性和机械性色彩，也通常会被应用于政治和经济中沦为权力和利益的依附。这样的传播活动对于人类社会模式的形成有着单向性话语霸权的作用，“由于对传递观的迷恋，使得人们总是会把社会‘看作是一张由权力、管理、决策与控制结成的网——也就是把社会视为一种政治秩序’。或者，‘把社会看作是所有权、生产与交易的关系——也就是把社会视为一种经济秩序’”[①]。就此他对长期占主导地位的传递观提出了批评，并提出了从文化角度出发的仪式观来对此进行纠正。在传播仪式观中，凯瑞强调，在人类社会中不仅仅只有权力和利益，人类社会中的审美体验、美学意蕴以及文化思想中的精神价值等这些具有文化意义的表征更是时时刻刻充斥在人类社会的活动中。这样的观念将传播从信息线性传递和只关注传播效果的狭隘角度中解放出来。

中国传统音乐始终在中华民族优秀传统文化精神内涵的滋养中被哺育。在21世纪飞快发展的脚步下，中国传统音乐所蕴含的和谐、仁爱及友善等精神内涵，都是这个新时代中人类所共需的社会标准。它们涵盖了艺术学、美学、人文社会学以及生态学等，都来自人类的生产与生活之中，具有多元化、时代性等特点。而跨界的手法，则是将这种中国传统音乐所具有的价值内涵在融合中以多样的方式呈现在观众面前，从而得以更好地被当代人所理解、所感受。譬如上文中提到的民族器乐剧《玄奘西行》、谭盾的《地图》等都是使中国传统音乐背后的精神文化价值得以强化、再塑的作品。作为中华优秀传统文化的发声载体，中国传统音乐也并不单单只是在本民族文化的单一发展下形成的，而是通过吸收融合世界各地不同文明的艺术元素而发展壮大的，这样的融合本身

---

① 刘建明，徐开彬．“仪式”作为传播的隐喻之原因探析［J］.湖北大学学报（哲学社会科学版），2015（4）：80.

也是一种跨界，而这也可见中国传统音乐中的精神内涵，不仅仅是中华民族的，更是世界的。在全球经济一体化的今天，人类不需要霸权主义，不需要战争侵略，和平共处、文明互鉴才是人类共同体的需求。在中国传统音乐的跨界融合中，无论是艺术本体的呈现还是文化价值的共享，最终，都是通过这样的表达方式凝聚人类的文化共鸣，创造一个更加美好的文明社会，这也是中国传统音乐在跨界中所要表达的最高境界。

三、传播仪式观下中国传统音乐跨界存在的问题及思考

（一）传播仪式观下中国传统音乐跨界存在的问题

1. 创作风格的沿袭

在传播仪式观中，人们通过具有一定意义的符号来进行互动与共享。符号作为仪式观中的基本构成部分，在传播过程中架起了一座沟通的桥梁。在跨界的融合作用下，中国传统音乐的符号体系在创作中也不再拘泥于自身符号元素的构建，而是汇聚更多的符号元素来对其进行重组。近些年，通过跨界这一艺术手法来创作的中国传统音乐作品实现了艺术之间的内部交流与外部结合，然而在这些作品中，创作者虽然在传统音乐的符号元素上多加雕琢，加入了新的艺术元素或艺术手法以呈现出一个全新的中国传统音乐跨界作品，但也出现了一些创作风格上的沿袭。

譬如，笔者在上文中提到的民族器乐剧《玄奘西行》是中国传统音乐跨界作品中一个较为典型的案例，该作品在中国传统音乐体裁的拓宽上起到了很大的推动作用，但也有白璧微瑕之处值得我们思考。在作品整体的风格上，其总会有一些王潮歌导演的“国乐”系列作品的影子出现，音乐加剧情加台词的呈现方式难免让人产生是由几个小故事的情节换成了一个大故事的情节来讲述的感觉。再如“印象”系列作品中，创作的同质化现象就显得更为突出，从《印象·刘三姐》开始，依托实景山水与地方民俗性艺术元素的结合的确能够给观众耳目一新、情景交融的观演体验，但是千篇一律的人海战术、热闹恢宏的表现手法以及高额投资营造出的舞台背景难免使观众产生视觉疲劳。对于中国传统音乐的跨界创作来说，趋于雷同、盲目跟风不仅仅无法真正促进其符号体系的演变与发展，也无法给予观众能够回味之处，剩下的或许只是一场喧闹了。

2. 形式主义的盛行

在传播仪式观下仪式性活动所建立起的场域空间内，人们通过符号来进行彼此信息与经验的分享，而这一过程中人们彼此间的互动与共享是得以维系传播的关键。同样，

在中国传统音乐所构建的活动场域内，跨界的手法也大大增强了中国传统音乐作品所呈现的互动性和共享性。譬如，使用高科技手段来呈现的舞美装置及布景、沉浸式演出的观演形式等，都使受众与表演者甚至与作品的情感表达之间产生更为紧密的互动体验。此外，上文提到的中国传统音乐与其他艺术领域及非艺术领域元素的跨界，则能够吸引更多的受众群体参与到这个共享空间内，从而扩大中国传统音乐的趣缘群体圈层。然而，值得我们思考的是，科学技术在舞美设计上的应用是否恰到好处，不同领域的跨界交互是否沦为了创新的捷径，从而变成为了“跨界”而去跨界。

在科技大发展的今天，各种各样的高新技术使得声光电的呈现显得更加变幻莫测，这的确能够大大符合受众的猎奇心理。然而一些作品仅为了眼球经济却将中国传统音乐文化中以和、淡、古、雅为核心的审美准则置于不顾，失去了中国传统音乐中的朴素性，因此也不能很好地体现出中国传统音乐文化总体精神和审美观念。这样为追逐市场利益的投机性作品也势必会成为一个大杂烩，以过度浮华的包装掩盖了中国传统音乐本身的生命力和灵魂。只有在制作精良、倾心打磨出的作品之中，附以适当的技术手段，才可谓之添彩，否则就变成了泛滥。再如中国传统音乐与其他艺术元素的跨界共享中，以某件传统器乐演奏的传统乐曲，仅仅只是加入了某件西方乐器的合奏就凑成了一场跨界演绎，或是将某些颇受大众欢迎的流行作品照搬到传统乐器上来演奏等，更是根本谈不上创新反而成为创造力匮乏的表现。这样将不同艺术元素生搬硬套出来的作品不仅不能推动中国传统音乐跨界的良性发展，还会使中国传统音乐的跨界艺术市场变得鱼龙混杂，干扰大众视听体验也阻碍了传统音乐传承与发展的步伐。

（二）传播仪式观下对中国传统音乐跨界的思考

1. 跨界不可“无界”

跨界对中国传统音乐符号体系的创新与发展带来了更加多元化的促进效应，使中国传统音乐工作者的思想得以解放，激发出新颖独特的创造力。在文化艺术繁荣发展的今天，跨界的应用也势必会成为中国传统音乐艺术作品创新及发展的大趋势，但是正如上文所提到的在中国传统音乐跨界创新所呈现的问题中，为了追求艺术产量或达到经济效益而创作的“快餐式”作品则在艺术价值上大打折扣，很难经受得住市场的长期考验。可见，中国传统音乐的跨界应用一定要把握好它的“界”，才使其能够更好地打破束缚，走向新生。

自十八大以来，党和国家将对中国优秀传统文化的传承和弘扬提升到了一个前所未有的新高度。2020 年 9 月 22 日，围绕“十四五”规划，习近平总书记在主持召开教育文化卫生体育领域专家代表座谈会上再次强调："坚定文化自信，推动中华优秀传统文化创造性转化、创新性发展，继承革命文化，发展社会主义先进文化，不断铸就中华文化新辉煌，建设社会主义文化强国。"在复兴中华民族优秀传统文化的时代背景下，跨界在中国传统音乐创新发展中之所以广受艺术家青睐，更多是来源于中国传统音乐在固守传统的沿袭中需要时代性的声音及多元化的表达需求才能够更适应今天的社会环境。换句话说，中国传统音乐在传承与发展中正是因为守界才激发出跨界的需求，而这样的需求恰恰成了中国传统音乐跨界创新的内在动力。因此，守住这道传统的界线，在此基础之上来探寻创新之路，是当今中国传统音乐在跨界创新中应遵循的根本原则。无论是与高科技跨界融合来渲染气氛，还是与多种艺术符号元素结合，跨界起到的作用总归是形式上的锦上添花，而本质还是要以对中国音乐文化内涵的挖掘与阐发为根基，扎扎实实地立足于中国传统音乐最基本的文化基因，守得住界限，才能开拓创新。

2. 提高艺术从业者的自身素养

在对于传播仪式观的探索中我们不难发现，仪式性活动所构建的传播场域内，始终是人进行着经验与信息的共享。这就表明，共享者所提供的内容质量很大程度上影响着整场仪式性活动水平的高低。就中国传统音乐的相关从业者而言，他们自身的艺术素养及专业水准也深深地影响着中国传统音乐的传承与发展。跨界在当今中国传统音乐的创作与表演中的确为从业者们提供了无限宽阔的发展空间，但机遇与挑战并存，跨界能够打通不同领域间的经脉，也使得从业者们还需要注重除自身专业领域外的综合素养的提升。

对于中国传统音乐的跨界创作与表演来说，相关从业者们能够创新出一部好的作品是在中国传统音乐领域与不同艺术种类及非艺术领域间进行不断的尝试与实践中得来的，这便对从业者的综合素养有着极高的要求，需要其提升自身的文化底蕴，不断地进行学习与思考以开拓自身的眼界，毕竟追求艺术的过程永远都是无止境的探索。当然，对于多角度视野的开拓并不是能够一蹴而就的，需要经过时间的打磨慢慢积淀而成。与此同时，艺术工作者们更需要打牢中国传统音乐艺术的根基，把跨越时空、超越国界、富有永恒魅力、具有当代价值的中国传统音乐的文化精神弘扬起来，这样立足本真再触类旁通，才能推动中国传统音乐文化的创造性转化与创新性发展。

3. 注重文化精神内涵的表达

文化精神内涵的传达是传播仪式观中最为核心的要点，也是区别于传播传递观中以控制为目的和以传递信息精准度为标准的关键。通过对传播仪式观所展现的传播过程及传播意义的探索，我们发现，传播仪式观是通过文化共享和意义的认同而引起情感上的共鸣，促成共同文化信仰的整合，以寻求到身份的认同。这样一来，人类在社会这一大的环境之中就能够更为紧密地联结在一起，从而达成社会的整体凝聚，为塑造一个更加美好的人类社会而努力。由此也可见，在中国传统音乐的跨界表达中，对中国传统文化精神内涵的强调，并不表示要对其进行单向的文化价值输出，或仅仅是将中国传统音乐所蕴含的文化价值生硬地强加于其他文明之中。而是通过艺术载体，寻找文化共通，在不同文明的跨界融合中得以重现与升华。

在今年，全球都面临着人类历史上的一大健康灾难——新冠病毒的全球性大流行。新冠疫情的发生深刻影响了每个人的生活，也改变了文化艺术的生产与传播方式。然而越是困境越能够促使人们进行认真的思考，越是灾难越能激发人们心中的大爱，人们创作出大量的战“疫”作品并利用网络渠道为身处同样天空下的每一位兄弟姐妹送去关爱与信心。值得一提的是在2022年4月12日，作曲家谭盾汇集15国艺术家，横跨上海、纽约、武汉，依托3D、5G技术在线云直播的作品《武汉十二锣》，以老子数千年前天地人合一的哲学，在人类面对的共同困境中敲响了希望之声。这样的跨界创作，打破了时间地域的限制，为的就是用音乐为武汉祈祷，为世界祈祷，为人类社会能够共同战胜这场灾难送上最真诚的祝福和最坚定的信念，同时也收获了世界各地人民的认同与点赞。可见，在中国传统音乐的跨界创新中，文化精神内涵的表达才是作品的灵魂所在，而缺少精神价值的引领未免有些空洞，成了只是包裹着绚丽艺术外衣的空壳。

结语

传播仪式观的提出，在传播学史上有着极为重要的地位。提出者詹姆斯·凯瑞将传播划分为传播传递观和传播仪式观这两种方式，并不是通过仪式观来否定传递观，而是这二者之间的研究取向有着不同角度，仪式观更加注重的是传播的文化意义。本文通过传播仪式观的理论范畴，以仪式观中文化研究的方式对中国传统音乐与跨界这一艺术手法之间的关系进行审视。

首先，通过传播仪式观的维度来探寻中国传统音乐跨界时所呈现出的特征，我们发现其能够大大增强中国传统音乐的多元性、互动性和共享性。在中国传统音乐原有面貌的基础上，跨界将其与各种不同领域符号融会贯通，不仅推进艺术工作者们对中国传统音乐进行了更具时代特征的二度创作，更催生了新的中国传统音乐符号体系类别的诞生。与此同时，通过各种高新技术手段及互联网在中国传统音乐中的跨界应用，改变了受众一直以来对中国传统音乐的接受方式和参与方式。无论是与其他艺术领域的跨界互鉴还是与非艺术领域的跨界联结，都将中国传统音乐的共享空间变得更为广阔，这些对于中国传统音乐继续向前发展无疑有着积极的促进作用。

其次，在凯瑞的传播仪式观中，文化作为传播的内核和最终目的被区别于传统的传递观所起到的功用，历经数千年更迭演变而积淀下来的中国传统音乐，其最具价值的也当属其所蕴藏的精神文化内涵。那些和平共处的世界观、坚韧向上的人生观、真诚友善的价值观等都是当下社会所共通的普世价值。中国传统音乐在跨界的互通互融中，无论是其文化精神价值还是其呈现方式的表达，都是为了促进社会不再有霸权、不再有战争，从而达到维系和推动一个更加文明的人类社会的最高境界。同样，在这种跨界所产生的驱动作用下，中国传统音乐的传承与发展也被不断地滋养与创造。

最后，在传播仪式观的场域模式内，跨界对于中国传统音乐所带来的联结效应的确是我们所不能忽视的。依循这个方向，从传播仪式观所窥探出的跨界的积极作用中来反观，不难发现它在中国传统音乐的应用过程中也带来了一系列的问题，同样也是我们当今艺术从业者值得反思的。从仪式观对文化追求的意义维度来纵观近些年跨界创作的作品，是否能够真正满足大众的艺术审美需求，是否能够脱离形式上的拼凑对大众起到美育作用，是否传承了中华民族优秀文明精神基因，以及是否体现出中国传统音乐的互通互容和文化交流互鉴才是未来中国传统音乐跨界创新的宗旨和方向。而在中国传统音乐的跨界中，维系中国音乐几千年来演变、流传与发展的根基——中华文化的精神内涵更是我们在传播中应当探寻的根本。无论是中国传统音乐文化还是其他文明的文化，无论是意义的解释还是符号的互动，在这场文化共享的大狂欢中，搭建起一个人类文明的共同体，使彼此之间紧密相连，共同为更加美好的人类社会而努力，才是中国传统音乐跨界的意义所在。

参考文献

[1] 凯瑞. 作为文化的传播 [M]. 丁未，译. 北京：华夏出版社，2005.

[2] 王耀华，杜亚雄. 中国传统音乐概论 [M]. 福州：福建教育出版社，1999.

[3] 宋生贵. “限制”与艺术跨界的尺度 [J]. 中国文艺评论，2018（5）.

[4] 姜莹. 世界首部民族器乐剧《玄奘西行》创作札记 [J]. 艺术评论，2017（8）.

[5] 吴蛮. 谈传统音乐的“跨界”[J]. 人民音乐，2016（1）.

[6] 刘建明，徐开彬. “仪式”作为传播的隐喻之原因探析 [J]. 湖北大学学报（哲学社会科学版），2015（4）.

[7] 曾遂今. 音乐传播链上的音乐表演空间与文化创意 [J]. 艺术百家，2010（2）.

[8] 冯光钰. 传播学与中国少数民族音乐研究 [J]. 星海音乐学院学报，2009（1）.
[9] 陈力丹. 传播是信息的传递，还是一种仪式？——关于传播“传递观”与“仪式观”的讨论 [J]. 国际新闻界，2008（8）.
[10] 肖复兴. 舞台奢华离艺术远了 [J]. 瞭望，2008（5）.

作者简介：

张蓓荔，天津音乐学院艺术管理系主任、教授，艺术学理论一级学科带头人，中国艺术管理教育学会副主席，中国艺术学理论学会艺术管理专业委员会副会长。研究方向：音乐学，艺术学理论，艺术管理学。

邹佳芙，天津音乐学院艺术管理系 2017 级研究生。

网络文化传播生态：缘起、特征与治理*

张苏秋

摘　要：网络空间已经成为传播中国传统文化的重要阵地，而网络文化生态优化和网络文化安全治理也正是在传统文化的网络传播实践中产生的。在达尔文式遗传、修正、选择机制和间断平衡机制、自组织传播机制的作用下，网络空间逐渐形成了具有多元化、转文化性和集体狂欢特征的网络文化生态，并具体表现出群氓文化盛行、跨文化交互、文化认同难的特点。在此背景下，网络文化传播生态治理包含两方面内容：网络文化安全治理和利用网络媒介管理线下文化。前者是网络治理问题，后者是基于网络的治理问题，二者彼此交融、相互影响。为有效解决网络文化安全治理问题，营造天朗气清的网络空间，须借鉴"强制性、激励性和适应性"的管理逻辑，从主动干预、积极引导、建构认同的分级、分层、分步治理方式出发，综合采取机器识别与屏蔽、培育网络意见领袖和建立网络空间文化认同的对策。

关键词：网络文化生态；转文化；文化传播；网络治理

一、问题的提出

网络社会在网络媒介普及的实践中得到飞速发展，这使得通过网络媒介而不是面对面交往进行的文化传播日益频繁。根据中国互联网络信息中心发布的第 49 次《中国互联网络发展状况统计报告》，中国现有网民 10.11 亿人，互联网普及率达 71.6%。网络空间已经成为传播中华传统文化的重要阵地，而网络文化生态优化和网络文化安全治理也正是在传统文化的网络传播实践中产生的。网络文化是指以网络形态存续和发展、依托于网络虚拟空间的文化（王璐，2014）。因此，网络文化传播生态既包括互联网原生文化，也包括传统文化在网络空间的传播实践。

* 本文系国家社科基金艺术学重大项目"网络文化安全研究"（19ZD12）和共青团中央"青少年发展研究"一般项目"网络消费文化对青少年消费行为的影响机制和优化路径研究"（21YB024）的研究成果。

近年来，我国网络文化生态正呈现出一些崭新特点。一是伴随中央对网络信息的高度重视，网络文化环境趋向良性生长。以习近平总书记为组长的中央网络安全和信息化领导小组成立，网络文化建设的顶层设计得以加强，网络文化逐渐回归理性，逐渐从言论空间走向生活消费空间。尤其随着净网行动等一系列有效管理措施的实施，我国网络文化环境整体向上向好发展。二是自媒体愈发兴盛，原创力活跃，这与微博、微信以及抖音等网络社交媒体的广泛应用有直接关系，越来越多的人开始关注公共账号，甚至开始拥有个人公共账号，随之而来的便是自媒体内容生产的大幅增加，人人皆为传者，人人皆为文化的创造者和引领者。在移动互联时代，这种文化的生产和传播相较从前更加迅速和便捷，再加上人际传播的高效，受众生产内容往往更容易对网络文化产生影响。三是青年网民群体活跃度高、可塑性强，在当前的网络文化空间中，青年受众是最具有可塑造力和未来潜在影响力的群体，青年亚文化逐渐在网络空间蔓延。

但是在我国网络文化整体积极健康发展的同时，一些不良网络文化现象仍时有发生，给我国网络文化安全带来了前所未有的考验。一方面随着移动互联网的发展，受众实现了自我赋权，网上自我表达更加普遍，针对当前转型期出现的一些社会问题，部分别有用心之人利用民众的利益诉求进行造谣传谣，试图扰乱社会舆论、制造负面舆情；另一方面，全球化进程加速演变也使得全球互联网连接更加快速便捷，多元网络文化的出现创新了意识形态塑造、表达、传播的手段，同时多元价值观也削弱了社会主义主流价值观的影响。种种迹象表明，厘清网络文化传播生态特征与治理逻辑不仅关系建设“风清气正、向上向善”的网络空间，更是推进中国传统文化网络传播的必然选择。在此背景下，我们应该不断探索构建网络文化领域新秩序，维护网络文化安全，为优化网络文化生态和推动文化传播提供借鉴。

二、网络文化生产扩散机制

（一）基于复制粘贴的达尔文式遗传、修正和选择机制

从网络媒介内部看，网络文化生产演化是一个达尔文式的遗传、修正和选择过程。即网络文化在网络空间内经历着被生产、再生产的不断演化的过程。实际上，文化一词始终强调“过程”（威廉斯，2005：102），尤其是人类物质文明和精神文明发展中抽象而来的普遍过程。鲍尔德温等（2004：16）也指出，文化是一个永不停息的创造意义的过程，它会适应、变化和变异成新的形式。

网络媒介的开放性和低成本促成了网络文化生产的复制粘贴。网络文化表现在互相联系的网络文本中，而这些文本被不同的网络用户分别阐释，并形成网络亚文化。这个过程中，用户之间的互动会不断地证实、修正、拒绝其自身的文化语境，因为他会把产生于他自身文化的先理解或前理解带进网络文本中。前理解激活了网络文化阐释的过程，且它本身也在阐释中受到影响，产生“诠释的循环”（鲍尔德温等，2004：37）。可见网络人文的生产主体仍然是人，是人在网络空间中的主体行为建构了网络文化。如同现实社会中的文化生产一样，网络文化在其自身网络空间内便可以实现生产迭代的过程。网络上的信息内容即文本以数据的形式存储在磁盘或云端装置中，被作为网络文化的记录和初始生产材料置于公共网络空间中，方便网络用户选择、接收、查阅、加工与转发，而这些内容一经发布便又成为用于网络文化生产演化的中间产品。

正如洛根（2019：88）在《什么是信息：生物域、符号域、技术域和经济域里的组织繁衍》中所述：

> 如果我们把每个人的文化视为有机体，那么，我们就可以认为，如果儿童习得类似于父母和其他文化同种个体的语言，文化就完成了一次自我复制。但由于受同龄人的不同影响，儿童对父母的文化做了修正。

网络文化也是一个有机体，数字存储和传输技术串联人的行为，在网络空间以达尔文式的遗传、修正和选择机制进行复制粘贴，完成网络文化的生产和演化。遗传即复制，修正即发明，选择即被其他人“捡起来用”。这种研究文化进化的方式其实是以模因概念为基础的新达尔文主义。模因是道金斯用来替代自私基因以证明达尔文主义的新的复制因子，是一个文化传播单位或模仿单位（萧俊明，2009）。构成文化的行为模式都是模因，网络模因类似于人体的遗传因子，是网络文化的复制器，经过复制、变异、选择而反复演化。考夫曼研究语言要素的再生产提出催化闭合机制，即语词互相催化，产生新的语词。文化的传播与此类似，网络文化通过模因传播而导致某种形式的进化。

（二）基于技术迭代的间断平衡机制

从网络人文外部看，媒介技术进步为网络文化生产演化提供了外部动力。正如伍兹（1989：3）所指出的，内部发展的变迁通常源自发现或发明，而外部发展或接触的变迁，一般源自借用或传播。从内部发展变迁看，网络媒介技术是构成网络文化的物质机制，加速了网络文化发展变迁；从外部发展变迁看，网络媒介技术为网络空间和现实空间的信息勾连和文化交互提供了渠道。如基特勒对电影、留声机、打字机和计算机软件的研究，西格特对邮政系统的研究等，都强调了不同媒介技术的传播功能。网络媒介技术构成网络文化的话语网络，使某一给定文化能够选择、存储和处理相关数据的技术与机构网络（胡新宇，2021）。这个话语网络以技术的物质形式对网络人文进行展示，使文化的非物质性具体化，进而使网络用户能够感知到多元网络文化。数字技术驱动着当代文化的裂变，重构和发展了新的审美和文化认同（曾一果和毛佳佳，2021）。

网络人文的生产演化还伴随着颠覆性的媒介技术迭代。颠覆性技术即破坏性技术，是指时间尺度上人类工具的突然而间断的变革（洛根，2019：163）。在所谓的技术域时间尺度上，颠覆性技术的时间尺度是相对短暂的。它总是对应着新技术时代，若干新技术利用颠覆性技术而使旧技术过时。因此，颠覆性技术形式是间断平衡的完美例证。这些技术演化的间断恰恰说明远离平衡态的水平会突然冒出来，与混沌的非线性动态系统分道扬镳（洛根，2019：164）。这个技术迭代过程也就是网络文化不断演化的过程，还可以用耗散结构理论解释。普里戈津提出的耗散结构理论是开放系统在远离平衡态条件下，发展过程受外界物质流和能量流交换的影响而发生突变，导致新的结构生成。网络文化就是在非平衡态的基础上，通过突变形成有序度极高的新结构（虎佳琦等，2016）。进一步地，张兴奇和顾晓艳（2012）提出一个文化系统倘使从无序状态向有序状态过渡，必须满足以下耗散结构条件。（1）系统必须是开放的。因为开放的系统才能与外界进行物质和能量交换，孤立的系统不可能产生耗散结构。（2）系统处于远离平衡态。只有处于远离平衡态时，系统才会从一个不稳定的无序状态通过涨落形成新的有序结构。（3）系统内部诸要素之间存在非线性协同作用。（4）涨落导致有序。从网络媒介技术发展的时间轴看，无论是 3G、4G、5G 技术，还是大数据、区块链、人工智能等，网络媒介一直处于频繁的技术迭代过程中。移动互联时代，摩尔定律所描述的处理器性能每隔两年翻一倍的更新速度不但没有减缓，反而更新得更加迅速。这就意味着，网络文化时刻处于媒介技术间断下的远离平衡态，而这样一种非平衡态向平衡态的演进即间断平衡，也就是网络文化演化的外在技术动力机制。

（三）开放多元、扩展适应与自组织传播机制

正如文化的概念中所展示的那样，文化生产是一个持续不断的动态过程，自媒体所存续的网络文化语境也是一个动态演化的有机体。特别的是，这个网络文化有机体具有自我繁殖、自我进化的自组织结构特征。系统论认为结构即系统内各个要素不同的作用方式和组合方式（陈才力和祝小宁，2021）。因此，从网络文化的生产演化动力机制看，网络人文有机体具有自组织结构。网络是社会公共性的产物，形塑网络人文有机体组织结构的深层机理是人际关系的交互性。在网络人文演化的过程中，外部环境并不存在具

有指向性的干预，网络文化是由网络空间自发自觉的交互行动交织而成的系统。网络人文有机体是嵌于网络自组织系统的一个基本单元，且始终与外界环境进行物质能量和信息的交换，并不断促进网络自组织系统的发展。

多元性和共生性是网络人文有机体演化的结构基础，而且多元文化不可避免地同处于一个共同开放的网络空间中，具有较强的邻接可能性。如图 1 所示，在达尔文式遗传、修正、选择机制和间断平衡机制的共同作用下，网络亚文化经过复制粘贴和媒介技术迭代最终形成具有共同体式自组织结构的网络人文有机体文化。文化研究中，结构主义将文化定义为能够催化自我繁衍的思想、信念和知识的系统（考夫曼，1995：49）。与结构主义强调固定的文化模式不一样的是，网络文化自组织结构是在达尔文式遗传、修正和选择机制和间断平衡机制的双重作用下逐渐形成的动态结构，并不断在多元文化共同交互的过程中扩展、适应以致共生。一方面，网络文化的自组织结构接近于海尔斯的自组织范式，这个范式里不包括信息，或者说，信息深深地沉入系统里，难以和界定系统的组织属性区分开来。另一方面，网络文化自组织又是格尔茨科学文化现象学中的文化系统。这是一个埃德加·莫兰意义上的自组织系统，文化也如同生命系统一般，具有“自我控制”“自我复制”“自我再生”功能（李清华，2012）。

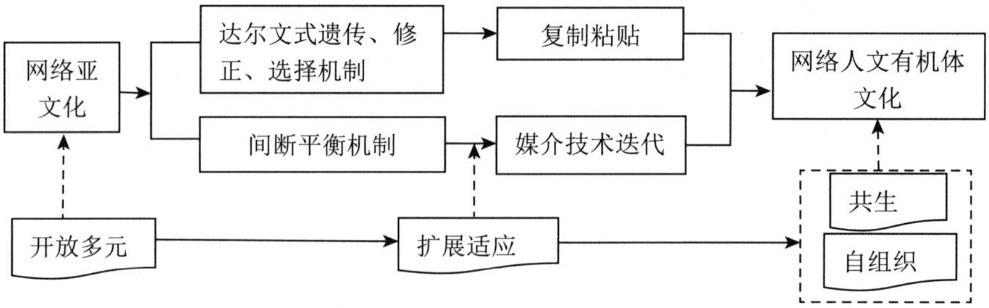

图 1　网络人文有机体演化机制概念模型

网络空间文化符号生成的自组织机制开始于互联网双向传播下的用户生产。网络空间的去中心化或泛中心化特征使得受众具有平等对话和自由获取信息的权利，受众可以自由解码信息，独立地获得记忆和感知。因此，网络空间是一个具有自适应性、弹性、可进化的活系统（周琼，2019）。在这样的网络空间中，受众被授予权力，加入网络文化的生产中。受众通过自媒体，用自己独特的网络内容生产共同建构着自己所处的“文化部落”，逐渐创造出各自的网络元文化。

三、网络文化传播生态特征

（一）多元融合：网络文化的去中心化

网络文化生态的本质正是多元融合。文化的多元性是一个与年龄、性别、阶级、身份相关的问题，任何根据民族、部落或社会而确定的文化区隔体，都是由多种文化所构成的。因此，网络文化既是网络空间原生文化，即网民在网络空间中特有的行为、组织惯例、价值观念、制度与传统，也可以是网民线下现实生活中所处地域、环境的文化在网络空间的延伸和再现。实际上，理解任何文化形式的意义，不能单纯把它固定在一种文化的内部，而应按照它如何适应不同文化之间的交叉点来理解。

网络空间的群氓文化由来已久。希尔斯（1978）将美国文化划分为三个等级，这些等级代表了社会文化的不同方面：高高在上的是高级文化或高雅文化，中间的是平庸文化，底层的则是野蛮文化。在阿诺德对英国人的划分中，群氓指代工人阶级。麦克唐纳（1998）在《大众文化理论》中对群氓文化展开过全面的攻击，认为群氓文化使高雅文化失去了生命力。在他看来，群氓文化不能等同于大众文化。后者是一种土生土长的、代表人民心声的、自发的文化，而前者是自上而下强加给人民的，其创造者是为商人服务的技术人员，而受众是麻木不仁的消费者。网络空间可接入性强，受众虽然数量众多，但大多数都只是网络文化的消费者。网络空间中多种文化共存，最突出的表现就是大众消费下的群氓文化特征。群氓文化有两个特征非常吸引人，即经济上的回报和巨大的潜在受众群（斯道雷，2019：38）。在这两种特征的作用下，群氓文化消费会产生一种压抑作用，诱发精力分散和心理安慰的成瘾性。受众对群氓文化消费得越多，他们的心灵反而越空虚。随着移动互联技术的普及，普通受众接入网络的机会越来越多，使用网络媒介的成本也越来越低，且网络媒介为大众提供了便捷的网络消费途径，即时性、碎片化的网络消费几乎伴随每一个网络受众。正如库尔德里（2008）指出的，数字化叙事使得媒介资源更加民主化，那些原本在“媒介权利”体系中受到潜在伤害的普通或者弱势人群也可能获得更加广泛的媒介能力或权利讲述他们自己的故事。换言之，在网络空间里，传媒领域的注意力经济被无限激活，资本驱动下的电子商务为受众提供了许多商机，通过网络来获得经济收益早已成为可能，在大众化、商业化进程的驱使下，网络空间充斥着群氓文化。

（二）对话他者：网络文化的转文化性

转文化性是一个生成过程，产生于两种不同文化的碰撞，其结果可能让原有的两种文化发生改变（阿尔布劳，2020：41）。转文化还是一种杂糅文化（郭萌萌和王炎龙，2019），这种杂糅文化得益于移动社交媒体的普及，让用户生产内容超越了专业生产内容的模式，使原本被动接收信息的草根受众成为网络文化生产和传播的主体（史安斌，2018）。换言之，互联网并不属于任何人，因此互联网具有转文化性质，有一种他者的文化样态，网络文化是一种“他文化”（杨立雄，2003）。网络文化之所以能够称为转文化，是因为与跨文化不同的是，转文化性强调多种文化共存，以突破不同文化间的对立。

网络文化以虚拟网络为载体，推动了人的主体性发展，并为实现人的全面自由发展拓展了空间，具有多样性、共享性和虚拟性的特征（赵亮，2019）。网络文化既不是简单的“网络 + 文化”，也不是文化的网络化，它是人类社会文化的一次全面彻底的改革，包括文化价值的重构、文化内容生产的创新、文化传播渠道的拓展、文化消费方式的革新等。此外，互联网技术赋权下受众的文化表达具有移动化、大众化、精细化和专业化的特点（常江和徐帅，2019），网络文化会产生主体自身异化、个性丧失、自律性下降和目的性缺失等消极影响（赵亮，2019）。故网络受众的文化是在弥合自身与他者的文化分歧的经验中形成的，网络文化具有显著的转文化性。

（三）集体狂欢：网络文化的自我认同

网络文化的蓬勃发展从未离开和现实社会的勾连与互动，网络文化既是对现实社会景观的再现，又是对社会历史的观照。受众既是网络文化的生产主体，同时又是现实社会关系的主体。网络传播的集体狂欢是指受众在网络空间通过自由对话进行戏谑嘲讽、释放自我情绪的群体活动现象。集体狂欢下的网络文化逐渐表现为泛娱乐化、精英话语权的缺位和平民话语权的崛起（曾伟，2018）。大众传播中有相当一部分艺术性、消遣性、游戏性的内容，是为了满足人们精神生活的需要，其构成了网络传播的亚文化，体现出网络传播的娱乐与消遣功能（杨春荣，2007）。集体狂欢的平等性、大众性、颠覆性和戏剧性的特征为受众舒展快乐本能提供了更有利的契合条件（刘慧赢，2011）。因为互联网的去抑制性效应会滋生受众的无责任心理，再加之从众和补偿的心理机制，受众很容易不自觉地加入集体狂欢中。更有甚者，网络传播主体的多元化弱化了传统媒介守门人的角色和职能，守门人的失位进一步让集体狂欢的亚文化有了可乘之机。

齐泽克、拉康等人认为主体在象征性认同之前必然要借助于象征性主体间性，否则不可能产生主体的象征性认同。也就是假定有一种象征性认同的命令将个体排除在那些非认同之外，因为个体在面对这种象征性召唤的认同时，想要主动逃离自身地位的非确定性困境（孔明安和谭勇，2020）。因此，主体生成于主体间的关系，而自我意识是一个客体。李剑桥（2020）研究指出，H5 新闻使受众能够依据自身需要、摆脱现实身份的束缚，重新认识自我、建构自我。受众在网络身份的建构中运用“自我嵌入”的方式，通过图片和视频的戏拟性来指向“想象”的意义，完成一种文化意义上的“自我指涉”。网络空间为受众提供了丰富的具有指涉意义的图片和视频等文本内容，在与受众持续的互动中，扩大了本身的不稳定性和易消亡性（唐克，2009），主流文化让位于网络亚文化，因而产生受众自我认同的困境，亦即网络文化认同的困境。

四、网络文化传播生态治理

在互联网应用快速增长阶段，应对新型且复杂的网络文化生态需要我们采取积极干预的策略。网络文化传播生态治理包含两方面内容：网络空间文化安全治理和利用网络媒介管理线下文化。前者是网络治理问题，后者是基于网络的治理问题，二者彼此交融、相互影响。应对上述网络文化大众化、转文化性和集体狂欢等特征，借鉴“强制性、激励性和适应性”的管理逻辑，我们提出主动干预、积极引导、建构认同的分级、分层、分步的治理方式和对策。

（一）主动干预：发挥机器识别与屏蔽作用

主动干预的网络文化传播生态治理路径的依据是国家集体利益至上，即单美贤等（2017）强调的在网络空间治理中积极倡导网络主权的国家至上原则。此外，主动干预离不开媒介技术的保障。技术以重要的方式塑造着网络文化，它能使某些群体更容易接触到网络文化，而另一些群体则不能，它同时又能转变受众与文化的关系，改变受众的看法（霍尔和尼兹，2002：223）。在媒介技术的统合下，网络媒介呈现出的实时性、技术融合、即时反馈和无处不在的位置感知，滋生出地理媒介的概念（麦克奎尔，2019：46）。网络地理媒介框架的作用逻辑也正是利用网络媒介突破时空区隔、激活本地场景并与特定地点建立联系。史密斯（2003）指出，空间总是处于生成的过程中。网络媒介使时间和空间都不再是信息传播的障碍，受众随时随地都可以实现虚拟在场。例如在微博世界，每天的热门话题拥有上亿条的阅读量和数以万计的讨论，这些阅读和讨论彼此关照、互相勾连，形成特定的微博文化，共同建构和维护着受众的虚拟空间，利用网络媒介技术可以实现网络文化的机器识别和屏蔽作用，并跨越线上线下的时空区隔，及时实现网络文化预警。

我们要巧用虚拟现实、人工智能、数据可视化等网络传播技术在网络文化预警与屏蔽方面的积极作用。巧用媒介预警与屏蔽技术就是在网络文化互动中，通过技术媒介加工生成具有普遍性、共享性和易适应性的文化符号，让受众头脑中的主观现实被媒介塑造的符号现实所内化，并在媒介所建构的周期性、持续性的网络文化动态生成过程中，对受众产生涵化作用。从预见性、实时性、准确性、全面性出发，借助网络大数据分析技术，建立网络敏感词预警、智能搜索引擎预警、网络流量预警；制定并健全发现、汇集、报送、分析研判和分级、分层、分流的网络舆情预警和受众媒介行为屏蔽机制；建立应对重大舆情和突发事件的内容集中生产调度机制和动员反馈互动机制；等等。

（二）积极引导：培育网络意见领袖

意见领袖在两级传播模式下发挥着信息中介的作用，其赖以发挥作用的媒介框架包括加工解释、传播扩散、支配引导和协调干预。尽管个人在网络媒介多级传播环境下比以往任何时候都要自由，但作为“人的延伸”，网络媒介使人们“听、说、读”等感官能力进一步“分化”“统合”，最终筛选出一个中心化的意见领袖。与大众传播时代意见领袖不一样的是，网络意见领袖是在多极传播环境下逐渐演化形成的，存在于跨越地理限制、相对松散的众多用户中（霍里根等，2006），其影响力又取决于集体行动的环境和性质。网络意见领袖在传统意见领袖的媒介框架下，通过更大范围的“影像叙事”和“嘲弄讽刺”等手段，建构集体认同感，实现网络媒介的动员和扩散，并形塑共意。这同时也意味着，网络意见领袖的特殊地位表现在话语权主导上。基于网络话语权主导的意见领袖的作用是网络媒介参与社会动员的基本逻辑。意见领袖首先应当扮演好网络传播中仪式引领者和执行者的角色。正如迪尔凯姆所说的，文化将整个世界分为两类，神圣的和世俗的，而仪式告诉人们在神圣的情况下该如何举手投足。因此，仪式可以充当网络空间转文化的工具。仪式是标准化的、重复的行为，故而根据网络空间的转文化性，按照网络传播的规律规则，制定出标准的网络传播仪式，为受众创造一个超越日常互动的特殊时空。

要积极发挥网络意见领袖在网络文化空间中的协调引导作用。对权威的服从是一个文化特征，尊敬、友爱和平等精神也是如此（霍尔和尼兹，2002：28），发挥网络意见领袖的协调引导作用首先要主动动员网络意见领袖的权威性和积极性。一方面要合理利用网络文化的交互效应。在网络媒介与受众的交互过程中，借助意见领袖的权威性，说服并形塑受众的网络身份。另一方面，培育分级分层的意见领袖，发挥网络交互的同伴效应，通过同伴影响扩大媒介对受众的涵化作用。

（三）建构认同：建立网络空间文化共同体

在任何摒弃多元化的网络空间文化框架内，都难以充分表达作为转文化性的网络治理。首先，公共空间的"公共性"是要通过公共机会和演讲等具体的行动来建立的。网络公共空间的复杂性在于，受众做出集体行动时，需要考虑到数字网络传播的规模、强度和时间。墨菲（2007）指出，公共空间只有能够集中并容纳差异和不同意见时，才能真正具有公共属性。在这期间，网络公共空间上也是充满竞争和对立的。那么，这就需要上述意见领袖的参与，以确保信息交流的真实、可靠且有序。其次，网络身份的隐匿性强化了"陌生人"的特征，受众成为分散在网络空间上的陌生人，就像齐美尔对现代城市居民的描述——"居于侧却远在天涯"。这样的不确定性使网络空间存在的张力越来越强。空间原来赖以维系的聚合性力量，如共同的文化、语言或宗教等体验都逐渐模糊，乃至消失。取而代之的是更多的个性化和网络文化自由，于是便出现了网络社群。正如南希（1991）所说，"社群是基于共同的存在，但自身不需要被吸纳到共同的实质中去"。这也就是说，要学会在复杂网络环境中分享社群的共同之处，同时又不在虚假共识的表象下丧失各自的差异。再者，网络公共空间是地理空间的补充。上述网络媒介的时空转向使信息传播跨越了地理条件的限制，受众许多原本地理空间上的活动和交互都可以置身于网络空间中完成。借助互联网媒介，受众可以在网络公共空间上进行跨时空的互动，参与公共空间的建构，行使其作为网络成员存在的相关权利。

最后，要在承认网络文化大众化、多元化、集体狂欢等特征的同时，积极建构主流文化和意识形态在网络空间的主导地位。网络文化安全不仅是网络空间健康有序发展的重要保障，更是广大网民意识形态安全和生命财产安全的关键内容。从建构集体文化认同的路径进行网络文化安全管理，就是从长期可持续发展的视角规范受众在网络空间的行为，从而对网络文化生态加以优化，让主流文化、优秀的传统文化根植于网络空间的"自由血液"中，增强受众对网络文化的认同感和文化自信，强化网络受众的凝聚力。

五、小结

网络是文化传播的重要媒介。传统文化在网络空间的传播实践中所产生的网络文化是一个极度复杂而又发展迅速的社会现象，网络空间已经成为受众聚集、讨论、工作、休闲、生活的重要场域，网络文化安全更是关乎经济社会发展和意识形态安全。厘清网络文化传播生态特征和网络文化发展规律，营造风清气正的网络文化生态，优化中国传统文化网络传播环境，除了上述几条路径，还须摆脱网络本身的局限，关注网络公共空间对现实社会文化的影响。

在网络媒介所塑造的网络公共空间上，有关线下事件的直播内容往往会共同创造出一种新的媒介事件：公众围观和分散性反馈成为重要特征，改变了“公共事件”在网络化公共空间条件下的生产方式。与传统媒介不同的是，网络媒介事件的生产和发布克服了可获得性和可见性方面的局限。互联网主导的媒介事件具有以下明显特征：第一，集体行动的逻辑已渗透到各种规模的公共事件中；第二，快速反应传播已经逐渐被整合到个人生活领域中；第三，网络在将身处家庭环境的受众与外在世界的事件勾连起来的中介化过程中，兼具“真实”和“再现”功能。网络媒介使线下事件迅速成为受众可以跨时空接触的媒介事件，这种跨时空在场所具有的可见性为受众带来了强烈的情感冲击，在共情共振的作用下，很容易产生共意性行动。这鼓励受众积极地参与到实践中，通过多样、强烈的且反复的交互和反馈，能够在事件发生的同时影响事件的实时动态。从文化意义上看，网络文化安全直接影响到整个社会的安全。

此外，网络媒介的窄播化容易产生信息茧房效应。网络文化的生产与传播，是在兼顾其对受众的交互涵化，承认文化多元和受众个性的同时，建构了网络文化生态和受众个性。大数据和推荐算法使受众的视野受到技术限制，变得越来越窄，受众接收的网络内容和群体越来越同质化（常江和徐帅，2019）。这个过程中有一种被称为“互联网米姆”（士弗曼，2013）的流行文化单位在起作用，它们被网络受众传播、复制和转化，并创造出一种共享的网络文化体验。网络空间的信息茧房既阻碍了受众接收多元网络信息的途径，又与网络文化的多元开放背道而驰，不利于网络文化安全，也应当予以足够重视。因此，在分析网络文化生态特征的同时，还需要研究网络米姆的内容、形式和立场（士弗曼，2013）。

参考文献

[1] 鲍尔德温，等．文化研究导论［M］．陶东风，译．北京：高等教育出版社，2004.
[2] 陈才力，祝小宁．社区自组织系统动力探究［J］．系统科学学报，2021（4）．
[3] 常江，徐帅．互联网文化对网络评论的影响［J］．青年记者，2019（3）．
[4] 郭萌萌，王炎龙．“转文化”：中国文化对外传播范式转换的逻辑与方向［J］．现代出版，2019（6）．

[5] 胡新宇. 从媒体理论到文化技术研究 [J]. 社会科学文摘，2021（3）.

[6] 虎佳琦，伍玉林，许茵. 基于自组织理论高校网络文化建设问题研究 [J]. 思想政治教育研究，2016（1）.

[7] 洛根. 社会建构：进入对话 [M]. 张学而，译. 上海：上海教育出版社，2019.

[8] 伍兹. 文化变迁 [M]. 何瑞福，译. 石家庄：河北人民出版社，1989.

[9] 孔明安，谭勇. 交往的主体与生成的主体——哈贝马斯与齐泽克的主体间性思想比较研究 [J]. 安徽师范大学学报（人文社会科学版），2020（5）.

[10] 威廉斯. 关键词：文化与社会的词汇 [M]. 刘建基，译. 北京：生活·读书·新知三联书店，2005.

[11] 李剑桥. H5 新闻下的隔空赋权和身份想象 [J]. 青年记者，2020（8）.

[12] 李清华. 格尔茨与科学文化现象学 [J]. 中央民族大学学报（哲学社会科学版），2012（5）.

[13] 刘慧赢. 网络集体狂欢现象下的网民心理动机 [J]. 新闻爱好者，2011（6）.

[14] 阿尔布劳. 中国在人类命运共同体中的角色：走向全球领导力理论 [M]. 严忠志，译. 北京：商务印书馆，2020.

[15] 单美贤，蔡滢赟，谢皓薇. 网络文化安全治理的国际经验探析 [J]. 南京邮电大学学报（社会科学版），2017，19（1）.

[16] 史安斌. 从“跨文化传播”到“转文化传播”[J]. 国际传播，2018（5）.

[17] 麦克奎尔. 地理媒介：网络化城市与公共空间的未来 [M]. 潘霁，译. 上海：复旦大学出版社，2019.

[18] 李特约翰. 人类传播理论 [M]. 史安斌，译. 北京：清华大学出版社，2009.

[19] 王璐. 浅议新时代背景下的网络文化 [J]. 科技信息，2014（3）.

[20] 萧俊明. 文化选择论与摹媒论——道金斯的摹媒和复制因子概念探析 [J]. 国外社会科学，2009（5）.

[21] 霍尔，尼兹. 文化：社会学的视角 [M]. 周晓虹，徐彬，译. 北京：商务印书馆，2002.

[22] 斯道雷. 文化理论与大众文化导论 [M]. 常江，译. 北京：北京大学出版社，2019.

[23] 杨立雄. 赛博人类学：关于学科的争论、研究方法和研究内容 [J]. 自然辩证法研究，2003（4）.

[24] 杨春荣. 网络恶搞：青少年集体狂欢的新主题 [J]. 当代青年研究，2007（3）.

[25] 曾伟. 社交媒体平台狂欢化现象浅析——以“《舌尖上的中国 3》差评事件”为例 [J]. 电视指南，2018（6）.

[26] 曾一果，毛佳佳. 数字技术驱动下媒介文化的裂变与重构——2020 年我国媒介文化研究状况扫描 [J]. 中国图书评论，2021（4）.

[27] 赵亮. 网络文化与人的主体性发展 [J]. 中国特色社会主义研究，2019（2）.

[28] 张蕊. 交互涵化效应下土味短视频对城镇化留守儿童的影响 [J]. 现代传播（中国传媒大学学报），2019，41（5）.

[29] 张兴奇，顾晓艳. 耗散结构理论视阈下少数民族传统体育文化的进化理路 [J]. 南京体育学院学报（社会科学版），2012（5）.

[30] 周琮. 网络社群自组织传播的分享特性对社会资本的影响 [J]. 现代传播（中国传媒大学学报），2019，41（9）.

[31] NICK C. Mediatization or mediation? Alternative understandings of the emergent space of digital storytelling [J]. New media & society, 2008, 10 (3).

[32] DONK A. The digitization of memory: blessing or curse? A communication science perspective [J]. Mi technology, 2009, 6.
[33] KAUFFMAN S. At home in the universe. [M]. NewYork: Oxford University Press, 1995.
[34] DWIGHT M. A theory of mass culture, in cultural theory and popular culture: a reader [M]. 2nd ed. Harlow: Prentice Hall, 1998.
[35] NANCY J L. The inoperative community [M]. Minneapolis: University of Minnesota Press, 1991.
[36] LIMOR S. Memes in a digital world: reconciling with a conceptual troublemaker [J]. Journal of computer-mediated communication, 2013, 18 (3).
[37] EDWARD S. "Mass society and its culture", in literaty taste, culture, and mass communication, Volume 1 [M]. Cambridge: Chadwyck Healey, 1978.
[38] SMITH N. American empire: Roosevelt's geographer and the prelude to globalisation. [M]. Berkeley: University of Galifornia Press, 2003.

作者简介：

张苏秋，中国传媒大学人类命运共同体研究院副教授，南京大学长三角文化产业发展研究院研究员。研究方向：网络文化传播、文化产业管理。

中国文学对外传播论略

张玉田

摘　要：中国文学对外传播自公元前200年即已开始，以《诗经》《尚书》为代表的文化典籍陆续传播到海外。中国现代文学虽然一直处于“西学东渐”的文化态势中，但是以鲁迅、郭沫若、茅盾、巴金、老舍为代表的一批优秀作家的作品也被介绍到国外，产生了国际性影响，并出现一些专业从事翻译和传播的文学工作者。新中国成立后，开始有组织、成建制地向国外传播中国文学，出现了专门的机构、平台、文学报刊等。中国作家莫言获得诺贝尔文学奖前后，曾经出现过中国文学对外传播的高潮，国内一些年轻作家的优秀作品为外国读者所熟知。但是，中国文学对外传播依然存在困境，输出的作品数量少、质量不高，缺乏必要的组织和沟通交流的渠道。制约中国文学对外传播的因素，主要有意识形态的差异、传播途径的阻滞、创作本身的局限等。中国文学对外传播的路径选择，则有提高翻译水平、运用多种媒介资源和形式、扩大中国在国际上的整体影响力等。

关键词：中国文学；对外传播；困境；制约因素；路径选择

一、中国文学对外传播的基本走势和现实困境

据学者研究，公元前200年，中国文学典籍《诗经》《尚书》就传入越南地区。日本《古事记》载，大约在公元3世纪，中国文学典籍就被传入日本，到4世纪，中国文学在日本的传播已经达到相当规模。唐朝李白、杜甫、白居易、元稹等诗人的诗歌为日本民间和宫廷所喜爱。13世纪，意大利旅行家、商人马可·波罗游历中国17年之后发表的《马可·波罗游记》在西方世界引起了热烈反响，许多传教士和其他有识之士纷纷来到中国，中国文化和文学得以在欧洲流传，开始出现英译、法译、德译等译本。这时中国古典小说、戏剧和寓言也开始进入欧洲。19世纪初，歌德读了中国小说《好逑传》以后，提出了“世界文学时代已快到来”的说法。到19世纪末期，中国古代文学的主

要文体及若干代表作品流传到西方国家并都有了英文译本，如《老子》《庄子》等散文名篇，李白等诗人的诗歌，《搜神记》《三国演义》《水浒传》《红楼梦》《西游记》《镜花缘》《聊斋志异》等小说，《琵琶记》等戏曲。1880 年，俄国汉学家瓦西里耶夫编写了世界第一部《中国文学史纲》，并翻译了《诗经》中的一部分诗歌，第一次系统地向俄国读者介绍了中国文学。①

中国现代文学时期，社会剧烈变化动荡，包括文学在内的西方文化呈压倒性、覆盖式的状态传入中国，“西学东渐建构了中西文化交流中一方喧哗的独特景观，而东学西渐则一直处于被忽视的尴尬境地”②。中国现代文学史上著名作家鲁迅、郭沫若、茅盾、巴金、老舍等人的作品被翻译到国外，为世界所熟知，这并不是发生在当时的事情。美国驻华战地记者斯诺曾经说：“我想了解中国知识分子真正是怎样看待自己的，他们用中文写作时是怎样谈和怎样写的……然后当我去寻找这种文学作品时，让我感到吃惊的是实际上没有这种作品的英译本。重要的现代中国长篇小说一本也没有译过来，短篇小说也只译了几篇，不显眼地登在一些寿命很短的或者读者寥寥无几的宗派刊物上。”③中国现代文学引起西方注意并产生一些影响是在 20 世纪 30 年代初期。1931 年，旅华美国人威廉·阿兰出资与燕京大学学生萧乾合作，共同出版了一份英文期刊《中国简报》，选译了鲁迅、茅盾、郭沫若、闻一多、郁达夫、沈从文等作家作品的一些片段。1933 年，仍然是由萧乾联手斯诺，编译了《活的中国》一书，主要介绍中国现代文学。有学者指出：“《活的中国》包括两个部分。第一部分专门介绍‘鲁迅的小说’，选译的作品有：《药》《一件小事》《孔乙己》《祝福》《风筝》《离婚》；第二部分‘其他中国作家的小说’，选译的有：柔石的《为奴隶的母亲》，茅盾的《自杀》《泥疗》，丁玲的《水》《消息》，巴金的《狗》，沈从文的《柏子》，孙席珍的《阿娥》，林语堂的《忆狗肉将军》，萧乾的《皈依》，郁达夫的《茑萝行》，张天翼的《移行》，郭沫若的《十字架》，失名的《日记拾遗》，沙汀的《法律外的航线》。”④该书比较集中地反映了这一时期中国现代文学对外翻译和传播取得的成绩。20 世纪 40 年代，萧乾利用他在英国等欧洲国家学习工作的机会，与所在国家的专业工作者一起开始系统地进行中国文学翻译和创作。他从小说、诗歌、戏剧、散文等文体，从“左联”到“新月派”等文学团体和流派，从民族形式到大众文艺等多个层次，全面翻译和介绍了中国“五四”新文学，西方

① 程美华．试析中国古代文学在国外的传播［J］．贵州师范大学学报（哲学社会科学版），2008（5）：72.
② 方爱武．“问题与方法：中国当代文学史料与文学史研究”研讨会综述［J］．中国现代文学研究丛刊，2018（4）：256.
③ 斯诺．活的中国——现代中国短篇小说选［M］．长沙：湖南人民出版社，1983：2.
④ 耿强．萧乾与中国现代文学的对外译介［J］．东方翻译，2014（5）：11.

读者通过这些翻译和介绍可以较为全面系统地了解中国现代文学的风貌。

中国现代文学对外传播的实绩还表现在向苏联的推介上。据学者研究，最早向苏联介绍中国现代文学情况的是著名文学家、翻译家耿济之先生。[①]1936年，《申报周刊》刊登了他的《中国文学在苏联》一文，介绍了1917年以来苏联对中国文学的译介情况，其中提到唐诗、《聊斋志异》等古典文学译本、鲁迅的小说《阿Q正传》、茅盾的小说《动摇》已经出版俄译本。1938年，文学翻译家戈宝权先生也提到苏联已经出版了几种中国现代短篇小说集，有鲁迅、黎锦明、张资平、冰心、张天翼、丁玲、楼适夷等作家的作品。1941年，著名诗人、翻译家萧三在《中苏文化杂志》文艺特刊上发表了题为《鲁迅在苏联》的文章，重点介绍鲁迅纪念文集的编译情况。之后，翻译家曹靖华、戈宝权等文学工作者陆续翻译或撰文介绍鲁迅著作的俄译情况，可见鲁迅在苏联文学界的地位。

中国现代文学史上一些作家作品被大量对外译介传播，是在1949年以后。所谓鲁迅著作被40多个国家译成70多种文字的显赫成果，是直到1949年以后才累积起来的。1950年，新中国第一个对外宣传刊物、英文版《人民中国》创刊；1951年，英语和法语两个版本的《中国文学》杂志相继创刊；1952年，外文出版社成立，这是1949年以后第一次有组织、成建制地对外宣传推广中国文化和中国文学。《中国文学》发行到100多个国家和地区，许多外国读者正是通过阅读《中国文学》而了解到中国文学的一些情况。据统计，《中国文学》"50年出版了590期，介绍作家、艺术家2,000多人次，译载文学作品3,200篇"，"据统计，1986年，英文版《中国文学》在美国的订户为1,731户，在芬兰为1,195户，法文版光在巴黎的订户就有1,026户"[②]。但是《中国文学》的局限性也比较明显，如作家莫言所说："这个外文杂志翻译的质量较差，聘请的专家水平有限，这本刊物在西方影响很小，进入不了西方的读者圈子，有可能进入西方的某些大学里，进入了解汉语、想学汉语的人的圈子。"[③]

我国实行改革开放以后，尘封的国门向世界打开，西方文学纷纷进来，封闭多年的国人在如饥似渴地接受西方文学文化的同时，中国当代文学也很自然地传到西方国家。20世纪80年代初，中国外文局推出了"熊猫丛书"，面向西方国家翻译出版中国文学和文化，尤其是现当代文学作品，前后共出版图书190多种，成为中国当代文学对外传播的重要渠道和方式。但是，"熊猫丛书"并未达到预期的效果。作家陈建功曾说："改

① 佘晓玲．民国以来我国学者对中国现代文学俄译研究的认识和看法［J］. 国际汉学，2018（1）：173.
② 徐慎贵．中国文学对外传播的历史贡献［J］. 对外大传播，2007（8）：46.
③ 蒋剑峰．莫言作品在英语国家的翻译和接受［J］. 翻译研究，2018（5）：72.

革开放以来，中国文学最著名的译丛‘熊猫丛书’虽然走出了国门，但其中很多种书其实在我国的驻外机构里‘沉睡’。”[①] 翻译理论家谢天振也指出：“我们以国家、政府的名义，编辑发行英、法文版的《中国文学》月刊，以向外译介中国文学和文化，翻译、出版介绍中国文学作品的‘熊猫丛书’，还有国家有关部门组织翻译出版的达200种语言之多的中国文学、文化典籍《大中华文库》等。其效果都不尽如人意。”[②] 新世纪以来，我国政府积极寻求新的传播渠道与传播途径，“进入新时期以来，中国文学界一改过去被动、自闭、畏缩的形象，以前所未有的开放姿态和文化自信走向世界，以承办和参与各类中外文学交流活动为契机，重塑了中国作家和学者的国际形象。近十年来，中国作协已成功举办了中美、中法、中德、中意文学论坛和中日韩三国文学论坛，加强了中国与世界文学的交流和理解”，“据中国作协创研部不完全统计，中国当代文学有1,000多部作品翻译成外文，其作品被译介的当代作家有230多人”。[③] 此外，还有一些由外国汉学家翻译、国外出版社出版发行的中国文学作品，以及一些翻译中国文学的具有国际影响的专家学人，如葛浩文（Howard Goldblatt）、白睿文（Michael Berry）、蓝诗玲（Julia Lovell）、杜博妮（Bonnie S.McDougall）等。尤其是葛浩文，被认为是中国现当代文学首席翻译家，他翻译了萧红、老舍、巴金、冯骥才、贾平凹、苏童、毕飞宇、李锐、王朔、虹影、刘恒、马波等作家的几十种小说。他对莫言小说的翻译达到了很高的水平，对于莫言作品获得诺贝尔文学奖，他也是与有力焉，对整个中国当代文学的译介做出了突出的贡献。

但是，总的来看，中国文学对外翻译和传播不仅数量不多，而且质量也不高，整体上表现并不乐观。有学者指出：“从中国文学图书版权输出来看，中国现当代文学对外翻译出版总体上并不成功，缺乏读者群，在海外没有产生多少影响。从在国际文化市场的表现来看，中国现当代文学图书的国际竞争力较弱。中国对外翻译出版的现当代文学作品在覆盖面上十分有限，大部分流往韩国、日本以及东南亚国家，在欧美图书市场上占有的份额较低，几乎没有存在感。”“2004年，中国出版机构共购买了美国出版的3,932种图书，但是美国出版社只购买了16种中国出版的书。2009年，美国共出版了348种外国文学作品，但其中只有8种中国文学，只占美国翻译出版的国外文学总数的4%。”[④] 与国外文学作品强势进入中国、为中国读者高度关注并追捧的状况形成了较大反

---

① 吴越．如何叫醒沉睡的“熊猫”［N］．文汇报，2009-11-23（001）．

② 傅小平．中国文学“走出去”：亟需跨越认识误区［N］．文学报，2012-12-20（003）．

③ 王萍．中国当代文学对外传播中的中国形象建构［J］．郑州大学学报（哲学社会科学版），2013（7）：103．

④ 曹文刚．论中国现当代文学的对外译介与传播［J］．湖北第二师范学院学报，2015（3）：119．

差。我国作家麦家曾转引英国著名版权代理商托笔·伊迪的话，从 1979 年到 2012 年，英语文学被翻译的次数达到 126 万次，被翻译成各种语言，而中国文学被翻译的是 1.4 万次。[①] 这意味着中国文学与国际交接的次数，不到英语文学的百分之一，真正获得成功的就会更少。另据国家版权局的统计数据，“2005 年，中国图书输出版权总计 1,434 种，其中，文学图书的版权只有 162 种，约为总量的 11%。2006 年的法兰克福国际书展和北京国际图书博览会上，中国出版代表团分别取得版权输出合同 820 项和 1,096 项的历史超高成绩，但输出类型以传统文化读本和汉语工具书为主，文学图书特别是当代文学作品的比重依然微弱”[②]。

2012 年，我国作家莫言获得了诺贝尔文学奖，不仅使其作品获得了世界认可，而且引起了全世界对中国文学的关注，让全世界更多读者认识了中国作家和作品。中国文学对外译介一时成为一个世界性的热门话题，不但使一些国内流传许久的经典作品获得了在国外翻译出版的机会，而且也让一些年轻作家的作品引起了国外文学译介工作者的注意。毕竟，中国文学对外译介数量不多的原因并不是作品的质量而是翻译和其他环节问题，正如诺贝尔文学奖评委马悦然所认为的：“中国文学的发展与成熟要早于西方国家，其精彩纷呈如同璀璨星河，但在世界文学界的认知度较低，主要原因是翻译工作的滞后，以及西方出版商对中国文学著作的不重视。这同时阻碍了中国文化在全球的传播。”[③] 我国作家刘震云也说：“莫言能获奖，表明中国至少有 10 个人也可以获奖。莫言获奖，很正常，如果是阎连科获奖，也很正常。”[④] 这说明中国像莫言这样优秀的作家还有很多，相当水平的作品更是数不胜数，莫言幸运获奖，除了可靠的作品质量外，国内外专业翻译人员及相关组织机构的组织、联络、协商、甄定等，无疑也是极其重要的，甚至是关键的因素。莫言自己也说过：“我之所以能够获得诺贝尔文学奖，是跟各个国家的各种语言翻译的创造性工作分不开的。我觉得有时候翻译比原创还要艰苦。我写《生死疲劳》这本书的初稿，只用了 43 天，但是瑞典女汉学家陈安娜翻译《生死疲劳》这本书，用了整整 6 年……也是通过翻译，我们的文学才能够走向其他国家。”[⑤]

文学翻译是将一种语言的作品转换成另一种语言的行为，它是对外传播活动的实质性开始，但是从中国文学对外传播的实际情况看，似乎也不仅仅是翻译的问题，莫言自

---

① 麦家 . 莫言获诺奖带动我走红海外［N］. 南方日报，2014-08-21（004）.
② 常聪 . 中国文学图书版权输出的文化视野［J］. 编辑之友，2007（6）：15.
③ 资料来源：http://news.xinhuanet.com/world/2015-02/09/c_1114311236.htm。
④ 资料来源：http://www.chinawriter.com.cn/news/2012/2012-11-05/145743.html。
⑤ 莫言 . 在中国驻瑞典大使馆的讲话［M］// 莫言 . 盛典：诺奖之行 . 武汉：长江文艺出版社，2013：58.

己也说过："文学作品被翻译成外文，在海外出版，实际上才是传播的真正开始。"① 也就是说，翻译的成功，并不一定就是传播的成功，因为有些在国内具有广泛影响和重要地位的作品，被译介到国外后，并没有传播开来。何况就对外翻译来说，选择哪一件作品作为翻译对象，由谁来选定作品和译者，在哪里编辑出版，以什么样的形式出版发行，等等，都是涉及传播的基本问题，都会影响传播的具体效果。

二、中国文学对外传播的制约因素

从中国文学对外传播的历史发展看，除古代文学以外，其与外国文学的交流传播呈现一种不太对等的状态，中国文学之所以难以走出国门、走向世界，制约的因素很多，兹撮要论述。

（一）传播途径因素

我国文学对外传播的途径和方式一般是由国内的翻译工作者和出版机构编辑翻译作品，出版后向国外发行，或是由海外译者和出版机构自主选择中国作品在国外出版、发行；还有的是国内外文化或出版机构合作编辑翻译，由国外出版机构出版、发行、营销。基本上还是以文字翻译和出版印刷这种传播形式为主，还是传统的"语言转换""横向移植""翻译主导"的思维模式。

作品的翻译无疑是十分重要的，这是一个核心和关键的要素，从传播学原理看，它决定着一次传播活动能否发起、是否达成、能不能实现预期效果等。然而，从现实的情况看，作品翻译在整个文学传播活动中，并不是唯一决定性的因素。也就是说，中国文学对外传播不仅是翻译本身的问题，甚至不仅是翻译的质量问题，而是与翻译有关的一系列问题。正如莫言所说："文学作品被翻译成外文，在海外出版，实际上才是传播的真正开始。"② 莫言作品很多语种的翻译者都是该国汉学界或学术界造诣高深、有一定影响力的学者。其作品英语的主要译者是印第安纳大学中国文学博士、美国科罗拉多州大学教授、中国当代文学首席翻译家、长期从事中国文学研究与翻译的葛浩文，至今他已翻译了 50 余部中文小说；法语译者主要是法国著名汉学家、翻译家、法国普罗旺斯大学亚洲研究系中国语言文学教授诺埃尔·杜特莱；瑞典语译者是资深的汉学家和翻译家，师从著名汉学家、诺贝尔文学奖评委马悦然，从事中文作品翻译 20 多年的陈安

① 莫言 . 当众人都哭时，应该允许有的人不哭［M］// 莫言 . 用耳朵阅读 . 北京：作家出版社，2012：357.
② 莫言 . 当众人都哭时，应该允许有的人不哭［M］// 莫言 . 用耳朵阅读 . 北京：作家出版社，2012：357.

娜，她已翻译了 20 部中文小说；日语翻译则是日本佛教大学文学部教授吉田富夫、东京大学文学部教授藤井省三等。他们都是公认的中国现当代文学领域的专家学者。余华作品的译介情况也基本如此。余华的作品已经被翻译成 20 多种文字。他曾经说：“优秀的译者是可遇不可求的，我幸运地遇上了很多好译者。”[①] 他作品的译者大多也是国外高校的知名专家与教授，“譬如英译本《活着》的译者就是加州大学圣巴巴拉分校东亚系教授白睿文，英译本《兄弟》的译者是哈佛大学副教授周成荫与杜克大学助理教授卡洛斯·罗杰斯。法文译本《兄弟》的译者何碧玉，是法国国立东方语言文化学院中文系教授，而她的合作者也是她的丈夫——安必诺同样是一位汉学家”[②]。如此等等，说明除翻译者和翻译水平的重要性之外，还有如下重要信息：第一，翻译者不仅要有熟练的业务能力，而且要有相当高的眼光，有发现、选择优秀作品的能力，这与他的专业水平有关，也与他相当的社会交往、学术地位、人脉资源、活动能力有关；第二，一定的身份地位是一定的话语权的保证，由这些权威的、成就卓著的学者教授或资深的出版代理人翻译出版中国文学作品，可以相对容易地架起原作者、译者与出版商之间的桥梁，最大限度地增加出版发行的机会和选择最好的出版机构的可能；第三，有成就的或资深的翻译家还是市场的重要保证，他们对于出版机构、读者以及市场有相当的号召力，有利于对作品进行包装和营销。

由翻译这种传播途径因素，可以推演到作家的跨界或跨国活动，这也是扩大作品影响、引起业界注意、增加作品译介机会的一个重要因素。事实上，文学作品对外翻译成就较高的作家，无不是成功的社会活动家，当然，也是成功的文学活动家。有研究者指出，王蒙在老一辈作家中作品翻译量居于较高地位，“主要与他大量参加国际文化与文学交流活动有关”，“他的行踪遍及欧、亚、非、北美及大洋洲等 60 多个国家和地区，每到一处，他都积极参与当地的文化交流，在一定程度上提升了中国文学的影响力”[③]。莫言与国外文化交流活动也很频繁，他经常签名售书、演讲、与读者交流、参加书展与访谈等，营造了市场氛围，促进了作品对外传播。余华也是这样，他经常游走海外，与同行交流创作心得、切磋创作技艺，在作品被译出之后，他亲自进行海外宣传，与读者面对面交流，为作品的传播奠定了基础，也提高了自己的知名度。

---

① 高方，余华．“尊重原著应该是翻译的底线”——作家余华访谈录［J］. 中国翻译，2014（3）：59-60.

② 方爱武. 跨文化视域下当代“中国形象”的建构——以王蒙、莫言、余华为例［D］. 杭州：浙江大学，2016：158.

③ 方爱武. 跨文化视域下当代“中国形象”的建构——以王蒙、莫言、余华为例［D］. 杭州：浙江大学，2016：90.

（二）创作本身的因素

20世纪80年代中期，我国著名文学理论家黄子平、陈平原、钱理群等提出了一个论断："20世纪中国文学"，一个由古代中国文学向现代中国文学转变、过渡并最终完成的过程，一个中国文学走向并汇入"世界文学"总体格局的进程。[①] 这让年轻一代中国作家的创作具有了"世界意识"，开始用现代化的眼光看待世界文化格局中的中国文学。他们的创作表现出前所未有的开阔胸襟和时尚主题，与世界尤其是西方文化思潮密切相关的所谓苦难、孤独、异化、荒诞的主题开始进入他们的视野和作品当中。但是，由于这些作家的急功近利，在追求世界性的同时，也失去了自我，有些创作的成果非但没有走向世界，反而失去了中国的读者和市场，落入一种十分尴尬的境地。

也正是在这种情况下，文学理论家和作家又重新拾起鲁迅当年所说的有关文学民族性与世界性的话题。"现在的文学也一样，有地方色彩的，倒容易成为世界的，即为别国所注意。"[②] 对于"地方色彩"与"民族性"的问题，历来有不同的见解甚至是争论，但是，如果我们把鲁迅所说的"地方色彩"扩大为一个国家或民族在文学艺术方面体现出来的精神文化特性，从而引起别的国家和民族的注意与认可，能够在世界文学和文化的格局中占有一席之地，应该是大致不差的。鲁迅是具有世界影响的作家，他对于深厚的中国传统文化的凝聚与展示，对于富有中国特色的人事物相的塑造，一句话，他的所谓"地方色彩"，无疑是最为重要的因素。

莫言等作家的成功——如果说作品被较多翻译到国外、受到外国读者的欢迎并获奖也算是一种成功的话——也基本上是这样一种路径，体现了这样的特征。众所周知，莫言是以他的故乡——山东高密东北乡作为创作的核心"基地"，莫言的创作集中而又深刻地描写了故乡高密东北乡人情物事的状貌和精神文化特征，他说："每个人都有自己的故乡，因此每个人也都有自己的民间。我写高密东北乡，那是属于我的民间。"[③] 是的，每个人都有自己的民间，每个作家都有自己长期的情感凝结的地方和精神的栖居地，他们生于斯长于斯，用笔更是用心将它们描写出来，就会形成属于自己的独特风貌，并因为心灵情感的相通而引起不同地域、不同国家、不同民族的共鸣。这种既有自己的民族特色而又具备人类共同情感特征的创作，在文学史上屡见不鲜，也正因此而

---

① 陈平原. 小书背后的大时代——从《二十世纪中国文学三人谈·漫说文化》说起［J］. 读书，2016（9）：97-99.

② 鲁迅 . 致陈烟桥［M］// 鲁迅 . 鲁迅全集：第 12 卷 . 北京：人民文学出版社，1981：391.

③ 莫言 . 上海大学演讲［M］// 莫言 . 用耳朵阅读 . 北京：作家出版社，2012：188.

使它们具有了世界性的影响。莫言说："一个国家的文学想要取得在世界文学中的地位，那就要具备自己的鲜明风格，即便跟别的文学在基本点上有共通的地方，但某些特性也要十分鲜明。所以我想，中国文学既是世界文学一个构成部分，也是属于中国自己的，这才是对的。"① 毕竟"高密东北乡"不是一个封闭的概念而是一个开放的概念。其实，许多外国文学作品传入中国，受到我们中国读者的喜欢，被给予很高的地位和评价，也无非是因为它们既表现了与我们中国读者相通相近的思想情感，同时也表现了其本国民族的风格特征，包括精神文化特征和艺术特征等。

实事求是地说，我国有些作家的创作水平还不够高，质量还不够稳定，尤其是在表现本民族或本地域生活情感方面，还没有形成自己鲜明独特的风格特征。一些年轻的作家对于中国的传统文化缺乏足够的兴趣，尤其是对于本民族本质性的精神特征还未能深入地思考和表现，在艺术上更缺乏传统的、稳定的、属于民族性标志的特征。当然，中国的文学创作并不是专门写给外国人看的，更不能以外国读者的好恶作为标准，问题是这些作品即使在国内也还没有完全得到读者的认可，离所谓"经典"更有相当的距离。我们知道，并不是在国内叫好的作品都可以成功地传播到国外，但凡是成功传播到国外的作品，一定是在国内反映良好、质量可靠、经得起考验的作品。

三、中国文学对外传播的路径选择

中国文学对外传播所采取的方式方法、所遵循的基本路径及所选择的基本策略，应该是一个比较敏感而又复杂的话题，既是一个理论问题，更是一个实践问题。兹根据专家学者的研究，略提出以下意见。

（一）在提高翻译水平上下功夫

在中国文学对外传播的过程中，译者通常担任"把关人"的角色。他们对翻译对象即文学作品的甄选、翻译的水平质量直接关系到读者对作品是否认可和欢迎。可以这样说，高质量的翻译是中国文学走出国门、走向世界的基本前提，中国文学在海外能够走多远，在很大程度上取决于翻译水平有多高。

"目前中国当代文学的海外传播遭遇到的最大问题是译本的缺乏"②，而数量不多的

① 莫言．在法兰克福"感知中国"论坛上的演讲［M］// 莫言．用耳朵阅读．北京：作家出版社，2012：362.

② 方爱武．跨文化视域下当代"中国形象"的建构——以王蒙、莫言、余华为例［D］．杭州：浙江大学，2016：46.

译本在质量上又不是很高，引不起读者的注意。德国汉学家顾彬认为，在中国有不少好作家，但他们的知名度不高，就是因为他们的作品多在国内发行，没有被优秀的译者翻译成英文。[①]至于具体翻译工作的方法技巧，有专业工作者提出了满足受众国文化需求、适度文化改写等策略，即充分考虑受众国家的社会制度、历史文化、风俗人情、阅读心理以及文学出版发行的机制特点等，在此基础上对作品做适度改写或再创造。翻译本来就是译者的“二度创作”，适度加上自己的主观意识乃至采用“归化”等原则，都是通例。早年中国故事“赵氏孤儿”在法国传播并被多次改编、再造、上演，其实就是出于该国读者的接受心理及文化需求。我国清末民初林纾翻译的西方文学作品和文化著作，也大多采用“归化”的方法，不仅改造原作的思想为我所用，而且以完全中国话本小说的语气出之，也是为了适应中国读者的思想和审美需要。这些也许算不上最高质量的翻译，但可以说是比较成功的翻译。

莫言、余华、残雪以及《狼图腾》等一批作家、作品成功登陆欧洲文坛，也可以说是中外作家、翻译家及相关文学工作者在提升和保证翻译质量、扩大发行和传播方面的成功案例。据研究，葛浩文对姜戎长篇小说《狼图腾》的翻译，就作了较大的甚至是一些具体内容上的改写。他对莫言、贾平凹、苏童、张洁、冯骥才、阿来等 20 多位中国作家的 40 余部小说的翻译也是这样，根据本国的需要而进行取舍成为他翻译的重要原则甚至是成功的法宝。但是，在一些关键的地方，即译者认为属于“世界主题”的地方，例如“关于人与人、人与自然、文化差异的这些主题是全人类所共有的”（《狼图腾》），他却不会轻易做出改变，因为他知道这是最容易引起不同读者共鸣的地方。此外，“他的译文流畅、自然，对原文有较多改写，很像是创作，同时符合英语读者的阅读习惯，可读性较强”[②]。

（二）运用多种媒介资源和形式

中国文学对外传播学者和业者要打破传统编辑出版“纸面文学”的思维方式，充分利用影视、网络、电子书刊等新的媒介形式，开拓更多的传播途径和传播渠道，采取多种形式进行传播。事实上，莫言为西方文艺界所知悉，正是源于由他的小说改编的同名电影《红高粱》。而用电影的“视听语言”这种世界通用的形式宣传推广中国文学，也曾经取得过显著的成绩，特别是中国古代一些经典的文学作品，正是通过电影、戏剧等

---

① 资料来源：王丹阳《作家和翻译谁成就谁？葛浩文译本被赞胜原著》，http://www.chinawriter.com.cn/wxpl/2012/2012-11-02/145671.html。

② 曹文刚 . 从《狼图腾》版权输出看中国当代文学对外翻译传播［J］. 中国出版，2016（19）：63.

走向世界，走进外国读者 / 观众的心中。

互联网传播无疑是目前最为快捷有效的传播方式，正如网络时代的到来逐渐打破了作家与非作家、文学出版与非出版的界限一样，网络传播也会为跨文化传播的各国文学带来巨大的改变。我国网络文学对外传播虽然起步较晚，但发展却异常迅速。有意思的是，像中国古代文学对外传播首先是从东南亚国家开始一样，中国网络文学传播似乎也是从越南发起并形成声势的。据资料介绍，中国网络作品《何以笙箫默》等言情小说很受越南青年男女读者的欢迎，“据越南《青年报》报道，从 2009 年到 2013 年，越南翻译并出版了 841 种图书，其中 617 种都是翻译自中国的网络小说，几乎所有被翻译成越南语的中国网络小说都能以实体书形式出版”①，中国网络文学“在东北亚地区的受欢迎程度同样令人惊喜，《琅琊榜》《步步惊心》《鬼吹灯系列》等由网络文学 IP 衍生出的影视剧作品，在日本、韩国先后受到追捧”②。人们欣喜地看到，中国网络文学或中国文学通过网络已开始向欧美国家或英语世界译介，并且发展势头迅猛。“在北美，自发翻译和分享中国网络小说的社区和网站，有上百家之多，Wuxiaworld 是其中最大的一家。创办两年时间，Wuxiaworld 在北美 Alexa 排名前 1,500 名，总点击量超过了 5 亿次，日均访问人数稳定为 50 万以上，读者来自全球 100 多个国家和地区，北美读者约占总数的 1/3。在 Novel Updates 这个提供亚洲翻译连载指南的导航网站上，出自起点中文网的网络小说就有 150 部。”③ 应该说，这是一种非常不错的文学翻译推介途径和形式，它把文学翻译、刊发、推介与阅读、接受等变成一种民间的、普通的行为，甚至会进一步消除或淡化原创与翻译、推广与接受的边界，而使世界各国各地的创作者、翻译者与接受者在一个共同的平台上互通有无、互相借鉴。

此外，中国的作家和翻译工作者还应该更多地走出国门，与世界各国的同行交流文学信息，开展文学活动，通过开会、出访、讲学、旅游等活动宣传推广自己的创作或相关工作情况。同时还应调整思维，改变过度聚焦西方的方式，适当拓展非英语国家的传播方向和范围，“实际上，我们有些出版机构、版权代理人乃至作家，已经开始自觉地走向西班牙语世界、葡萄牙语世界、法语世界、阿拉伯语世界等更加广阔多样的地区，探索在更多语种、文化及更加多样的地区传播中国文学的新渠道、新市场。毕飞宇在法语世界所赢得的赞赏，麦家在西班牙语世界的传播所获得的肯定，就可以带给我们很多

---

① 郭悦 . 中国网络小说在越南遭遇“冰火两重天”[N]. 青年参考，2015-06-30（12）.

② 董子铭，刘肖 . 对外传播中国文化的新途径——我国网络文学海外输出现状与思考［J］. 编辑之友，2017（8）：17.

③ 资料来源：《中国的“网络文学”为何流行海外》，https://baijiahao.baidu.com/s?id=1555117137337995&wfr=spider&for=pc。

启发和借鉴”①。

（三）扩大中国在国际上的整体影响力

世界各国文学交流的历史表明，一个国家或民族对另一个国家或民族文学的传播与影响，绝不仅是文学自身的单一因素，而是多种因素综合作用的结果。当今世界，各国经济、政治、军事、文化等多种因素交错角力，文学的传播往往表现为综合国力或国家综合形象的传播。换句话说，一个国家的综合国力和综合形象，关系到文学和文化传播的广度与深度。所以，扩大并提升我国在国际上的整体影响力，是文学对外传播的必然选择。

有学者指出，扩大中国在国际上的整体影响力，应当首先从提升中国在国际制度体系中的地位、增加制度性资源储备开始。就是要在参与并适应国际组织、机制的同时，巩固和提升中国在其中的地位，增强影响力，增加中国的软实力资源。要注重发挥好在中国倡导创立的地区性国际组织、机制中的领导和协调作用，在区域性和全球性事务中拥有更多的话语权。还要加强和提升中国的国际议程设置能力，包括发掘、设计议题的能力，引导和影响国际舆论议程、公众议程的能力，进行利益动员和影响议题认同的能力，等等。可以充分利用“一带一路”建设发展，深化沿线各国之间的经济、贸易和投资合作，促进相互之间的政治交往和文化交流，扩大中国的国际影响力。②所有这些，都是提升中国软实力、促进中国文学对外传播的重要基础和环境氛围。

中国文学对外传播学者和业者要在牢牢坚持新时代中国特色社会主义这个核心的基础上，大力创作生产具有中国特色的优秀精神文化产品，讲好中国故事，传播好中国声音，塑造好中国形象。传播的实践证明，无论是对外还是对内，传播或吸引的首要因素就是“特征”，只有那些具有自己特点的内容和形式才能打动人心，达到预期的传播效果。对于国外来说，中国特色社会主义就是最大的特点，也是最大的魅力。问题的关键在于，中国文学对外传播者能否准确而深刻地理解、把握并恰当地表现具有中国特色的社会主义，创作出真正能够代表中国特色、中国气派，既具有鲜明的民族性，又有现代气息的文学艺术作品。在文学艺术创作上，必须立足自我，坚守自己的生活和内心，同时又要放眼世界，放眼未来，即所谓“中国故事，国际表达”。人们欣喜地看到，我国近年来已经开始实施“中国当代文学百部精品对外译介工程”“中国文学海外传播工程”“经典中国国际出版工程”“中国图书对外推广计划”“中外图书互译计划”等项

① 姚建彬．中国当代文学海外传播的策略转换［N］．中国社会科学报，2017-10-23（4）．
② 吕松涛．中国软实力国际影响力提升研究［D］．济南：山东大学，2018：158-159．

目[①]，这是中国文学“走出去”的重要举措，也是中国文学对外传播有效的路径选择。

当下有两点最为紧要。一是队伍建设。培养一支高水平的、以翻译人才为主干的对外文学传播工作队伍是当务之急。在提高本土翻译人才水平之外，还要充分利用海外留学生、海外华人以及国外汉学家等资源。翻译人才之外，还应培养选拔文学或文化经纪人一类的人才，充实文学对外传播的队伍，壮大传播工作的力量。二是平台建设。要拓宽文学和文化产品走向世界的平台，增加对外传播的渠道。目前，我国在图书、电影、电视、动漫等领域已经形成了一些全球影响较大、具有相当规模的博览会和外国发行公司代理，除此之外，还要积极开拓中国文学文化产品海外独立发行渠道，占领更多的市场。

作者简介：

张玉田，河北传媒学院党委宣传部部长，教授，硕士研究生导师。主要研究方向为：文艺评论、传播学、舆情管理。

① 姚建彬．中国当代文学海外传播的策略转换［N］．中国社会科学报，2017-10-23（4）．

艺术何以流行

——B 站网络影像传播效果研究

齐添资　于润生

摘　要：数码技术为大众创作影像艺术提供工具，网络影像成为艺术传播的流行形式。哔哩哔哩视频弹幕网站（以下简称“B 站”）集中体现了网络影像传播现状，关于 B 站网络影像的研究还未有从接受者角度进行探讨的。本文建立新媒体传播的效果模型，即审美效果层面、认知效果层面和情感效果层面，并以感观度、知晓度和理解度作为三个层面的指标。通过分析 B 站中 3 个视频的评论区文本，得出网络影像具有功能偏向的结论，无论对于何种功能的网络影像，观众整体注意力都集中在创作者已经给出的词汇和相关技术与环境媒介之上。文化传播已经形成了一套心理符号、文字符号和图像符号，人与人借助符号互动产生交流。艺术旧有的本质特点在互联网传播的过程中不断消解，因为审美愉悦和情感认同消费而流行。

关键词：哔哩哔哩视频弹幕网（B 站）；符号互动；情感认同消费；艺术传播

一、传播效果分析模型建立

艺术大众化是个热门话题，随着新媒介的普及，艺术作为视觉表征在网络之中流通，大众接触艺术的渠道变得更加便利。与此同时，艺术对原创性的追求与大众传播模仿样式的矛盾凸显，打破了艺术原有的界限。视频拍摄与剪辑技术创作门槛降低，视频成为当今社会主要的文化传播形式之一，B 站是国内最大的青年文化社区和视频分享网站，分析 B 站视频是我们研究当下新媒介时代艺术的方式之一，探索艺术变化规律能够了解融媒体传播平台的审美理念与传播规律。本文计划选取 B 站 2021 年 2 月热榜中的 3 个视频：“【Minecraft】清明上河图［灯火阑珊处人在画中游］【国家建筑师】［北宋翰林张择端原本］”“丢人！百万 UP 主应聘 BBC 记者”“儿子，你赢了吗？”，分析它

们三种不同的社会功能所对应的三层传播效果，考察艺术与流行之间的关系，探讨艺术接受的新特点。（如表 1）

表 1 选取视频单帧截图、标题与 2021 年 4 月 3 日点击量

<table>
<tr><th>视频 A</th><th>视频 B</th><th>视频 C</th></tr>
<tr><td></td><td>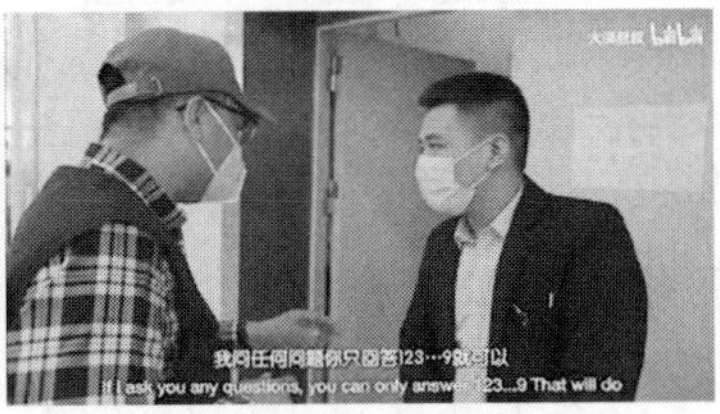</td><td>
</td></tr>
<tr><td>【Minecraft】清明上河图［灯火阑珊处人在画中游］【国家建筑师】［北宋翰林张择端原本］
661.2 万</td><td>丢人！百万 UP 主应聘 BBC 记者
953.9 万</td><td>儿子，你赢了吗？
666.5 万</td></tr>
</table>

随着无线通信技术的进步，视觉化信息表达开始具有便捷性与准确性的特点，传播活动从利用静态图像到借助动态影像传播信息，在网络消费社会之中表现为视觉化现象，数字时代的艺术传播主要表现为图像传播。在这样的媒介环境之中，影像艺术凭借其媒介优势成为最为大众化的艺术形式，同时网络视频借助艺术形式跻身艺术圈，产生了新的特点。

传统的传播效果层面模型仅分为认知、情感与行动，未涉及审美层面，然而审美是艺术的本质，调查影像艺术传播不能缺少对审美效果的分析。另外，问卷调查、文本分析等互联网受众研究方法无法知晓研究对象是否有所行动，不能得到行动层面的确切指标，因此研究本案例需要建立新模型来衡量动态技术媒介、网络环境媒介和审美效果对传播的影响。

（一）动态技术媒介

动态影像的媒介特点不同于传统媒介，认识新媒介特点成为理解这门艺术的前提。媒介的传统意义主要有三种观点："中介说""媒体说"和"关系说"[①]。其中"中介说"和"媒体说"最早被接受，"中介说"即将媒介看作连接传播主体与客体的中间物，倾向于自然化的概念，媒介是传播的工具；"媒体说"即延伸了中间物的社会化概念，将媒介当作协调社会的手段。早期的录像艺术致力于意识表达，拍摄日常画面，制作真正

① 李坤．媒介环境学派艺术传播思想研究［D］．南京：东南大学，2018.

的新闻用于政治宣传，这些影像传播的媒介有 SONY Portapad 摄像机、放映工具、印刷工具，对媒介物质层面的理解在影像艺术出场之时适用。而科技与摄影技术的发展使影像作为艺术表达成为可能，影像艺术出现后不久有了四种表现形式：营造主题空间的录像装置、具有现场感的游记录像、行为与表演的实验短片、形式与技术结合的录像短片，摄影机不再只是记录的工具，它进入艺术作品之中，成了作为内容的媒介。从媒介的演变考察艺术发展史，无论是“中介”还是“媒体”都专注于物质层面，就艺术实践来看，媒介与内容和形式都相关。“关系说”之中的“叠加关系说”更是适用于网络影像媒介讨论，“叠加关系说”将所有与传播有关的部分都纳入进来，正如陈鸣将艺术的媒介分为文本媒介与传播媒介：文本媒介包括形式介质、质料介质和工具介质；传播媒介分为传播机构和传媒介质。[①] 这几乎包含了艺术活动之中的所有部分，媒介的内涵扩大。以此分类，网络影像的形式介质就包括表意与传意的声音、图像等，质料介质为画面中一切有阐释功能的事物，工具介质包括拍摄机器、后期工具等；传播机构包括影视公司、电视台、电影院等，传媒介质包括放映机、幕布、电视、电脑、手机等。

动态影像艺术流行化得以实现有赖于传播媒介条件的改变，当下的新媒体相对于传统媒体而言就是利用数字技术、网络技术、移动技术，通过互联网、无线通信网、卫星等渠道以及电脑、手机、数字电视机等终端，向用户提供信息和娱乐服务的传播形态和媒体形态。[②] 案例视频 A 运用沙盒游戏 Minecraft（以下简称“MC”）将卷轴画《清明上河图》还原为有生命活力的动态大都市，视频 B 将录制素材经过排列设计更有力地表达了自己对 BBC 事件的态度，视频 C 由多幅静态动漫配以咏唱诗歌成为动态影像。动态影像相较于静态图像和文字有更为直观的表达效果，因此在动态媒介创作普遍化、互联网编程技术和通信速度提升的大环境之中，许多视频分享网站与软件流行起来，动态影像从图像之中分离出来成了具有独立性的信息传播形式，构成了新的网络媒介环境。

（二）网络环境媒介

网络影像有两重媒介的关系，第一层为动态影像技术媒介，第二层为网络环境媒介。从印刷复制时代到数字复制时代，技术媒介有了冷热之间的变化。在网络环境之中，创作者与观众的关系发生了变化，所有人的身份都模糊了，网络提供了评论、点赞的新环境，观众的参与度提高。

如今，大众不仅能够进行影像创作，并且“4G”高纤网速使一键发布原创视频成

---

① 陈鸣．艺术传播教程［M］．上海：上海大学出版社，2010：24-27.

② 叶锦波．新媒体时代影像艺术传播的特征研究［D］．武汉：武汉纺织大学，2011.

为可能，类似B站的视频分享平台消亡了艺术的专门性，影像走向通俗化，打破了传统广播电视媒体的垄断，传播信息的平台不再需要官方渠道，用户只需要注册成为UP主便可以发布自己摄影制作的视频，用户既是信息的接收者又是传播者。

“数字艺术”“电子艺术”“互动艺术”“网络艺术”等艺术文本媒介技术含量高，专家与大众有明显边界，艺术家与工匠得以区分。而影像艺术，由于电子技术的支持，大众可以记录自己视角下的事物，用最简易的剪辑就能形成一段视频。媒介环境学派是传播学三大学派中与艺术关系最大的学派[①]，媒介环境学者对“媒介”进行阐释时，技术与艺术仍有许多重叠之处，波兹曼将“技术”与“媒介”做了层次上的区分，媒介的物质层面是技术，而更为上层的是环境。[②]网络影像便是经简单易操作的技术生产后在数字复制时代的媒介环境下传播与再生产的商品，成为当下最流行的传播形式。

传播平台主要是网络媒体，这种媒体的最大优势就是覆盖率和影响力，传播特点一是分众化传播，目前新影像电影的受众主要定位于经济基础较好、知识背景较高、乐于接受新事物且经常使用网络的时尚青年和商务人士；二是高度互动的传播，现代的信息传播不是单向的，而是双向传递抑或是多向传递，具有高度的互动性。[③]网络影像关注艺术审美的互动性思考，把这种现实中的互动运用到数字影像交易中的互动和观众与作品的互动中。网络影像是电子媒介环境中信息的艺术性表达，观众通过弹幕与评论进行互动，作品的意义在新媒介环境中被重新建构，艺术不再是形式审美的客体，而是与大众媒介结合的新产物——交流美学。交流美学具有将在环境和世界的进化中感知的原理变换为艺术本身的功能，这种功能展现事物之间的相互关系，“艺术”被知觉为一个综合性的整体，具有信息传送的功能。交流艺术家将作品放于大众媒介之中传播，输入他们自己的符号，这种符号与社会性的符号并置，并通过同一渠道传播。[④]艺术传播指涉艺术，影像艺术既能够传播内容，其自身又是传播的形式。[⑤]在数字复制时代，艺术不只是呈现，还是记录、转载、传播，“艺术”与“媒介”难以区分。艺术成了社会性的活动，传播力强的作品在全球沟通和舆论引导上有极强的影响力。如视频A的创作媒介是游戏，评论区成了游戏MC话题论坛，此款游戏发布安卓版以来热度保持增长，成就了创作者和作品，同时传播力强的作品吸引新旧用户参与到游戏之中。视频B利用

---

① 李坤．媒介环境学派艺术传播思想研究［D］．南京：东南大学，2018.

② 波兹曼．娱乐至死：童年的消逝［M］．章艳，译．桂林：广西师范大学出版社，2009：74.

③ 牟凯伦．互联网上的新影像与新观众研究［D］．重庆：西南大学，2013.

④ 第亚尼．非物质社会：后工业世界的设计、文化与艺术［M］．滕守尧，译．成都：四川人民出版社，1998：149-152.

⑤ 于润生，赖雅芊．艺术是传播：从艺术史到艺术传播学［J］．艺术学研究，2020，1：21-30.

戏谑的叙述方式表达了对 BBC 抹黑现实、污蔑中国的不满，发布于 B 站有近千万次的点击量，视频被转载到 YouTube 平台上却被限流，以此体现了双方的态度，网友对此产生激烈讨论。视频 C 的观众则对少年沉迷于游戏的网络虚拟与现实生活之间产生了情感互动。媒介环境与传播发生时间和地点的文化、社会、历史、心理状况有着必然联系，网络构建了一个虚拟空间，人们在其中交流，这些互动反映了更加真实的现实。

（三）审美效果

艺术依赖动态技术与网络环境得以广泛传播，以动态影像为形式的艺术进入网络传播之中，不断掀起互联网平台的跨时空狂欢。艺术传播现状要求我们建立新的传播效果模型来应对文化变迁。

传播效果直接影响信息发挥效用，旧有概念下的传播效果是指媒体的传播行为所产生的有效结果，是指观众接受了传播者的意图或目的，在知识、情感和态度、行为等方面发生的变化。根据学者们大体一致的看法，传播效果依其发生的逻辑顺序或表现阶段可以分为三个层面，即认知层面上的效果、情感层面上的效果、行动层面上的效果。[①]对网络用户的研究无论使用问卷调查法还是文本分析法，通过文字都无法断定是否采取了行动，因此在本研究中将情感与行动的效果合并为（包含行动意愿的）情感层面效果。面对艺术传播新模式，研究网络影像传播效果不可忽略艺术的功能与效果之间的关系。艺术有审美、认知与教育三种社会功能，审美功能体现艺术的本质属性，人们通过欣赏艺术作品满足无功利的精神需求，指向审美层面效果；认知功能主要是指人们通过艺术鉴赏活动认识古往今来、远近中外的事与物，增长知识，指向认知层面效果；教育功能指人们受到善的熏陶和感染，唤起思想、情感、理想的变化，树立起正确的价值观、人生观和世界观，主要体现在情绪感染和行动激发上，指向（包含行动意愿的）情感层面效果。

衡量认知、情感和审美层面的效果需要设定三种指标对其进行测算。一般来说，知晓度可以反映和评价观众接收信息的程度，衡量认知层面效果；理解度能够反映观众在获取信息后，通过自身对信息的理解与吸收程度，衡量情感层面效果。[②]但是，审美层面效果的指标最为复杂，不能单以网络影像的形式美来判断。20 世纪以来，人们被无所不在的看与被看包围，人们成为视觉傀儡，为摆脱这样的状态，感官等级制所确立的视觉中心地位遭到质疑。西方现代艺术反审美、极端形式化以及后现代艺术“去

① 刘汉宏．媒体提高传播效果的途径初探［J］．新闻世界，2011，8：32-33．
② 罗莹，刘冰．网络信息传播效果研究［J］．情报科学，2009，27（10）：1487-1491．

中心”“离散性”“含混性”“随意性”，挑战了传统的艺术本质论。出现这种情况的最直接原因是机械复制时代的到来，艺术进入流通市场，艺术观看不再是“凝视”，失去其“灵晕”。米克·巴尔在《视觉本质主义与视觉文化的对象》之中批判视觉本质主义，他认为看的行为是不“纯粹的”，而是建构性和阐释性的，不能将文学、声音和音乐排除在视觉文化的对象之外，他指出电影和电视作为视觉文化的对象要比绘画更具有代表性。[①]本文研究对象网络影像是数字复制时代视听结合的传播，具有“不纯粹”的视觉性。视觉是联觉的感官，还增加了其作为技术媒介和环境媒介的性质，包括作为内容的视听元素制作和组合内容的工具与手段、互联网传播平台等。另外，视觉图像是现实的反映与情感的再现。因此审美层面不只是对艺术作品本身的欣赏，还应包含对媒介的感受和观看体验，我们将这一指标命名为感观度。

从观众对网络影像进行感官活动的顺序可以进一步明确传播效果三层面的逻辑顺序。传统艺术受众面对艺术作品时能看到形象信息，“悟”到媒介信息，接受作者表达的现实事物，从作品联想到自身而唤起的心理情感变化，进而指导行动。又由于媒介是客观现实再现与情感反映的中介，接触媒介是欣赏网络影像的第一环，观众对媒介的感观常常伴随着对信息的知晓与情感的理解。因此，三层面的逻辑顺序为审美层面、认知层面和情感层面，分别表现为感观度、知晓度、理解度三个指标。

本章首先说明了动态媒介技术大众化和便捷化使影像成为主要的信息传播形式。自由开放的网络环境之中，创作者与接受者形成了巨大的交互网络，新的技术媒介和环境媒介促成了交流美学，艺术的本质、艺术活动的主客体和传播机制都发生了深刻的变化，面对传播媒介大众化、内容去中心化、交互性等传播问题建立了适用于新媒体传播的效果模型，即审美效果层面、认知效果层面和情感效果层面，并以感观度、知晓度和理解度作为三个层面的指标。

在搭建了艺术传播效果的新模型之后便可以在案例研究中将此模型付诸实践，通过抽样调查的方法探究以下问题：网络视频是否有明显功能偏向？观众接受创作者用意的比率如何？随时间推移是否产生变化？为从审美接受方面探究艺术成为大众流行的原因提供实证依据。

---

① 巴尔.视觉本质主义与视觉文化的对象［G］//拉康，鲍德里亚.视觉文化的奇观：视觉文化总论.北京：中国人民大学出版社，2005：133.

二、B 站影像案例考察

了解案例视频的创作背景与创作者意图是研究的第一步，随后浏览评论区文本，在对考察对象有一定了解的基础上以探究传播效率为目标明确研究方法，运用统计学方法将所得数据可视化，使网络影像的传播规律显露出来，并发掘其中有价值的信息。

（一）对象与方法的描述

从艺术的内容与形式上看，网络影像具有大众化、技术化、交互性与游戏性等特点。下文将详细介绍所选取的 3 个网络影像。

视频 A："【Minecraft】清明上河图［灯火阑珊处人在画中游］【国家建筑师】［北宋翰林张择端原本］"，是"国家建筑师"25 人的团队耗时一年多运用沙盒游戏 MC 搭建出《清明上河图》中繁华景象的动态视频。在该网络影像中，游戏是制作美感体验物品的技术，是合目的的艺术。《清明上河图》电子地图是艺术主体，用户能够通过电子游戏进入艺术之中，创作者添加背景音乐转录成网络影像，B 站与 MC 都是该电子地图模型的传播平台。团队人员表示灵感来源于《清明上河图》像素画，该视频影像以简单的方式轻松获得上百万次的点击。团队负责人表示创作用意并非与像素画竞争，而是出自对传统文化的情感，希望与观众产生共鸣。

视频 B："丢人！百万 UP 主应聘 BBC 记者"，反映 BBC 制造假新闻的时事热点。该视频由一个叫"大漠叔叔"的 UP 主于 2021 年 2 月 1 日投稿发出，这个视频上线 48 小时就获得了超过 442 万次的播放量，将近 2 万条弹幕，一举成为全站热度第一视频。大漠叔叔还原了 BBC 抹黑中国的恶意报道的制作过程，以"摄像机用来记录世界，而有人却用它来撒谎"结束，提醒观众意识到假新闻的问题。创作者"戏仿"BBC 的阴间滤镜、镜头模组和片段截取的方法，拍摄的内容为真实记录，但组合成的视频呈现非一致的"事实"。

视频 C："儿子，你赢了吗？"，表现父爱。2014 年 3 月 21 日，休闲娱乐网站 FunnyJunk 的用户 Aejax 在一篇漫画文章中提交了基于 MS Paint 的网络漫画，标题是"This is the future you chose"。随后几年，网友对漫画进行了多次内容的改编和变种，该漫画已经形成了较大的传播力。2020 年 5 月，这个模版开始复苏，5 月 17 日，Twitter 用户 @helen 发布了一个健康版本，获得了 7,000 多次的转发和 68,000 个赞。这个版本在 2020 年 8 月 22 日被搬运到 B 站，拥有不凡的点击量。在这个版本中，一位父亲撞见他的儿子在玩虚拟现实游戏，并问："儿子，你赢了吗？"通过父子的对话重温亲情与生命的真谛。用直白的简笔画和歌词直指艺术反映与再现生活的功能。

衡量上述视频效果的主要依据是视频评论区的留言，对留言进行文本分析以取得传播效果的指标。评论区是观众观看视频后的自由发言区，是对作品整体的反馈，而弹幕的特点是即时性，编辑框就位于视频框的正下部，观众在观看过程中投放弹幕，是对作品片段的反馈，因此将评论区文本作为分析对象较为合适。从评论区的文本可以获得结构化的信息，如评论时间，而文本内容是非结构化信息，反映了观众的态度、情绪等开放性内容。

研究过程如下，确认案例网络影像后运用 Python（爬虫）软件分别采集 3 个作品的评论文本、点赞数、用户名和评论时间存储为 3 个 txt 文本文档，数据采集日期为 2021 年 3 月 30 日，共采集到评论 29,997 条。随后，利用中文分词工具 Jieba 库将评论文本进行精准模式分词，获得词频以整体把握观众观看完网络影像后主要得到的信息，了解观众的整体接受情况。大体量的文本数据中包含许多无用冗杂的信息，评论点赞数反映用户对于评论的接受或认同程度，为了控制文本内容使其具有代表性意义，抽取获得点赞数前 100 位的文本形成样本单位。按照三个层面对样本分类，并在此基础上探究审美、认知与教育三种不同功能偏向视频的传播层面效果是否一致，层面传播率和总传播率如何。最后，按文本的发布日期分类，得到每日评论数量，观察传播动势。

（二）文本数据采集与处理

处理所有评论文本的词频首先要去除频次为 1 的词，然后去除程度副词、方位词、连接词、代词、量词等没有实际含义的词，如表示柴犬表情的"doge"，表示表情包的"热词系列"，表示省略号的"etc"，"怎么""什么"等疑问词和"不是""不要"等否定词，得到前 10 位的词频表如表 2。通过该表可判断观众的总体认知情况。

表 2　评论区文本词频（单位：次）

视频 A		视频 B		视频 C	
世界	291	BBC	2,331	父亲	686
三连	252	哈哈哈	1,772	游戏	303
视频	194	视频	759	儿子	290
厉害	178	回形针	574	自己	274
call	137	知识	507	大哭	231

续表

视频 A		视频 B		视频 C	
游戏	136	增加	479	时候	201
卧槽	131	专业	417	视频	185
清明上河图	130	好家伙	413	人生	162
国建	105	滑稽	396	泪目	159
tv	104	漠叔	353	知道	116

物质层面上作为技术和信息载体的媒介是观众普遍关注之处，诸如“视频”“tv”“游戏”“世界”“专业”“好家伙”“滑稽”“三连”“厉害”“call”是对制作方技术方面的赞叹。另外，视频制作方“漠叔”与“国建”也成为高频词。

主题相关的名词居多，如“BBC”“知识”“父亲”“儿子”“人生”“清明上河图”，以及有舆论导向高频词“回形针”。“时候”作为表明时间的副词与事件相关。

具有明显情绪倾向的动词，如“哈哈哈”“大哭”“泪目”“知道”，表明该观众由视频联系自身产生了情感触动，与道德教育相关。

从表 2 可见，与感观、知晓和理解相关的词数量递减，进一步证明观众首先接受趋向于直接接触的媒介，其次是物质客观现实，最后为精神主观情感。我们将与该视频形式元素、播放平台相关的评论归入审美层面中，与制作者想要传播的现实事件相关的评论归入认知层面中，与通过该视频得到道德教育相关的评论归入情感层面中，得到图 1。

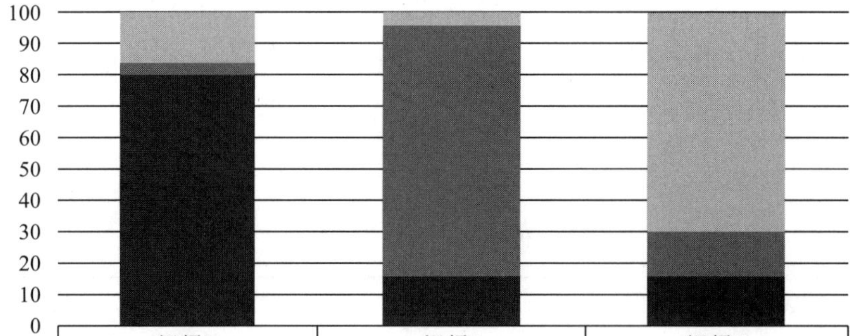

	视频A	视频B	视频C
情感	16	4	70
认知	4	80	14
审美	80	16	16

图 1　评论分类对比图（单位：%）

在对传播层面分类的基础上，以感观度、知晓度与理解度为指标分析各层面传播效果。感观度指观众对媒介的审美接受程度，知晓度指观众对制作方传达信息的正确接收程度，理解度是指观众对制作方情感态度的赞成程度。

视频 A：54 条评论表达国家建筑师精超的技艺构建出了震撼的画面效果；4 条评论与开封、《清明上河图》相关；11 条评论表示感受到了中华传统文化的力量。有效传播率为 69%。

视频 B：3 条评论表示感受到了形式方面的精髓；18 条评论讽刺挖苦 BBC 捏造假新闻抹黑中国的行径；4 条评论夸赞制作方巧妙地揭露不良行径。有效传播率为 25%。

视频 C：6 条评论表示对视频视听元素的欣赏；14 条评论表示正确接收到信息；70 条评论与观众自身经历相关，表示受到了启迪。有效传播率为 90%。

将合标准的评论数除以该类别评论数得到有效传播率，如图 2 和图 3。

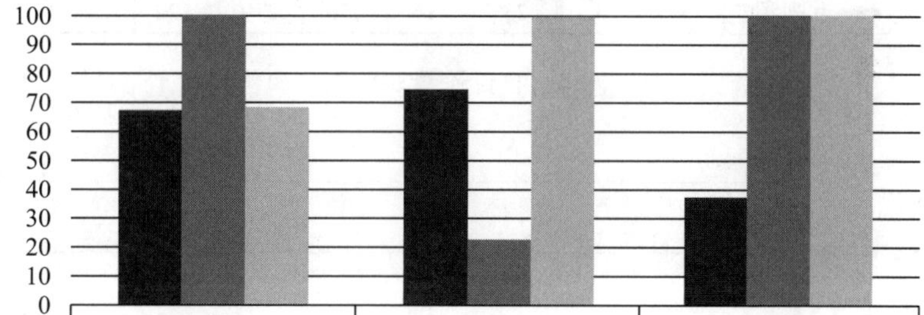

	视频A	视频B	视频C
审美（感观度）	67.5	75	37.5
认知（知晓度）	100	22.5	100
情感（理解度）	68.8	100	100

图 2 传播效果对比图（单位：%）

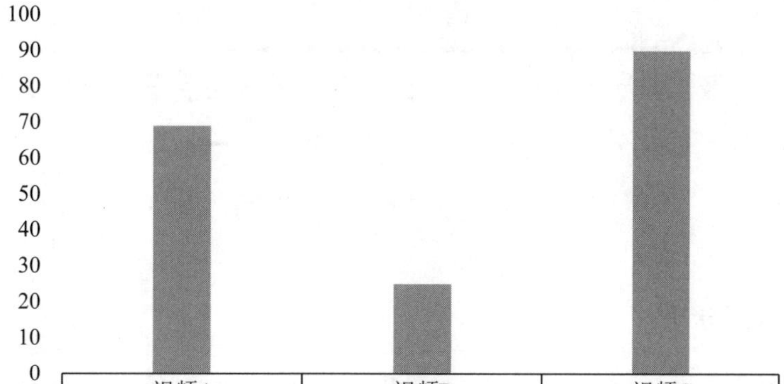

	视频A	视频B	视频C
有效传播率	69	25	90

图 3 有效传播率对比图（单位：%）

将评论文本按日期排列，获得视频发布后的日评论量，并将 10 天内的数据和总数据可视化得到图 4 与图 5，数据采集时间为 2021 年 4 月 3 日。

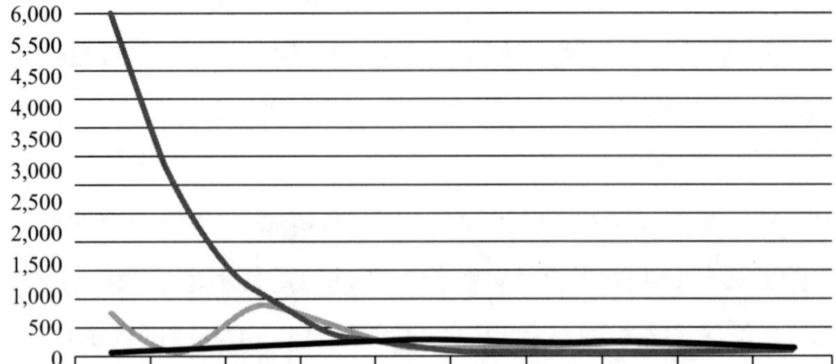

	1	2	3	4	5	6	7	8	9	10
视频A	695	105	804	506	142	98	47	43	52	28
视频B	5,966	2,492	1,057	445	217	159	106	106	72	57
视频C	3	3	23	116	250	219	220	224	111	74

图 4　日评论量对比图（单位：条）

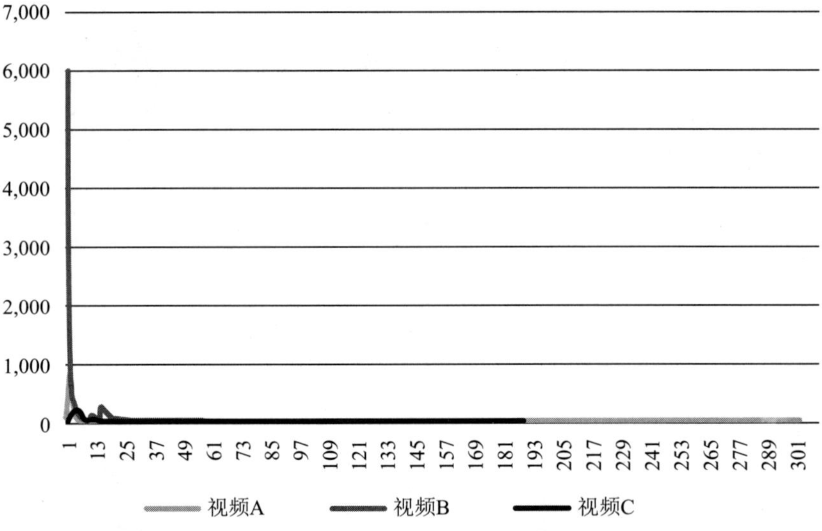

图 5　日评论量对比图（单位：条）

（三）数据分析

从数据分析可知网络影像具有功能偏向，无论对于何种功能的网络影像，观众整体注意力都集中在创作者已经给出的词和相关技术媒介上。观众在观看技术含量高、表达内容形而上的网络影像时，需要动用更深层的思维，因此受个人经历和知识水平的影响很大。随着发布时间的推移，大众观点趋于一致。

从图 1 评论分类对比图可见，视频 A 的审美层面评论占比为 80%，视频 B 的认知层面占比为 80%，视频 C 的情感层面占比为 70%。可见不同的网络影像具有不同的功能偏向，本案例中的表现为：视频 A 偏向审美功能，视频 B 偏向认知功能，视频 C 偏向情感功能，并且其偏向功能的相应层面评论数占总评论数的 70%~80%，其他两个层面评论数共占总评论数的 20%~30%。

感知度、知晓度和理解度都会受媒介因素影响，并且与影响程度、观众意识、社会舆情相关，是制作者不可控的因素。视频 A 偏重审美层面，由于存在许多纠正弹幕与评论中成语使用错误的评论，感知度仅为 68.4%。理解度未能如其他两个视频一样达到 100%，原因在于制作团队使用的工具介质许多观众都有所接触，理解获得影像之中的画面效果需要付出时间与精力。除关于其他评论内容的评论影响了审美层面的传播效果外，还由于网络影像能够转载，常常存在涉及其他视频网站的评论，这类评论也降低了感观度，如提到将视频 B 上传到了 YouTube、视频 C 转自 YouTube。视频 B 的传播率不如预期，观察文本可见视频 B 的评论中有大量提及“回形针”，“回形针”是一个制作科普视频的 B 站 UP 主，因为其于 2020 年 3 月被网友发现在海外社交平台发布的视频有两个版本的中国地图引发争议，2021 年 1 月 25 日被同行批判“假科普之名来行使抹黑之实”登上微博热搜。大漠叔叔于 2021 年 2 月 1 日发布视频，视频的标签包含“BBC”“假新闻”，强调“捏造”“撒谎”“抹黑”，而未提及回形针。评论样本中最早提及回形针的评论也是类似评论中点赞数最多的评论，因此出现大量针对“回形针”的评论是观众受微博热搜影响从众的结果，而这种结果非制作者意图所在。

网络影像文本媒介的组合正如同立体主义作品《藤椅上的静物》之中的材料组合，都是反艺术本质的，材料不只是表现形式，还是表达内容，但形式与内容往往无法具有同等传播效果。视频 A 是媒介性明显、技术含量高的网络影像，认知层面评论是 3 个影像中最少的，情感层面的有效传播率也最低，可见视频 A 营造出巧妙的视听氛围，观众常常沉溺于其中，难以进行情感升华、情绪转变。视频 B 的知晓度仅为 22.5%，但其感观度为 75%，理解度为 100%，都为同一个层次最高，可见视频 B 具有良好的传播效果。情感功能偏向的热门网络影像视频 C 是传播效果最好的作品，有效传播率为 90%。电脑简笔画和歌词配音组合形成搞怪的视频风格让观众误以为是恶搞视频，增加点击量的同时减小了观众的接受难度。经典主题“父爱”容易让观众感同身受，也引起了大多数玩竞技游戏的用户的共鸣。选题为经典主题，亲情、传统文化、公共美德话题常常被提及，观众能够轻易捕捉到信息并且产生情感上的共鸣，也具有更直接的行动目标。审美功能偏向的网络影像传播效果不及认知与情感偏向的影像。

从日评论量图可看出视频 A 和视频 B 的最高评论量出现在发布第 1 天，这两个视频的发布者相较于同等点击量的视频发布者已经有了深厚的有效粉丝基础。热门视频都在周五发出，周末可获得较大的流量为之后奠定基调，发布后 5~7 天视频热度降低。随时间的推移，观众在已有评论的基础上趋向于思辨，这类文本是观众想将自己的话语区别于他人。被其他热点事件误导的视频 B 的观众第 5 天急剧减少，17 天后几乎零文本提及“回形针”，观众趋于正确理解视频的表达思想。可见，在网络影像发布一周内观众感性居多，就作品的局部进行讨论，热度褪去后，观众愈发理性，对作品进行全局性理解，辨析他人观念的正确性后再发表自己的看法。

总体而言，网络影像的目的性明显，符合流行话语，遵循传播机制从而得到了客观的点击量。观众的媒介感极强，并且是以休闲娱乐为目的选择观看对象，追求视听感官刺激。但网络影像在情感层面传播效果最佳，观众观看网络影像希望得到情感认同，一方面受已有评论的影响大，另一方面发表评论以满足自我价值感。

许多网络影像具有风格化的视听效果，并具有一定的审美意义，它们区别于依靠“猎奇”获得流量的视频，笔者认为前者可以被认为是艺术。它不受创作者的身份限制，可以来源于没有受过艺术训练的爱好者，可以是广大网友的集体创作。接受者同样广泛，艺术活动的创作者和接受者通过网络建立起直接联系，受众的主观性和影响力达到了前所未有的高度。《我在故宫修文物》和《国家宝藏》等 CCTV 出品的节目在 B 站播出并获得不凡的收视率，主流文化主动与亚文化形成有机共体并且取得良好的传播效果体现出主流文化的地位不可侵犯。人们在文化阵地中不再反省自己，而是沉浸到了对实体的凝视和社会地位秩序之中，零碎化、娱乐化信息使大众养成了浮于表面的阅读习惯，成为人们正确理解艺术的阻碍。当下，大众在互联网洪流中进行自我赋权，站在自己认同的一方，艺术在传播时往往发生文化冲突，而这种冲突多数时候与作品本身的思想表达无关。艺术本身具有的思想性与原创性表达等“崇高”特质并不是使其流行的原因。

三、艺术的传播与消费

艺术的流行伴随着动态技术媒介的兴起与网络互动环境的发展，新媒体技术运用于艺术之中，使影像成为最便捷、最受欢迎的传播形式。机械复制时代已经成为过去式，数字复制时代早已到来，艺术创作大众化，传播去中心化，艺术面临着本质论意义上的转变。影像艺术具有商品性，互联网上的虚拟美术馆具有商业性，消费者用流量和时间为艺术消费买单。这个美术馆之中的艺术具有非同于传统艺术的感知方式、审美特征、社会地位与功能。笔者用构建的传播效果模型从艺术传播学角度分析三个不同社会功能倾向的网络影像，发现网络文化消费符号指向艺术流行的原因。

认识艺术虚拟消费可以借鉴鲍德里亚在物的消费中看到的符号消费理论，当他把符号作为物品的标记看待时，他就是在罗兰·巴特符号学意义上使用符号；当他把符号作为一个人社会地位和身份的标志时，他就是在差异社会学的意义上使用符号；而当物的符号作为潜在的欲望的表现形式时，他就是在心理分析的意义上使用符号。后来由于鲍德里亚对现代信息技术的关注，他的符号概念还具有代码（code）的含义。[①] 从这三个层面推知网络影像的直接使用功能首先是娱乐放松，其次是网络用户现实身份品质的象征，如学习类、游戏类和舞蹈表演等类别的视频具有不同的意图指向，从代码意义上讲，网络都是由代码组成的虚拟世界。可见，艺术利用一定的传播手段迎合文化消费符号，取得了网络文化消费市场的胜利。文化消费的心理符号存在于动静结合的接受活动之中，为符合新媒介网络精神消费需求，动态影像审时度势，运用传播的文字和图像符号，观众一方面满足了审美愉悦需求，另一方面从动态影像中得到了情感认同。

（一）动静之间的审美主客体互动

具有时间性与运动感的影像是“动”态部分，创作者编写的标题与简介、传播平台提高的数据信息和接受者发表的评论是“静”态的文字，观众对艺术的理解需要结合“动”态与“静”态的部分，影像是网络之中审美主客体互动的话题，文字是互动的媒介，观众在互动过程中理解影像，互动的意义表现为心理符号的效用。

苏珊·朗格在《情感与形式》中说，“艺术上的完全成功应该是一个概念的完整描绘”[②]，她认为艺术非自我表现，而是人类普遍情感的表现。“情感本身是一种真实的生物活动，而情感概念则是一种理性的对象，或一个符号的含义。”[③] 在艺术创造过程中，艺术家借用具体真实的情感，借助于知觉和想象，进行情感概念的抽象，抽象出的形式便成为情感符号，符号的第一层是物质层面的，第二层产生个体心理效应，第三层上升到集体心理机制，心理符号包括个体心理效应和集体心理机制。部分观众观看视频 A 想到了开封以《清明上河图》为蓝本建造的历史主题公园——清明上河园，将个人游玩

---

① 孔明安．从物的消费到符号消费——鲍德里亚的消费文化理论研究［J］. 哲学研究，2002，11：68-74，80.
② 朗格．情感与形式［M］. 刘大基，等译．北京：中国社科院出版社，1986：93.
③ 朗格．情感与形式［M］. 刘大基，等译．北京：中国社科院出版社，1986：208.

经历代入影像理解之中，较其他观众能把握到更多《清明上河图》的文化内涵，从而生发对传统文化的敬意，这种民族自信是集体情感。可见，网络影像在网络之中的传播是物质层面内化到个体心理效应，再凝结为集体心理机制的过程。

能够产生互动的心理符号首先体现在观众能够直接理解作品。审美主客体互动关系的形成需要动用多种感官，神经将这些感觉器官与大脑联系起来。知觉是解释感觉信息的高级认知过程，知觉在很大程度上既受到感觉系统和脑的最初构造方式的影响，又大大受制于过去的经验，它赋予刺激的初始感觉体验丰富多彩的意义。[①] 知觉的过程是记忆和抽象表征被唤起的过程。视频中的画面和声音停留时间短，观众依靠知觉的感觉储存和短时记忆理解视频内容，这一过程是基于视觉和听觉储存进行的信息提取。因此影像艺术的观看过程是在流动的画面中捕获相对静态的信息，提取信息的内容有赖于心理符号。心理符号为观众理解影像提供情感导向，观众在心理符号的引导下提取视听信息。视频 C 的视听效果十分简陋，但其辅助画面形象表意明确、情感态度普及大众，这种直观简单的表达却取得了最佳的传播率。观众在理解网络影像时，容易被网络媒介中更直观的符号吸引，在认知理解时会被平台信息或表面的优美与崇高阻碍，这时观众趋向通过局部和渐进式的理解触及情感，再利用情感辅佐认知。总体而言，观众都会比较关注文字说明和视频图像涉及的有具体形象的实物，去感受视频内容，即运用感性思维。要进一步理解影像，就要物化文字和图像符号，结合动态的图像与静态的文字了解影像的相关技法、程式和象征意义。

观众之间的交流也体现了共通的心理符号。互联网上的信息传播的两端是“发出信息”与“回应信息”，即艺术创作者的“原意”与接受者的“噪音”在“传播渠道”中感觉与知觉过程的循环转换。网页浏览不同于在美术馆、博物馆中的观看，用户首先会对具有视觉冲击力的图片产生兴趣，调动感觉系统，而后注意到文字，更倾向于观看播放量高的作品。点击进入视频播放页面后可以看到视频的简介与 UP 主在上传视频时为视频选择的关键词标签，用户的观看习惯不一，有的会以文字描述为先，文字促使用户发挥想象，再将想象到的形象抽象为符号，这是感觉到知觉的过程。视频 B 的创作者“大漠叔叔”分析 BBC 的拍摄手法，以此为参照进行素材的拍摄，将多个图像以序列的形式经过后期制作呈现出来，但观众的关注点却不是 BBC 制造假新闻，而是回形针假科普，可见创作者传达的信息或许会与观众接收的信息不一致。在信息爆炸、众说纷纭的网络世界，各类人群的公众参与度增加，观众会受其他观众影响发表类似的言论。这

① 索尔所，等 . 认知心理学［M］. 杨炳钧，等译 . 北京：机械工业出版社，2010：67.

个交流网络之中的文化消费是非实物的，审美参与者关系的建立不同于现实之中的实物交换，而是通过观众与符号的互动。

互联网传播之中艺术的观看不是单向的，观看不仅仅是“看”，还是“阅读”，是对“动”态影像和“静”态文字的阐释性“阅读”，需要动用个人经验与想象力进行理性与感性的循环感知，在循环之中，物质、虚拟物质与非物质形成关系，即真实世界的经历、网络世界的认同、个人情感共同指向集体心理机制，即艺术消费的心理符号。

（二）艺术的网络传播机制

影像在网络环境之中传播须适应互联网传播机制流量至上的特点，运用文字和图像符号唤起观众的心理符号，达到预设的传播效果。

互联网信息传播是民主化、去中心化的，主要体现在任何人都可以发布视频，如“国家建筑师”是个集合各大 MC 爱好者的团队；“大漠叔叔”的职业是人民警察，而网络之上他是 Vlog 领域优质 UP 主；视频 C 甚至仅由 UP 主配中文翻译字幕转载到 B 站。人工智能与大数据等信息通信技术让许多实体非物质化，景观社会与消费社会浓缩在由网络搭建的互联网社会之上。普通人既是互联网传播的信息接收者，也能够是信息源，因此艺术不再具有专门性。前沿信息如同武器，掌握了前沿信息就赢得了先机。词频体现了信息社会里的流行符号，观众对影像的理解趋向证明了一种固化在符号中的思维。这种思维将创作者、传播者、再创造者和接受（收）者连接在一起，网络影像的传播受众与目的十分清晰，其社会功能与传播效果的一致得益于文化演变形成的文字符号和图像符号，在实际操作过程中，这些符号被应用于网络日新月异的语言系统之中。

从回形针事件误导观众对视频 B 的理解可见当代文化传播中，图像的重要性仍未取代文字，如果视频 A 的创造者不指出还原对象为《清明上河图》，观众难以辨识出来，可见发布时强调的文字内容决定了其传播效果。文字先入为主吸引观众，增加传播的广度与深度，补充说明的文字和观众的评论对于有效传播有重要作用。由于观看方式的转变，展览式的艺术观看非“凝视”，而是走马观花式的浏览，观众具有很大的自主选择权。网络影像创作者需要了解网络信息传播的规则，在从创作到投稿发出这一过程中都会受符号表征的支配，这是通俗审美对精英审美的反噬，新媒体行业的从事者要求对热点有敏锐度，流量是媒体行业收获利益的基础。能把握社会的语言逻辑、掌握系统的话语结构才可以正确表意，还能给信息注入活力。也就是说，创作者利用语义文字传达信息，起一个巧妙的标题，编辑一段戏谑的网络语言，既符合网络语言机制，又为生成新网络用语提供素材，如视频 A 的标题包含了大量关键信息，一是游戏的受众效应，二是国家建筑师的粉丝效应，三是《清明上河图》的文化热度。再如视频B利用戏谑的、娱乐的语言吸引观众，视频C的封面图为火柴人坐在电脑桌前的简笔画，观众将封面与标题中的“赢”结合可知视频内容围绕游戏展开，而B站的用户群体集中在青年，他们也是游戏产业的主要消费群体。

热门视频的共同特点是内容或形式与热点相关，他们是对已有视觉题材的再创造，热门视频的创作是循环的、模仿的，用最热门的方式表达老套的主题与内容，这体现了现当代大众传播缺乏深度思考与创造的现状，用技术手段抓取符合信息社会的表达符号。这些披上艺术外衣的影像重点在于更新表意的内容和表现形式，如名画的艺术语言、刺激的视听效果等。艺术表现方法与通俗文化结合而成的图像就是艺术互联网传播中的图像符号，在宣扬艺术的技术性时，大众的审美水平提高。艺术大众化、娱乐消遣化的同时也失去了原创性与神圣性。

（三）审美愉悦与情感认同消费

“所谓媒介即是讯息只不过是说：任何媒介（即人的任何延伸）对个人和社会的任何影响，都是由于新的尺度产生；我们的任何一种延伸（或曰任何一种新的技术），都要在我们的事务中引进一种新的尺度。”①技术符码统一了多样化的文化，人与技术的界限消失，在计算机化的过程中，文化呈现整体发展趋势。

面对不同的文化，技术基于数据将其解码再编码，一方面连接了技术处理层面，另一方面连接文化层面。就B站来说，对大众而言比较简单、好上手的技术和容易理解的文化获得的热度高。文化消费逻辑已经影响到人们的思维，受群体欢迎的大众艺术关注度高于精英艺术。网络传播平台会对作品进行限流和引流处理，技术进步与互联网传播平台看似给艺术家很大的自主创作空间，提升作品的曝光度，但对于用户群体而言，仍旧是湮灭于数据汪洋之中。在B站中检索徐冰的《蜻蜓之眼》，所得影像点击量最高仅为两千多次。《蜻蜓之眼》是公共监控摄像头拍摄画面的合集，难以看出排列逻辑，也没有文字说明。艺术的语言是隐蔽的、不确定的，相比之下流行的语言是明晰的、显现的，观众在观看流行影像的过程中获取信息不需要耗费太多工夫。从研究的日评论量图可知网络用户上网的时间集中在晚上和节假日休息时间，可见网络传播的信息倾向于娱乐化。视频A展现北宋汴京繁华景象，其中穿行的人物有当下热门动漫的形象；视频B使用非正式的戏谑语言讲述社会事件；视频C的简笔画图像类似搞怪表情。大众

① 麦克卢汉．理解媒介［M］．何道宽，译．上海：商务印书馆，2000：33.

传媒需要的是表演，而不是思考，人的思考过程由技术处理代替。网络信息决定了价值选择和舆论导向，视频 A 展现传统文化的博大精深、源远流长，视频 B 提倡尊重事实，视频 C 体现的优良传统品德被宣扬。符合公共品德标准的视频以迎合网络游戏性、可感性的审美取向推送到观众面前。可见，流行的心理符号、文字符号、图像符号更能吸引网络用户，艺术能够进入大众视野的原因不仅是其成了热门视频的元素或者借鉴了风格与形式，艺术自身也转换了一套娱乐的、幽默的语言符码，将公共道德思想寓于审美愉悦载体之中，在观众放松身心的同时树立正确的价值观。

流行的内容与人们普遍有认知的实物相关，大部分观众能够有所行动，比如 MC 游戏、BBC 新闻和父亲都是观众回归现实中容易与自身建立关联的事物，互联网的消费与现实生活消费有机结合了起来。两者的区别在于现实生活中的消费体现为差异消费，而互联网的消费是认同消费。鲍德里亚认为消费者会选择具有个性的事物，这种个性是非功能的，更吸引消费者的原因是其能够区别于他人的特质。消费者消费的是差异，为了标新立异、为了与众不同。①但互联网的文化消费不能够直接作用于外观而显示出消费者的特殊性，正如杰姆逊所说，“而到了后现代主义阶段，文化已经从过去特点的‘文化圈层’中扩张出来，进入人们的日常生活中，成为消费品”②。“扩张”这一概念与 B 站的“破圈”有异曲同工之妙，后现代文化是“同质”的，B 站早期是 ACG 文化的集合地，之后逐渐扩张了平台视频的内容，被主流文化所容纳。ACG 文化是与主流文化相对应的非主流的、局部的文化现象，即亚文化的一种，由于其与主流文化的矛盾产生了灰色地带，亚文化艺术诞生于灰色地带之中。亚文化在文化“同质”的当下，是一种异化的主流文化，是已存文化的交合点。一种亚文化不仅包含着与主流文化相通的价值与观念，也有属于自己的独特的价值与观念。动态影像艺术的图像语言符号大多数属于差异体系之中，在主流文化的压迫下创作者不以直接表意为目的，B 站之中也存在着达达主义、超现实主义和后现代实验影像，这些影像评论区文本中争论视频表达内容的占大多数。艺术性强的影像使用隐蔽含蓄的语言，许多作品为观众提供开放的想象空间，要求观众在观看动态影像时发挥思辨能力，依靠个人经验和想象力进行理解，这样的影像传播效果往往欠佳。迎合传播文字和图像符号的影像作为优质的精神消费产品，其差异被允许存在，从社会心理角度分析，“与众不同”依旧是引诱观众消费的主要原因，在评论区中可见审美水平较高的观众发表见解并被认同追捧，其自我价值感得到满足的同时其他观众也接受了正确的认知，B 站的评论区文本按热度排序就是观众对某一

① 孔明安．从物的消费到符号消费——鲍德里亚的消费文化理论研究［J］．哲学研究，2002，11：68-74，80.

② 杰姆逊．后现代主义与文化理论［M］．唐小兵，译．西安：陕西师范大学出版社，1997：147，148.

条评论共识度的排序，这就是主流共识形成的过程。

身份认同也是网络文化消费的一种表现，与现代人孤独的状态有关，孤独感是个体对人际关系的渴望与实际交往水平产生差距时的主观心理感受或体验，孤独感强的人更容易被互联网吸引，进而产生依赖。孤独感越强其越有可能在网络拓展人际关系和建立网络友谊。[①]视频网站同时也是社交网站，但它不同于微信，其身份可以完全隐匿。每个公民都可以在不同的社区或空间中存在多种身份，屏幕为他们戴上面具，网络身份实际上比现实生活中的身份更真实。观众通过文本进行信息交流和意义生产，并自我赋权，文化消费是身份的象征。狄尔泰“生命哲学”的生命“指人类的共同生命（他有时称之为‘社会的、历史的现实’），而不是指个人的生活和心理过程”，他认为哲学“必须根据生命在精神世界（即文化领域）中的‘牵涉’来理解生命”[②]，并认为理解一个人就要了解他所处的社会，“个体”与“共体”是密不可分的。对于现代人而言，如果说现实身份体现“个体”，那在网络之中就是寻找认同自己的“共体”。视频 A 集合了 MC 玩家；视频 B 聚集了国际时事关注者；情感功能的视频 C 讲述了“网瘾少年”的成长故事，评论区文本基本都是阐述自己错误的行为并表示懊悔的，观众在评论区找到了“共体”，这也可以解释情感功能的网络视频传播效果最好的原因。对现代互联网环境中的艺术传播而言，艺术理解容易被“共体”的文化意义干扰，对于网友而言比起理解影像，身份的自我赋权更为重要，人们急切地想将自己融入集体中，为一条视频点赞、发表一条评论都是一种身份认同行为，艺术的大众传播就这样发生了。

随着数字复制时代的到来，文化传播已经形成了一套心理符号、文字符号和图像符号，人与人经由与符号的互动产生交流，艺术牺牲本质特点迎合互联网文化传播的新模式。艺术传播不仅使新媒介传播大众化、艺术形式与内容的主流符号化，还让观众在消费艺术符号时得到了精神慰藉，这种慰藉一方面来自“个体”的自我愉悦与认同，另一方面来自“共体”认同的满足感，艺术因为娱乐和情感消费而流行。

四、结语

现成品艺术出现后，原创艺术走下神坛，商业借用艺术的视觉形式将产品包装起来，流行借用艺术提高品位的同时，艺术融入流行语言来适应文化环境。传统艺术没有被动态影像继承，而是作为元素被利用。艺术家创作的动态影像艺术传播现状却不明

① 焦开山．孤独感与移动互联网使用——以大学生微信使用为例［J］．青年研究，2016，4：19-28，94.

② 里克曼，狄尔泰［M］．殷晓蓉，吴晓明，译．北京：中国社会科学出版社，1989：84-85.

朗，互联网中存在着被称为“新艺术”的视频，它们巧妙利用技术、媒介与艺术含混的边界，借“艺术之名”吸引观众眼球，行传播之实。动态影像作为视觉文化的一部分，对它的研究不是从“视觉对象”出发，而是从“视觉性”出发，涉及混合感官的“联觉阅读”，艺术趋于动态化与网络化来迎合当下的阅读习惯，这种阅读方式是阐释性的。当下的世界是“视觉世界”，动态影像则是“世界的图像化”。

人类知觉与感觉的共性使艺术能够进行大众传播，特别是作为公共话语以娱乐方式出现的艺术。因此，艺术创作与欣赏作为小众活动要实现大众审美提高仍有难度，用户量大的视频网站内艺术类视频数量相对少，从播放量、点赞、弹幕和评论来看，这类视频热度不高。艺术并未实现普及，艺术的大众化处于不平衡、不全面的态势，无论对于创作者、艺术作品还是接受者而言，艺术都是分层的，具有明显的差异性。

这种掩盖在民主化表象之下的分层特点值得我们深思，网络平台具有很大的开放度与自由度，但观众畅游网络的同时也被网络控制着。艺术创作者需要警惕消费社会之中的商业利益驱动，保持真诚，才能更好地发挥艺术的反思功能。

作者简介：

齐添资，中央美术学院人文学院研究生，研究方向为艺术传播学。

于润生，中央美术学院人文学院教授，研究方向为美术史与艺术传播学。

新时代戏曲电影的道路：对粤剧电影《白蛇传·情》的几点思考

陈忆澄

摘　要：粤剧电影《白蛇传·情》运用数字特效技术呈现了“大片”的视觉体验，同时又保留了传统戏曲的韵味，成为中国戏曲电影的票房冠军。在人民对美好生活的需要日益增长的新时代，这为我们思考戏曲电影的发展道路提供了新的启示。戏曲电影的写实和写意，不是由场景的虚实决定的，而是在于如何处理戏曲表演的程式化、象征性以及在多大程度上用生活化的表现来取代舞台假定性。戏曲舞台艺术的时空和电影时空在戏曲电影中获得了新的可能，打破舞台的窠臼和保留舞台的视角成为处理时空关系的关键。戏曲电影作为一种类型片，需要依靠观众赢得市场，其肩负着戏曲艺术传承和戏曲文化传播的责任。戏曲电影应当既体现鲜明的电影特征，同时又保持戏曲的美学特征，力避谁主导谁从属的倾向，为中国民族电影体系的建构添砖加瓦。

关键词：戏曲电影；白蛇传；民族电影；新技术

2021 年 5 月，由珠江电影集团和广东粤剧院出品的粤剧电影《白蛇传·情》正式公映。影片逆势而上的票房表现和观众的好评与热议受到了媒体的广泛关注，也引起了电影和戏曲学术界的讨论。从 1905 年中国第一部戏曲电影《定军山》问世，到戏曲电影成为一种成熟的类型片，戏曲和电影的联姻一直是一个常谈常新的话题。粤剧电影《白蛇传·情》体现了一些新的艺术特征和发展趋势，为我们在新的历史条件下重新思考这一问题提供了机遇，对新时代戏曲电影的道路具有启示意义。

20 世纪初，作为西方舶来品的电影选择具有深厚群众基础的戏曲作为题材，加速了电影在中国的流行，消解了受众对新技术的陌生感和排斥性。电影解放了戏曲表演此时此地的束缚，又为转瞬即逝的戏曲表演创造了记录和保存的载体，为戏曲的传播开辟了更为深广的时空。更重要的是，在这两种艺术互动和融合的过程中，戏曲电影的形式打破了门类艺术语言的壁垒，形成了相互促进、彼此滋养的创作格局，为电影的民族化和戏曲的国际化做出了贡献。戏曲电影经历了拍摄热潮和繁荣期，也经历了衰落的低迷期。总体而言，戏曲电影的历程可以划分为三个阶段：第一阶段，以忠实还原戏曲舞台表演为主的纪录短片时期；第二阶段，以探索戏曲表演如何与电影的特征相得益彰为目的的戏曲艺术片时期；第三阶段，以戏曲为题材或内容的电影类型片时期。进入第三阶段，随着数字媒体技术、电影特效技术、3D电影技术等新技术介入戏曲电影的生产，近年来，上海尚世影业公司、上海京剧院、上海文广出品的《曹操与杨修》，湖北省黄梅戏剧院、湖北电影公司、湖北垄上农村数字电影院线出品的《东坡》等影片强化了这些新技术手段的艺术效果。这个新特点在我们过去对戏曲电影的讨论中是远远不够的。《白蛇传·情》也正是在新技术强势参与之后的又一次试水，在其获得了口碑和票房双丰收的前提下，我们可以试图从这部影片涉及的一些问题着手，探索新时代中国戏曲电影的道路究竟应该走向何方。

一、写实还是写意？

（一）电影的记录性和戏曲的虚拟性

《白蛇传·情》运用了CG（计算机动画）技术来建立银幕空间，具有鲜明的中国古代水墨画特征，其既不是舞台，也不是实景。这是戏曲电影拍摄的新路径。这种特效化的场景给予了观众情境感强烈的视觉体验，但介于“虚”和“实”之间的呈现，仍然填补了观众对于戏曲表演仅有“一桌二椅”的想象空间，消解了舞台演出的审美期待和假定性。宗白华先生在《中西戏剧比较及其他》一文中谈道，“中国戏曲的空间随动产生，随动发展。‘十八相送’十八个景，都是由动作表现出来的……在舞台上，演员一推，产生了门，又产生了门外两个空间”。[①] 戏曲表演的写意特征，正是依靠动作的虚拟来提示观众的想象和假定。电影能够如实地还原动态的行动、语言和环境，具有记录特征。而如果电影只是忠实地还原和保存舞台演出的情况，那么戏曲电影就成了舞台纪录片。除了保存和传播的意义之外，这样的舞台纪录片并不具有区别于戏曲的独立特征，也就无法真正成为一种类型片。受到电影技术发展的制约，早期的舞台纪录片甚至无法呈现声音和色彩。剥离了“唱”的戏曲，自然也无法称其为戏曲，但戏曲电影仍然

---

① 宗白华 . 艺境［M］. 北京：北京大学出版社，1987：367.

经历了无声和黑白的阶段，渐渐兴旺起来，并在电影技术进步之后，从舞台纪录片成长为戏曲艺术片。可见，当戏曲和电影发生关联进而融合为一种艺术类型之时，电影的记录性和戏曲的虚拟性并不只是简单地相互排斥和效果损耗而已，而是一个较为复杂的问题。

首先，电影的记录性能够确保在技术条件完备的情况下，戏曲的歌唱、舞蹈和念白等表现手段都能被完整和真实地呈现和保存。戏曲插画和戏文雕刻只能记录戏曲表演的一个瞬间或是经过提炼的凝固画面。电影的视听和时空综合媒介特征，最大程度保留了戏曲演出的艺术语言。这是电影和戏曲能够熔于一炉的物质基础。事实上，除非是实景的设计或后期特效的介入，电影的记录性本身对于戏曲的虚拟化特点是没有任何减损的。早期的京剧短片往往选择舞台表演中肢体和行动丰富的武戏，是一种面对技术缺陷的无奈和妥协。在告别默片和黑白片时代之后，戏曲电影中的声音和色彩都成了重要的艺术语言，创作者们毫不犹豫地将这些表现手段加入作品之中。

其次，戏曲表演的虚拟性是相对的，电影对环境和人物的记录也是有限的，因此，写实还是写意，关键问题并不在于是否使用实景、实物，也不在于是否完整地将戏曲表演的程式化保留下来。《白蛇传・情》不仅全篇运用了特效场景，也并不避讳使用酒盏、茶杯、茶几、书桌等实物，对于亮相、跑圆场等在电影画面中可有可无的程式，也都采取删繁就简的态度。“当我们把戏曲搬上银幕时，在戏曲表演中属于接近于生活的动作就比较容易处理，而属于写意的，特别是那些舞蹈化较强的动作，就与影片中所要求的写实的景物产生矛盾，而这种矛盾在戏曲影片的虚实之间的种种矛盾中，恐怕是最多的。”[①]《白蛇传・情》在戏曲演员的指法、走步、身段等表现技巧上较好地保留了戏曲的虚拟化特点，避免让观众产生这是生活场景的写实再现的印象。例如，在《端阳》一折中，白素贞和许仙在饮酒中相迎、相敬、婉拒的场面，尽管在写实的环境中使用了实物道具，但整个表演进程还是体现了虚拟和程式，不失为一种写意的影像表达。写实还是写意，关键在于表演、环境和镜头之间产生的效果在多大程度上与实际产生了距离。

（二）电影的蒙太奇和戏曲的线性表演

电影除了记录性特征，还能够借助蒙太奇的手法对时空进行重组。而戏曲舞台表演，必须在确定的时空中按照自然时间的流动面对面进行。戏曲电影对这两种特点的糅

① 戈武．戏曲究竟如何电影化［J］．电影艺术，1966：32.

合，必然需要放弃一些、保留一些。这对于演员的表演提出了不同于舞台的要求。电影的蒙太奇手法通过分镜头的组接来完成，这就需要演员在不同的时间段落中进行面对镜头的表演。此外，当演员面对镜头时，近景、中景、远景的切换也需要演员在表演的力度和角度上进行相应的调整。例如，在《借伞》一折中，白素贞在西湖断桥偶遇许仙，当近景镜头面向白素贞时，演员在表达爱慕、羞涩、急切的心情时需要将面部表情夸张化。舞台表演时观众与舞台的距离以及观摩视角并不要求演员如此。在《水斗》一折中，为了提升武戏场面的视觉效果，影片使用了俯视角度，此时演员的表演就要照顾镜头的位置，不能完全以戏曲舞台的水平视角来安排自身的表演。

因此，电影的蒙太奇手段在一定程度上打破了戏曲表演的程式，使原本连贯的舞台表演变成若干片段，这就会对写意的假定性含义或对观众想象的提示变得不再明确。例如，在《盗草》这一折中，原本戏曲舞台上白素贞使用眼神、指法的方向，能够假定观众想象昆仑仙草存在的位置。但在电影中，由于电影画面的组接解构了舞台的方位，眼神和指法就无法发挥提示和假定的作用，写意就会导致表达不明确。这就需要影片拍摄加入一些写实的成分。昆仑山、灵芝仙草的环境特效，并不仅仅出于视觉效果的考虑，也是为了克服表达的模糊性。蒙太奇带来片段化表演和舞台视角的消失。写实的成分虽然拉近了戏曲表演与现实生活的距离，但也填补了不利于观众理解情节和内容的沟壑。

“在舞台上，观众视线的焦点是随着表演而变化的，比镜头要求看得更宽阔而深远，如果没有看清，他可以自由地停留下来再细致地反复去看，在银幕上就不可能了，本来是空间艺术，很快就成了时间艺术，观众没有自由选择的机会，镜头规定了看甲，就看不见乙，要了解事情发生的环境和气氛，就看不清表演，看清了表演（近景或特写），对整个场面的人物感情交流又有影响（看不见了）。”[①] 舞台上戏曲表演的写意性，不存在理解的模糊和不准确，这是因为线性的表演在舞台的空间关系中给观众提供了更多的视角、想象的提示线索和理解的机会。电影的蒙太奇和银幕的平面化，使这些视角、线索和机会减少或消失了，这就需要处理好写实和写意的关系，在必要时增加实景、实物道具或是弱化戏曲表演的程式和写意性。

---

① 姜今．谈戏曲电影的美术设计［J］. 电影艺术，1961（1）：38.

二、电影时空还是舞台时空？

（一）从舞台的消失到实景的消失

对于戏曲舞台和布景的处理，戏曲电影史的发展历程曾经出现过三种做法。一种是早期的舞台纪录片，保留戏曲舞台本来的样子，不增加实景，如任庆泰拍摄的《长坂坡》《金钱豹》《青石山》等；另一种是在影棚中搭建实景，以建造的山水园林、亭台楼阁作为戏曲表演的背景和环境，如 1948 年的京剧电影《生死恨》、1955 年的黄梅戏电影《天仙配》等；还有一种则是在室外环境中选择自然和生活场景作为表演的环境，如 1978 年的越剧电影《祥林嫂》等。《白蛇传・情》使用了搭建的实景和实物道具，但特效营造出的具有水墨画韵味的环境已经让观众很难产生实景的体认，整部电影的表演几乎是在虚拟的数字化特效环境中完成的。从戏曲电影场景的发展趋势来看，经历了舞台逐渐在影片中处于附属地位甚至消失，进而到数字特效取代人工布景和室外环境的过程。当然，这种趋势不是绝对的、单向的。近年来的戏曲电影虽然多使用数字特效，但有一部分仍然保留了戏曲舞台，或是呈现舞台空间的特点。《白蛇传・情》的特效环境，虽然体现了浓厚的中国传统文化色彩和诗意效果，但故事发生地杭州西湖、镇江金山寺等场景，已无法辨认地域身份，这种处理方法虽然保留了戏曲表演空间的虚拟特征，但也造成了观众对故事发生地的环境的理解障碍。许仙和白素贞的居所、金山寺所处的靠近西津渡的地理位置，甚至包括园林的建筑风格、茶具酒具的形制，都很难让人与故事情境相对应，是只能属于电影本身才具有的合理性设定。

新时代戏曲电影的道路，究竟应该如何处理表演发生的空间环境呢？早期的戏曲纪录片，原封不动地对舞台进行呈现，这是电影与戏曲最初结合时尚未形成成熟类型片自觉的举措。电影作为舶来品，观众接受它需要一个过程，而戏曲作为当时中国最具有群众基础的艺术，成为电影从连续生活画面的记录到艺术产品这个蜕变过程的不二选择。“电影从客观的活动中摄取事物发展的形态，在观众心目中创造印象的连续，因而产生比较丰富的兴趣和思维。所以电影发展的第二步是用有目的性的活动代替单纯的活动，或用戏剧的术语说，这种活动是一定要有‘情节’。”[①] 电影在进入中国初期，迫切需要一种能够迅速艺术化的题材，这是电影与戏曲结合的基本动机。因此，戏曲

① 郑君里 . 中国现代艺术史・电影［M］. 上海：良友图书印刷公司，1936：10.

电影在走向成熟的过程中，如何将电影独有的艺术语言融入戏曲之中，使戏曲电影不再只是舞台艺术而具有鲜明的电影特征，就成了拍摄戏曲电影的共识。电影的纪实性和蒙太奇时空，都要求戏曲电影必须改变故事的演出环境仅仅只是舞台这种状况，于是如何运用实景、舞台、自然环境以及特效环境等，就成了拍摄戏曲电影必须要面对的问题。“戏曲片，只要不是舞台纪录片，看来舞台框框是非打破不可了。可是，能否做到打破了舞台框框，却一点也不去打破戏曲舞台表演的基本规律呢？我看是不行的。因为戏曲舞台表演的基本规律的形成跟舞台原是分不开的。就观众所能看到的，舞台即是指舞台边框之内加上舞台进深所构成的三维立体空间。全部演出都在这个空间也只能在这个空间中进行……‘跑圆场’这种体现了戏曲舞台表演基本规律的表演程式，正是在舞台的范围内形成的；戏曲片打破了舞台框框，‘跑圆场’就显得不太真实，就不宜再简单地照搬这种程式。”① 实体的舞台虽然在戏曲影片中消失了，实景和自然环境取代了部分戏曲程式和假定性的表达，但隐藏在电影画框后仍然有一个潜在的“舞台”。这个舞台不再是三维立体的四方纵深空间，它被长镜头和蒙太奇延伸和铺平了，但步法、身段、指法、舞蹈和演唱，仍然在舞台表演规律的基础之上。这就是戏曲影片要慎用远景镜头和近景镜头，也要慎用单独的环境描写的缘故。一旦电影镜头无法模拟舞台下观众的视角，戏曲表演的写意性、虚拟化和程式化就失去了表达功能。

《白蛇传·情》为我们提供了一种可能性的参考。既然戏曲舞台依靠观众的想象而获得环境空间的真实，那么场景一以贯之的特效化就在一定程度上与戏曲舞台达成了一致。特效、实景和实物填补了观众的想象和理解沟壑，大篇幅的中景长镜头，又保留了戏曲舞台的演出特征。《盗草》和《水斗》中的一些较为宏大的场面调度，增加了电影化特征，确实会让观众产生“武打大片”的体验。但这种抽离戏曲情境的短暂时刻并不会影响观众对戏曲影片的期待。

（二）从立体的时空艺术到平面的时空艺术

电影大银幕是时间维度里的平面空间，戏曲舞台是时间维度里的立体空间。电影通过长镜头和蒙太奇又能够分割、延伸和重塑时空。这些电影创造的时空段落，需要观众的认知和理解来填补。戏曲舞台虽然无法加工时空段落，但虚拟和写意能够引导和激发观众的想象来填补认知和理解的空白。从立体的时空艺术到平面的时空艺术，戏曲电影

---

① 余仲华．戏曲影片漫论［J］．电影艺术，1986（5）：46.

呈现的效果既带有舞台时空的特征，又带有电影时空的特征。在《白蛇传·情》中，断桥、昆仑山、江水等实景和特效不仅是表演的背景，也是人物所处的环境。影片运用的中景和长镜头，模拟了舞台下观众的视角，符合戏曲舞台表演的观摩习惯。影片中的远景、近景和蒙太奇，则突出了电影时空的特征，将观众的想象对象化为明确、清晰的布景和特效。在《水斗》一折中，镜头的远近高低变化较为多样，数十人同时出现在画框内的场面调度延伸了戏曲舞台的时空，水漫金山的视觉奇观也强化了影片在环境、氛围和景观营造上的优势，而不仅仅是戏曲表演。让观众感觉到是在看电影而不仅仅只是看戏，也是戏曲电影拍摄的题中之意。“对一般观众来说，把一出戏搬上银幕，不经过艺术加工，是很难使观众满意的。单纯的记录性质，在表面看起来，似乎是为了忠于戏曲，但实际上从观众那里是得不到这样的效果的；因为观众很少是专为欣赏戏曲来看电影的。”[①] 新时代戏曲电影面对市场化的挑战，一定要充分考虑观众的需求，拍出让观众感兴趣、喜闻乐见的影片。

从立体的时空艺术到平面的时空艺术，从戏曲到戏曲电影，这个变化过程本身就依赖于技术的发展。当前，电影新技术的发展是潮流、是趋势，也是机遇。对于戏曲电影创作来说，思考是否加入数字特效，是否使用 3D 技术，是否应用虚拟现实、增强现实等问题，应当关注的是“怎么做”而不是“该不该做”。《白蛇传·情》利用新技术呈现了水墨画意蕴，水、天、云、雨、雾、雪等自然要素以或缓或急的节奏营造了朦胧、渺远的意境，与戏曲表演的情境是相辅相成的。戏曲电影应当对新技术采取包容、欢迎的态度，恰如其分地运用新技术，不让观众产生突兀、刻意的感觉。

从舞台到银幕，演员的表演也需要进行一些调整。《白蛇传·情》营造的表演时空是较为深远、开阔的。特效表现了桥梁、庭院、寺庙、湖水、江水等实化，这就要求演员的表演也应适当地实化，不能像在舞台上那般虚。在《水斗》一折中，白素贞与僧人的武斗，如果完全使用舞台上那种武戏的演法，反而会显得与周围的环境以及手中的实物道具格格不入，缺乏动作与周遭时空之间的关联。僧人手中持长棍的舞弄与白素贞水袖的挥舞，都加入了一些实化的动作设计和略显夸张的部分。这种做法不仅能提升视觉效果，更重要的是使人物的动作与环境达到逻辑的合理。正如高文澜在谈京剧电影《野猪林》时指出的，“无论是多么简单的影片，经过拍摄放映，都会让人产生一定的立体实感。如此一来，就必然产生一个要求：原来某些过分虚拟和夸张的表演，就要适当地实一些，生活依据也要更充分些，否则就会让人产生情景不谐之感”。[②]《白蛇传·情》

① 陶金．摄制戏曲影片“十五贯”杂记［J］．中国电影，1957（5）：31.
② 高文澜．由舞台到银幕［N］．光明日报，1963-12-07.

中，《借伞》《端阳》二折的人物之间较为生活化的互动，并没有影响戏曲的韵味，可以说是一次成功的尝试。

三、市场优先还是价值优先？

1949年新中国成立后，党和国家重视戏曲电影的生产和制作，戏曲电影作为中华民族优秀传统艺术电影化的代表，曾一度出现欣欣向荣的繁荣局面。文化体制改革以后，电影市场化的进程加快，戏曲电影在20世纪八九十年代出现了衰微的光景。近年来，随着我国电影产业的迅猛发展，戏曲电影作为小众的类型片也迎来了新的机遇。戏曲电影的创作，究竟应该首先考虑市场反响和票房收入，迎合观众的需求，还是应该首先考虑在继承和弘扬中华传统戏曲艺术和文化的价值和作用？对这一问题的回答，是新时代戏曲电影道路选择必须面对的。

截至2021年6月15日，《白蛇传・情》已经成为新中国历史上戏曲电影的票房之最，票房收入突破1,600万元，打破了花鼓戏电影《李三娘》1,382.62万元的票房总收入纪录。[①] 即便是票房冠军的收入，这个数字与中国电影市场数百亿级的规模相比，也没有占据太大的份额。与热门主流商业电影动辄几亿、十几亿的票房收入相比，也仍然有着很大的距离。戏曲电影依然是小众的类型片。戏曲电影是脱胎于戏曲舞台艺术的电影类型片，它如何能够以更符合大众审美需求的形式在电影市场突围，这是需要深入思考的。戏曲电影赢得市场的成功，说明它的价值得到了肯定，对传播戏曲文化也起到了推波助澜的作用。《白蛇传・情》在以下几个方面为我们提供了一些经验，能够帮助我们反思新时代戏曲电影的发展道路。

（一）戏曲音乐的流行化与歌曲化

戏曲电影应当体现戏曲的艺术特点，这是毋庸置疑的。戏曲是载歌载舞的艺术，演唱更是戏曲最重要的部分。戏曲电影中的演唱，是否保留了戏曲的原汁原味，是否具有戏曲独特的韵味，这是衡量戏曲电影艺术标准的原则之一。无论是京剧、昆曲还是越剧、黄梅戏，演员的唱腔曲调、发声方法、韵律节奏等都具有鲜明的区别特征，这些演唱的技巧、风格是戏曲电影表现的重要环节，直接关乎作品的优劣。戏曲的伴奏也是戏曲音乐的重要构成，它伴随演唱进行，又应当衬托和优化演唱。伴奏还是步法、身

---

① 程茗.粤剧电影《白蛇传・情》中国影史戏曲电影票房登顶，意外“出圈”引领“新国潮”[EB/OL].(2021-06-15)[2022-03-01]. https://www.thepaper.cn/newsDetail_forward_13143248.

段、指法等戏曲舞蹈元素的节奏提示和背景音乐。伴奏使用何种乐器，如何演奏来控制节拍、营造氛围，这些都是戏曲突出艺术表现力的手段。但是，大众对于戏曲的接受毕竟不像曲友、票友一样。观众进入影院，对戏曲电影的期待与走进剧场观摩戏曲是不同的。要推广戏曲电影，扩大戏曲电影的受众群，就要接受大部分观众对戏曲并不熟悉这一基本事实。观众不了解、不熟悉戏曲，也并不意味着戏曲电影中的演唱就可以随意创新，丝毫不顾戏曲艺术的演唱规律，也不意味着伴奏就可以毫无章法地肆意改革和变调，而是应当在保留戏曲韵味的同时尽量做到让更多的人接纳这种演唱形式。

《白蛇传·情》的演唱呈现出流行化、歌曲化的倾向。在戏曲舞台演唱中，演员通常是依字行腔，不同行当的发声位置也不尽相同，更注重音韵和吐字归音。以小生为例，演唱时多用假嗓，发声位置靠前，注重停顿、刚柔的把握，形成下滑、拖腔等，这与西方声乐体系中强调喉咙打开、位置固定、头腔保持的歌曲演唱方法有很大的差异。《白蛇传·情》当中的演唱，虽然很大程度上保留了戏曲演唱的特点，但为了让大多数没有太多看戏经验的观众在听感上更舒适、更愉悦，也不显得突兀，还是做出了调整，加入了一些流行化、歌曲化的演唱方式。例如，真假声的切换、发声位置的后移以及避免过多的下滑和拖腔等。

一些戏曲艺术工作者和戏曲研究者反对戏曲演唱的歌曲化，这一点是正确的。因为这有利于传统戏曲的当代传承，不至于出现戏曲韵味的流失和扭曲的现代化。例如，赵培强在《莫让戏曲演唱歌曲化》中强调戏韵和戏情的重要性。他认为，西洋声乐体系的规范发声方法对于戏曲演唱的基本功具有积极作用，但戏曲演唱应当敬畏传统、学习传统，化洋为中。① 但是，这并不意味着戏曲电影中的演唱也必须完全按照戏曲的传统唱法来进行。在保留传统戏曲韵味的同时，让更多的电影观众先得其三分味，产生对戏曲的兴趣和关注，这也是戏曲电影的一大功劳。

在伴奏方面，《白蛇传·情》也引入了一些西洋乐器，加入了交响化的成分。但是，影片的伴奏音乐，主要还是依靠三弦、月琴、箫笛、锣、钹、鼓板等传统乐器。伴奏的交响化使影片的音乐更富有层次，起到了营造氛围的作用。事实上，在传统戏曲的伴奏中加入西洋乐器和交响化成分，早在新歌剧运动时的戏曲改革中就有很多有益的尝试。"有些同志……认为增加和声、重唱、合唱、交响化、多声部的织体等就是戏曲音乐发展的方向。这种好心是可以理解的，我们也不应该把戏曲与近代艺术的一些手法、技巧绝对隔离起来。事实上，这几年来许多戏曲音乐工作者在这方面做了一些积极有益的尝

---

① 赵培强 . 莫让戏曲演唱歌曲化［J］. 中国戏剧，2016（9）：58-59.

试，取得了可贵的经验。”[①] 我们应当谨慎对待戏曲音乐交响化，不能盲目跟风。新中国成立以后，戏曲改革取得了很大的成果。戏曲音乐的交响化在新编戏的创作上已经获得了一些经验。《白蛇传·情》虽然是传统戏的故事，但它毕竟不是粤剧舞台演出，而是粤剧电影。戏曲电影的音乐并不能与戏曲舞台表演的音乐完全等同，它具有帮助观众更好地融入电影情境的作用。适当地将戏曲的音乐交响化、歌曲化，挪用一些西洋乐器作为伴奏，这有利于那些并不熟悉戏曲的观众尽快进入观影的状态中，让观众产生一种日常欣赏音乐的亲近感。

总的来说，戏曲电影中音乐的流行化和歌曲化，必须要掌握好度，在不破坏戏曲韵味的前提下，适当地做出调整。这不仅有助于观众更快进入观看状态，也有助于戏曲音乐的传播。

（二）武戏的动作设计

《白蛇传·情》中有不少武戏，集中体现在《盗草》和《水斗》两折。文戏和武戏兼有的剧目常常受到戏曲电影改编的欢迎。武戏场面热闹，演员的肢体动作也较为丰富，动态感强烈，节奏较快。武戏也是观众最直接感受到演员的技巧和功力的桥段。早期的无声黑白戏曲电影，多选择记录武打片段。戏曲表演中的武打动作，既受到了传统武术的影响，也有戏曲自身的特有程式。

《白蛇传·情》的武打场面具有以下三个特点。第一，遵循了戏曲舞台表演的武打动作规律，保留了相当一部分舞台表演的程式化动作。在白素贞昆仑盗仙草的情节中，白素贞与两位仙君的打斗、交锋，虽然动作设计比戏曲舞台表演更为复杂，但在很大程度上保持了戏曲武打动作的原汁原味。第二，加入了现代武侠类型片的动作设计，增加了趣味性的观感。为了让观众获得更好的视觉体验，《盗草》将整个武打扩展为攻势、相持、守势、逆转、不敌等段落，这远远超出了戏曲舞台表演原有的武打动作总量。增加的这些武打动作，融入了现代武侠电影的一些设计，强化了戏剧冲突。这些带有现代武侠片色彩的动作设计，吸引了观众的注意力，但还是保持在一定的范围之内，没有给人过于突兀的感觉，没有侵入戏曲武打的程式美感。“这部影片的动作场景依然保持着原有剧作的几个基本场次和桥段，而且在动作设计上，把原有的戏曲的‘打’的动作融入武术动作和舞蹈动作中，同时借鉴了古装动作电影和神话题材电影中的动作设计，让影片中的动作场景变得更加逼真好看，具有动作大片似的动作塑造，节奏畅快淋漓，场

---

① 马可．从戏曲艺术的特点看戏曲音乐工作［J］. 人民音乐，1962（1）：12.

面开合腾跃，视觉上与戏曲原有动作表现拉开了很大的距离。但同时，这些动作又都是有限度的，并没有制造像动作电影那样打打杀杀的逼真效果，而始终保持着动作的美感和戏曲动作的象征性特征，使得动作激烈而有分寸，既突破了戏曲舞台动作的表演性，增加了逼真性，又保持在一定限度内，戏曲的武打动作元素也能得到一定的表现。"① 第三，增加远景、多人的武打场面，体现电影的场面调度特点。在《水斗》一折中，影片使用了蒙太奇，交替呈现了金山寺院内小青与法海、众僧的打斗以及大殿内白素贞与众僧的打斗。多人的武打场面打造了宏大的气势，场面调度也较为丰富、复杂，在制造武侠大片观感的同时，仍然融入了舞剑、舞水袖等戏曲舞台表演的程式和象征，较好地将电影的可看性与戏曲的韵味结合起来。粤剧电影毕竟不是粤剧舞台表演，具有现代色彩的武侠片场面和视觉奇观是电影语言的一部分。对于突破和逾越舞台表现的这些场面设计和镜头，始终是为影片整体的观影效果服务的。况且，这些创新的部分也没有破坏戏曲艺术的象征和写意美感。

"戏曲武打是戏曲形体动作的重要组成部分，它把传统的武术翻跌舞蹈化，把生活中厮杀格斗加以高度艺术提炼，构成有助于刻画人物、阐述剧情的艺术手段。"② 这是对戏曲武打非常清晰的一段描述。在新时代，戏曲电影中的武打场面，无论是使用数字特效还是运用蒙太奇、场面调度，只要是对生活的高度提炼，是一种舞蹈化的演绎，能拉开生活中格斗厮杀与象征性、虚拟性表演的距离，帮助刻画人物、阐述剧情，这样的武打设计就符合戏曲武打的原本功能。《白蛇传·情》当中的武打桥段，是符合上述标准的，是一次有意义的探索。

四、戏曲主导还是电影主导?

究竟戏曲电影中戏曲和电影这两种艺术门类的特点谁占据主导地位，对这一问题的看法历来有不同的声音。对于戏迷、曲友、票友等对于戏曲较为了解的观众，通常更希望戏曲电影能够充分尊重戏曲舞台艺术的规律，保留戏曲表演的原汁原味，让戏曲成为电影的主导。对于并不熟悉戏曲的观众而言，他们更希望戏曲电影能够体现电影语言的优势，在"看电影"的基础上了解戏曲，让电影成为戏曲的主导。这一部分观众从当前的电影市场来看，还是占据大多数的。争取这一部分人群成为戏曲电影的观众，这对于戏曲电影的发展甚至是戏曲传承，都是有益的。

---

① 高小健.审美传统的当下阐述与突破可能——观粤剧电影《白蛇传·情》[N].中国艺术报，2021-06-07(6).
② 何金海.武打在戏曲中的作用[J].戏曲艺术，1992(4)：18.

（一）戏曲和电影的平等地位

从理论上说，既保留戏曲的舞台特征，又符合电影的银幕规律，让戏曲和电影处于平等的地位，这应当是戏曲电影的创作理想。但对于导演、演员、编剧、作曲等创作人员而言，戏曲和电影之间往往会存在一些矛盾，很难真正做到绝对的融合和平衡，多少得做一些取舍。“电影与戏曲在布景的要求上是有矛盾的，它们各自有不同的风格，这就需要导演多动脑筋，多考虑一下整部影片的风格，使两者统一起来，才能缩小和避免这种矛盾。我们不妨举出几部拍摄得比较好的影片：一部是纯粹用舞台框子的，一部是完全用实景的，一部是既用了真实布景又配以舞台上常用的山水画作背景。它们均保留了传统戏曲的风格，而又独创了影片统一的风格……我们不应该反对电影化，因为电影化确实给戏曲带来好处，但是我们必须很好地研究戏曲的特点，创造性地发挥电影的特长，决不能借丰富戏曲之名，相对地取消了戏曲的特点，否则，这个矛盾将无法克服。”[①] 为取得戏曲和电影的平衡而做出的选择，并不在于是否使用实景，也不在于是否表现了生活化的写实场面，而在于能否在保留戏曲特点的前提下尽可能发挥电影的长处，打造使戏曲更为丰富的影片。电影丰富戏曲，并不意味着电影主导戏曲，也不意味着电影处于附属的地位，而是做到两者在地位上的平等。虽然在创作的过程中，在表演的程式、布景的虚实、镜头的远近等方面会存在一些矛盾，但如何巧妙地处理这些关系，在最终的效果上达到戏曲和电影的平衡，正是戏曲电影拍摄的关键之处。

《白蛇传·情》具有鲜明的电影意识，但也具有显著的戏曲特征，用粤剧舞台演出的眼光去衡量这部影片是有失偏颇的。将戏曲电影理解为用电影这种载体去还原戏曲舞台的演出，这种看法并不能把握这种类型片的本质。忠实记录舞台表演的戏曲影片，是在特定的时代语境下形成的现象。戏曲舞台的表演是转瞬即逝的，但电影能够记录和留存这些动态的演出。虽然早期的戏曲电影因为保存的问题有很大一部分已经无法修复或画面斑驳，但它们确实在拍摄完成后较长的时间段里，成为观众欣赏梅兰芳、周信芳等戏曲名家表演的最为直接的方式。这些戏曲电影不仅取消了观众必须在特定的场所和特定的时间去观摩舞台演出的限制，让观看的地域和时间都延展了。同时，从传播的角度来看，其打破了地域和时间的局限，也有利于推广戏曲文化。正如梅兰芳先生谈到的，“我已经是五十开外的人了，几时听见过唱旦角的唱到六十、七十？那就成了老旦

① 沌龙．“电影花木兰里的矛盾”由来已久［J］．中国电影，1956（2）：50.

了……中国地方那么大，不可能都走遍。我每想到这些，心里就觉得不安，所以很想拍一部电影，使许多边远地方的人，也能从银幕上看到我的戏，这是我的心愿。”①戏曲电影对戏曲表演的记录，是特定时代提出的要求，不仅有利于戏曲艺术的传播和接受，也是电影在发展过程中吸收艺术养分的途径。但是，戏曲电影如果仅停留在记录舞台，是无法体现它与戏曲舞台艺术的区别性特征的，也无法发挥这种类型片真正的审美价值和社会功能。戏曲电影跟基于传统绘画、手工艺的美术电影一样，是中国电影民族化的重要探索，也是戏曲在新的时代环境中获得现代性的一种路径。“从电影诞生一百多年的历史进程来看，中国电影与戏曲的碰撞、融合不仅体现在中国电影技术革新的发展阶段上，而且也体现在中国戏曲电影的美学形态上。可以说，中国电影与戏曲的碰撞、融合不仅深刻影响着中国戏曲的传承与发展，而且对形成中国电影学派也起到了重要的支撑作用。”②

（二）以戏曲为题材的电影

思考新时代戏曲电影的发展道路，我们必须明确戏曲电影这种类型片中的戏曲和电影，不是谁主导谁从属的关系。戏曲电影是以戏曲为题材的电影。需要注意的是，这并不意味着戏曲要服从电影，两者不存在谁服从谁的问题，而是戏曲最终的呈现方式是电影。这里的题材并不等同于故事情节和内容，它具有两方面的规定性。第一个规定性是剧种。戏曲电影必须是以某个剧种为表现对象的。故事内容并不是戏曲电影体现的规定性。《白蛇传》是中国古代的民间传说，在流传的过程中逐步演变、定型，进而被文字记录下来并经过文人和艺术家的加工。例如，清代方成培的传奇《雷峰塔》即为《白蛇传》的一个戏曲文本。电影讲述民间传说中白娘子和许仙的故事，并不一定就是戏曲电影。《白蛇传》有昆剧、京剧、粤剧、越剧、黄梅戏等多个剧种的版本，这些版本因主要演员和折子戏的差别，也具有多元化的特点。戏曲电影必须是对其中一个剧种的呈现，而不仅仅是对故事的呈现。另外，抗战时期曾出现过大量对传统剧目进行改编以应对时局、弘扬爱国热情、鼓舞民族士气的戏曲电影，包括赫赫有名的《生死恨》。有些电影对传统戏人物和情节的改编与原作大相径庭，是为提升抗战热情、凝聚民心服务的。更何况，戏曲还有面对现实生活创作的新编戏，故事内容是十分丰富、广泛的。因此，故事内容不能作为戏曲电影的判断依据。第二个规定性是剧目。无论戏曲电影表现的是传统戏还是新编戏，都必须对应一个具体的剧目。戏曲电影的取材不可能是凭空想

① 梅兰芳．我的电影生活［M］．北京：中国电影出版社，1984：62-63.

② 冉常建．中国电影与戏曲艺术的碰撞与融合［J］．电影新作，2021（2）：80.

象的，必然要来源于戏曲舞台艺术的剧目。如果一部电影讲述了一个新创作的故事，套用某个剧种的表演方法、唱腔、流派，也不能算作一部真正的戏曲电影。优秀的戏曲电影作品，大多都是对戏曲经典剧目的银幕呈现，如 1954 年的越剧电影《梁山伯与祝英台》、1960 年的昆剧电影《游园惊梦》等。有些戏曲电影的表现对象可能是经过多次改编的剧目，如 1971 年的京剧电影《沙家浜》是在沪剧《芦荡火种》的基础上改编的京剧现代戏。

戏曲电影的题材是戏曲，必然会受到戏曲舞台艺术发展的影响，在影片中留下痕迹。“在叙事形态上，新创作的戏曲及其戏曲电影在创作上有向话剧、歌剧表现形态靠拢的倾向。剧情上升为第一位，程式化动作减弱，生活化形态加强，情节整体完整。特别是非常生活化的地方性剧种较多，也增加了这方面的特点。”[①]《白蛇传・情》对生活情态的强化、音乐的歌曲化和交响化、程式和象征的减少等特点不仅是电影艺术的要求，也是戏曲舞台艺术自身发展的特点，是粤剧艺术改革和发展的需要。

五、结语

在人民群众对美好生活需要不断增长的新时代，在电影新技术高速发展的十字路口，戏曲电影的发展道路应当注意以下几个方面。

第一，以开放的态度对待电影新技术。合理利用 3D、CG 等数字技术，能够引领新的戏曲电影美学风尚。《白蛇传・情》使用数字特效达到了水墨绘画的效果，为戏曲表演营造了诗意的氛围。故事如同在一幅画卷中徐徐展开，与戏曲的情境相协调。

第二，应当发挥电影的记录功能和蒙太奇的表现方法，恰当处理戏曲表演的程式化和象征性，在写实和写意之间维持一种平衡，保留戏曲的韵味，同时用生活化的场景取代一部分舞台假定性，让观众更容易进入观看影片的状态。

第三，电影时空和舞台时空应当彼此取长补短，打破戏曲舞台的时空限制，同时又能够在电影时空中还原戏曲舞台观众的观摩视角，让观众产生既在看戏也在看电影的体验。

第四，注重戏曲电影作为类型片的市场需求，让更多不熟悉戏曲的观众走进影院，了解和欣赏戏曲，同时又在最大程度上留住戏迷、票友等对戏曲颇为关注的观众。这就要求戏曲电影在满足市场需求的同时，追求艺术性和审美价值，突出戏曲的独特美感。

---

① 高小健．中国戏曲电影史［M］．北京：文化艺术出版社，2005：273.

第五，明确戏曲和电影不是谁主导谁从属的关系，而是将两种艺术形式融为一体，打破不同门类的壁垒，让戏曲电影成为具有民族特色的类型片，成为中国民族电影体系的有机组成部分。

作者简介：

陈忆澄，艺术学博士，中国传媒大学在站博士后。

中国改编戏剧的跨文化视角 *

——以《等待戈多》为研究对象

秦 璇

摘 要： 随着戏剧的不断发展，荒诞派代表作《等待戈多》的诞生在我国戏剧界掀起了滔滔巨浪。诸多戏剧创作者投入戏剧《等待戈多》的创作改编中，其经过多次改编如今在我国已成为经典流传。中国的戏剧改编自改革开放以来曾经历过一段辉煌的历史，但是在经济转型时期，人们文化娱乐方式的多样化使得诸多文化娱乐活动占据了人们的视听，戏剧表演艺术在消费者群体心中的地位开始动摇。然而，《等待戈多》却有所不同，它在我国的戏剧改编历程中独树一帜，其不同的艺术风格，凸显出艺术改编手法的多元化倾向。本文旨在探讨《等待戈多》及其在中国的不同历史时期，改编者所演绎的各种戏剧的艺术风情，以及其对中国戏剧发展的影响。

关键词： 跨文化戏剧；中国式改编；等待戈多；荒诞派戏剧

爱尔兰荒诞派剧作家萨谬尔·贝克特（Samuel Beckett）以其独特的远离现实主义传统的写作手法，创作出了著名的荒诞派戏剧《等待戈多》，在戏剧史上树立了一座丰碑。此剧浑然天成，可谓荒诞派戏剧之经典，在全球范围内广受追捧，短短几年间就波及全球，广为流传，并被译成了 20 多种文字，在欧洲、美洲、亚洲等许多地区同时上演、经久不衰。与此同时，随着荒诞派戏剧《等待戈多》影响力的加深，我国自 20 世纪末也逐渐涌现出了诸多优秀的剧作家，他们以《等待戈多》作为灵感创作来源，改编或模仿其作品创作出了许多优秀的改编剧作。其间有高行健的《车站》，陈加林、孟京辉、任鸣、李然等的《等待戈多》，林兆华的《三姐妹·等待戈多》，以及吴兴国（台湾）的《等待果陀》等。荒诞派戏剧《等待戈多》在中国的改编，融合了作者对此剧的

* 本文为国家社科基金艺术学重大项目“中华传统艺术的当代传承研究”（19ZD01）、国家社科基金艺术学一般项目（18BB020）的阶段性成果。

理解与时代背景的投影，体现出了不同创作思想以及艺术表演特色。因此，本文从作品改编角度，研究了 20 世纪 80 年代、90 年代以及 21 世纪我国戏剧的发展特征，对我国当代戏剧改编进行思考并予以展望。

一、我国对《等待戈多》进行多次改编的历史动因

国内对戏剧作品《等待戈多》的改编，源自 20 世纪六七十年代。由于当时国内的文学思潮受政治影响，人们的文学创作以及批判与当时的时代发展紧密相连。随后，到了 20 世纪 80 年代，各种文学艺术思潮纷纷涌现，频频激荡着时代发展的脉搏。此前各个历史时期的文学作品具有特殊的时代性，文学作品也颇具一定的时代发展风貌。因此，国内改编的外国文学作品，顺应了那个时代文学思潮的发展脉动。

正当国内观众对传统戏剧产生审美疲劳时，西方国家各类文学流派的涌入，使得外国戏剧作品迅速地抓住了大众的眼球，随后国外各种流派的戏剧作品开始在我国的戏剧舞台上崭露头角。当时西方文学思想的大量涌入具有深刻的历史缘由。首先，西方文学流派与我国国内文化思想大解放思潮相碰撞，国内文学的发展试图寻求新的突破，对外来的新鲜事物存在着迫切的求知欲望。其次，新戏剧流派的出现，迎合了国内戏剧界想要得到转变的急切愿望。[①] 最后，荒诞派戏剧《等待戈多》作为新的戏剧形式，在国内受到了大量观众的热烈追捧。《等待戈多》荒诞派戏剧的创作理念，符合观众对自由、新思想的追求，契合国内人们对封建思想的反叛精神，也投合了国内戏剧界对传统戏剧变革的新主张。

国内曾出现过多部《等待戈多》的改编戏剧现象，究其现象背后的缘由都有着深刻的历史动因。首先，国内的文学发展在新中国成立后并未呈现出较大的改观，然而自贝克特的《等待戈多》等一系列戏剧作品传入中国后，在某种程度上对国内文学的发展起到了一定的推动作用。其次，自十一届三中全会以后，国内的文学发展在思想上得到了较大的解放，国外的戏剧作品开始陆续地被搬上国内的戏剧舞台。

荒诞派戏剧《等待戈多》被引入中国戏剧界之前，国内在文学思想创作以及戏剧舞台表演方面，主要还是遵从以启蒙和现实主义人生作为其创作的思想源泉。但这种戏剧创作模式已经跟不上当时的时代发展步伐，中国戏剧发展受到阻碍。随着西方超现实主义理论思想传入我国，激荡着国内戏剧界的创作理念，戏剧的革新与创新工作受到启

① 邹红，王翠艳，黎萌．百年中国艺术史．百年中国戏剧史（1900—2000）[M]．长沙：岳麓书社，2014.

发并快速发展。多数戏剧家认为，当今我们理应将戏剧作为一种开放的文化体系，融会贯通不同流派的戏剧创作过程。如果一味遵循传统的、固守自封的戏剧形式，剧作家们根本无法对戏剧存在的潜能进行更深入的挖掘。国内戏剧创作在长时期内都没能得到较大的革新，尤其是在表现手法上无法更好地满足大众对戏剧多元化的需求。因此，对中国戏剧的改革，已经成为必然。荒诞派戏剧《等待戈多》在国内的改编一定程度上催生了中国戏剧的变革与创新，在国内戏剧界掀起了一股戏剧创新之风。[①] 自此，国内的戏剧舞台上出现了大量优秀的跨文化戏剧改编作品，创作者们开始逐步大胆地创新，一改旧颜。

二、改编剧《等待戈多》在中国的代表人物及作品艺术风格

《等待戈多》是萨谬尔·贝克特的作品，其表现的是人类在对希望的永恒追求过程中，不断遭遇失望，又在几近于绝望的状况中不断寻找希望的主题。[②] 贝克特作为世界著名的戏剧大师，其作品自 1962 年传入中国以来，对国内很多剧作家都产生了巨大的影响，国内对其研究的文章不计其数。自 20 世纪 80 年代初，荒诞派戏剧的剧作就出现了较多译介，戏剧《等待戈多》对我国当时的戏剧界形成了较大的冲击，很多戏剧家和剧作家都不同程度地受到了该作品的影响。《等待戈多》在中国经过多次改编，其中较为典型的有 1983 年高行健的《车站》、1986 年陈加林的《等待戈多》、1991 年孟京辉的《等待戈多》、1998 年林兆华的《三姐妹·等待戈多》、1998 年任鸣的《等待戈多》、2004 年李然的《等到戈多》，以及 2005 年吴兴国的京剧《等待果陀》等。

高行健的《车站》改编自贝克特的《等待戈多》，作者通过表达公共汽车和等车的人这两种“存在体”之间所存在的戏剧化的矛盾和碰撞，表达了作者对现代生活的一种深入思考，即对人们普遍真实生存状态的沉思。《车站》主题思想的艺术表现形式以内容为首要依据，通过表现车与人的现实矛盾冲突，来展开情节和塑造人物形象。戏剧《车站》冲突的核心是戏剧人物之间所展开的具有社会意义的性格意志矛盾，这部荒诞剧的三大艺术特色分别为：无场次、多声部、生活抒情。作者认为在此作品中不需要戏剧表演，只需要语言表达即可体现出他们的内心世界。高行健改编的戏剧，体现了由现实逐渐走向荒诞的创作思想，同时作品将人们对现实生活的思考与艺术创作形式进行了

① 李言实．永恒的等待：贝克特戏剧在中国［D］．太原：山西师范大学，2019.

② BECKETT S. Waiting for Godot［M］.New York：Grove Press，2011.

完美的融合，具有叙述性、交流性、趣味性、复调性、动作性和完全性。[①]

陈加林导演改编的《等待戈多》具有高度的艺术欣赏性，他将原剧中“戈多”的形象想象成“四小天鹅”，剧中用各种感性的、理性的、荒诞的、哲理的诠释来解构《等待戈多》的荒诞主题。将《等待戈多》带入我国的戏剧领域供人们思考与自省，当时《等待戈多》的成功改编，为陈加林老先生带来了潮水般的掌声与好评。改编剧《等待戈多》语言的表达之精彩，在作品改编的艺术表现中体现得淋漓尽致。戏剧人物巧妙的语言表达，经过导演的深思熟虑后极富有语言代表性。比如台词内容和舞台表演形式都十分精湛，尤其是台词十分到位，戏剧台词具有舞台艺术表演的直观性，通过演员口述表达他人或其他事物，在观众面前将完整的情节和矛盾冲突绝妙地呈现出来，从而成功地塑造了人物的艺术形象，使观众获得戏剧人物情绪。

孟京辉的《等待戈多》整体展现出激发意义和戏剧创新性。激发意义是无心颠覆原作，通过对原剧《等待戈多》戏剧形式的变化和结构的重组，重新体现其精神内涵，并富有时代气息，使《等待戈多》的改编更加符合现代观众的审美意向。戏剧创新性是去掉原作中所蕴含的时代精神和那个时代所特有的理想，进一步发掘原剧中的潜在主题，把其当成抒写自己人生感受体验的材料，诠释出另一种人生的意义。孟京辉的《等待戈多》突出了第二主题，《等待戈多》的第一核心主题是等待希望，表现人类在无望中寻找希望的执着，主要是探讨人性和思想的主题，第二主题的凸显则是孟京辉对人类生存意义的反思。这个版本对原版还原的关注度更高，孟京辉在创作中多注重与原版情节的契合，同时也在其中加入了个人的舞台风格、服装及动作设计。[②]

林兆华关于《三姐妹·等待戈多》的改编，在戏剧结构上布置得相当巧妙，他将契科夫的《三姐妹》和贝克特的《等待戈多》这两部经典戏剧的创作思想理念和人物，通过合理的构思融入同一部戏剧作品当中，成功地融合成题为《三姐妹·等待戈多》的戏剧。这部精心融合的戏剧表述了“不同的时代，相似的命运”之主题。在《三姐妹·等待戈多》中，等待让原本毫无关联的人的命运变得如此相似。另外在处理两个剧本之间的衔接时，林兆华运用了蒙太奇手法，让两拨演员在舞台上互相交错进行表演。《三姐妹·等待戈多》完美地融合了《三姐妹》与《等待戈多》剧目中的戏剧精华，在整个戏剧中运用巧妙的拼接手法，真正做到了“不是两数之和，而是两数之积”，使得两部经典巨著的结合令人回味无穷，也给观众留下了思考的余地，品味其中所富含的

① 许国荣 . 高行健戏剧研究［M］. 北京：中国戏剧出版社，1989.
② 张璐 . 浅析孟京辉先锋戏剧的美学风格［J］. 大众文艺，2014（3）：195-196.

人生哲理。[①]

我国的戏剧发展到 1998 年，有越来越多才华横溢的戏剧导演走入人们的视野，人艺导演任鸣就是其中一位。他在 1998 年 1 月 26 日推出了小剧场话剧《等待戈多》，从当代的视角进行审视，表现出了现代人内心的孤独与失落，体现出人们内心深处的无助感，将原版《等待戈多》的思想内核结合现代人的思想理念，其成功塑造了中国现代版的“等待”。[②]在剧中，任鸣将原剧的两个流浪汉角色，采用了两名女演员作为代替，无论是对戏剧情节的取舍，还是对荒诞成分的立意开掘，都体现出了求新求变的创作理念。该剧正视人物原型的复杂性，着眼于社会制度与性别伦理，并揭示了剧目立意深刻之缘由。同时借鉴原剧的荒诞表现手法，并将其合理融入改编剧现代艺术的舞台表演技艺之中。

李然的《等到戈多》将“戈多”的外在形象模糊掉，“戈多”以多种不同的身份进入观众的视界。在作品当中“戈多”的身份无关紧要，剧目的重点在于“等待”的过程。这部改编戏剧的新尝试也正是在这一点上，李然在作品中掺入了对人生的许多感悟，并将这种“感悟”很好地融合到了作品当中，将“实”和“虚”的关系放在了一个非常巧妙的平衡点上。剧中对“戈多”的到来以及因无法接受和适应这种突然出现的情势，进而做出杀害“戈多”的决定，使原作《等待戈多》中的等待有了一个结果，创作者将“等到了又如何？”的思想体现在改编戏剧《等到戈多》中，以此启发人们去思考，使观众有了更多对人生哲理的体验和感悟，进而寻思“戈多究竟是什么”的问题。

吴兴国将京剧《等待果陀》以全新的创作艺术风格，再现了《等待戈多》等待希望的主旨。《等待果陀》并没有彻底颠覆《等待戈多》原作，而是在改编原剧本时把舞台剧京剧的唱念做打与荒诞派戏剧的舞台表演形式相融合，通过中国传统戏曲的曲牌来唱通俗、生活化的剧本，以及将戏曲音乐等诸多艺术元素运用到戏剧中，将荒诞派戏剧人物形象和京剧唱腔相结合的表演形式共同呈现在观众面前。[③]改编剧《等待果陀》并不是单纯地对原剧进行临摹，而是在本土文化的背景下，将我国优秀的传统艺术京剧与《等待戈多》完美融合，演绎和创新了该戏剧作品，并推出京剧《等待果陀》。

---

① 陈烨.《等待戈多》与《三姊妹》中“等待”题旨比较［J］. 文教资料，2017（32）：175-178.

② 李言实 . 贝克特戏剧在中国的影响和接受［J］. 戏剧（中央戏剧学院学报），2020（3）：124-144.

③ 陈惠. 当贝克特走进京剧——东西方戏剧美学的精彩融合［J］. 河南牧业经济学院学报，2020，33（5）：53-59.

三、《等待戈多》在中国多次改编后的艺术特色、思想及手法

《等待戈多》的改编在我国主要分为三个阶段：第一阶段大致集中在20世纪“文化大革命”结束后至20世纪80年代初期，当时作品对于现实的批判性研究较为突出；第二阶段是20世纪八九十年代的荒诞派戏剧浪潮时期，80年代的研究主要集中在戏剧的主题思想和艺术技巧方面；第三阶段是对90年代的戏剧研究，主要关注在戏剧的语言和相关结构的巧妙构思上。《等待戈多》在中国的改编与中国传统文化的传承发展、改革开放、经济复苏是密切相关的。自从进入21世纪以来，人们对《等待戈多》戏剧作品的改编取得了斐然的成绩，由此确立了《等待戈多》在中国研究的新方向。

《等待戈多》在中国各个不同时期的改编作品中，都不同程度地彰显了时代车轮碾压后留下的历史印痕。戏剧中人物的矛盾冲突、审美特点以及人物的语言特征，都洋溢着中国剧作家们的巧夺天工之妙。在《等待戈多》的多次改编中，不论是在剧本之中还是在舞台之上，都充斥着剧作家对原作内容丰富的理解和情感体验，具有浓厚的中国本土化艺术特色。

在改编作品高行健的《车站》中，艺术特色主要体现为隐喻。作品结合人们所处的本土文化环境，表达出了民生环境中人们对人生感悟的哲思。剧中人物代表了当时一个群体对人生困惑迷茫的缩影，主题思想参照了萨谬尔·贝克特的《等待戈多》，但所表达的内容却不止于原作，而是更加丰富、感性。改编作品具有形象代表性，它不但表现出了剧中人物丰富的情感，还流露出了人物所思所想背后的迷惘。[①]高行健选取鲜明的人物形象和富有代表性的艺术视角，将当时的社会阶级、民生环境、政治时期的特点都体现得淋漓尽致，使观众深切感受到不断变化的社会、个体与环境之间存在的矛盾。

陈加林的《等待戈多》的改编手法采用了肢体语言动作，形象地表达出了《等待戈多》的戏剧主旨和主要内容，这些形体化的动作丰富了单薄的语言表达，在剧情内容增加的同时，又让观众领会到了人物的性格，增添了戏剧的主旨内涵。比如两位主人公在等待戈多的过程中的手舞足蹈，充分展示了小人物的内心世界。《等待戈多》的改编体现了陈加林独特的审美意识，剧目以直觉的、整体的方式把握客观对象，让人感受和领悟到改编作品所呈现出的本土化艺术风格，使观众通过接触、认知和欣赏各种舞台艺术

① 景晓莺.论高行健戏剧艺术的借鉴与创新——《车站》和《等待戈多》戏剧手段之比较［J］.华文文学，2014（5）：55-59.

的丰富形式，进而更加理解作品的深刻寓意，引导观众融入戏剧的美感体验中。

吴兴国的京剧《等待果陀》，对原剧的语言表达进行了创新，他将语言以京剧的唱腔展现，通过京剧表演艺术家的戏剧舞台表演，把剧本的灵魂演绎了出来。改编剧的台词、戏剧人物的服装以及人物的表演方式等，都改换成了京剧的舞台表演形式，令观众耳目一新。《等待果陀》通过京剧演员唱念做打的表演方式，揭示出了戏剧的冲突、戏剧人物心理活动和戏剧人物动作含义，进而通过人物台词和舞台效果加以表现。整部剧使用京剧唱腔，体现了中国本土化的戏曲语言表达艺术在跨文化戏剧中的重要性。①

《等待戈多》在我国剧作家笔下改编的三个阶段中，分别表现出不同的艺术思想。比如高行健对《等待戈多》的改编，他将剧名改为《车站》，主要描述现代人的功利性和小人物的痛苦，表达了弱势群体在特殊时期和民事环境背景下，只能被命运摆布接受漫长且无谓的等待，无法找到合理的方法对未来进行预知的茫然失措心态。诸如对此类小人物心理描写夸张化艺术元素的加入，可以使戏剧作品的改编性显得尤为突出。一部成功的戏剧改编作品从来都不会只是复述，它往往会融合改编者自己的诸多感悟与体验，表达出改编者的内心世界。《车站》的艺术性主要是反映社会生活和人物表达思想感情所体现出的现实意义，因为各门艺术的艺术性表现风格是不同的，改编戏剧《车站》正是表现出了中国本土化戏剧的独特之处。虽然在《等待戈多》原著作品中人与人之间的关系始终捉摸不透，体现出的是戏剧“荒诞”的艺术性，但是《等待戈多》在我国的每一部改编作品中，戏剧人物语言的表现手法以及空间的转换等，均体现出我国戏剧独特的舞台艺术性。

原剧《等待戈多》完全突破了传统戏剧的情节结构，整个剧情叙述十分碎片化。从表面上看虽显得杂乱无章，实则有它独特的艺术手法。在我国改编《等待戈多》的众多作品中，大多延续了原作的主题，在戏剧中融合了创作者的创新之处，尽管表现手法有所改变，但仍没有脱离原剧的主旨和思想，主题思想仍然是“等待”。综合我国多部改编作品来看，从艺术表现手法方面主要有如下特点：第一，对原剧的情节进行改编，叙述不同的故事。第二，对题材进行变化，反映了不同的环境。第三，将矛盾冲突转移由它物体现，表达戏剧的主要情绪。比如京剧《等待果陀》表现手法改变了，但是原作的思想和主旨都没有改变，可见创作者需要对剧作的整体做完善的考量。

---

① 王墨林. 戏剧本质是形式？还是文本？京剧能等到果陀吗？［J］. 福建艺术，2006（1）：59.

四、改编剧《等待戈多》代表作品的区别性特征及相互关系

20世纪80年代《等待戈多》改编剧主要是以高行健的《车站》和陈加林的《等待戈多》为代表作。高行健的《车站》讲述了一个发生在郊区车站的故事，他结合当时我国社会经济发展的状况，表达了某种程度上民生环境的亟待改善。陈加林的《等待戈多》代表了我国20世纪80年代小剧场运动的发展，以及国外文学对我国文学的冲击，并引发了当时诸多创作者的再创作热潮。

可以笼统地说我国整个20世纪80年代的戏剧大多偏重探讨现实和理想，主要从文化角度观察和表现人们的生活状态，以反映现实生活中的矛盾和问题。当时，随着我国改革开放的到来，人们的思想也逐步开放。于是我国20世纪80年代戏剧界出现了诸多革新者，他们对戏剧大胆地探索，创作了很多新的戏剧形式，并在其中赋予自己对戏剧的理解，从而推动了戏剧的变革之风。与此同时，他们借鉴了西方现代剧的各种艺术表现手法，形成了具有现代主义色彩的表现型探索剧。20世纪80年代的戏剧在舞台上主要强调舞台艺术与观众交流，突出舞台表演性，重视戏剧人物内心世界的直观表现，以及戏剧结构的多样化。

20世纪90年代《等待戈多》改编剧主要是以1991年孟京辉的《等待戈多》、1998年林兆华的《三姐妹·等待戈多》，以及1998年任鸣的《等待戈多》为主要代表。从孟京辉改编的《等待戈多》中可以看到他对传统戏剧束缚的挣扎，希望将他所要打破传统戏剧的叛逆形象，通过改编剧的人物形象表现出来。① 林兆华的《三姐妹·等待戈多》中，舞台表演采用了“拼贴”的手法。任鸣《等待戈多》的改编阐释了现代人普遍“等待戈多”的现象，继续了原作的思想主题。

我国20世纪90年代的戏剧特点，主要体现在吸收国外戏剧各种思想和流派后的杂糅。那个时期的改编剧《等待戈多》，在吸收国外戏剧特点的基础上，表现出我国本土化戏剧的舞台风格、戏剧表现力以及戏剧创新力。20世纪90年代以后我国大众文化发展迅猛，多样化的文化消费选择吸引了人们的注意力，从而削弱了戏剧对观众的吸引力。因此，我国的戏剧急需创新。与此同时，国外戏剧的各种相关流派也纷纷涌入我国，这些流派在中国以一种共时性的方式存在，取消了时间和语境的限制。因此，20世纪90年代的戏剧往往具有先锋性。对传统的戏剧传承模式进行革新，如小剧场、探

---

① 舒泊宁.孟京辉先锋戏剧艺术研究［J］.现代交际，2020，（21）：113-115.

索戏剧、现实主义戏剧等，都体现了人们对戏剧发展模式的思考与尝试。例如，90 年代戏剧改编的代表类型——先锋戏剧与 80 年代的戏剧在表演方式上就不同。第一，90 年代的戏剧不仅仅是强调演员和角色的交流，更是让观众有直接参与的感受，比如在戏剧中角色互换等。第二，90 年代的戏剧不再是仅仅体现戏剧所处的时代，而是将整个戏剧舞台都进行假定，比如戏剧布景、人物的服饰、戏曲手法等。第三，90 年代的戏剧更加注重形体动作的客观展现，形体表演本身也可以作为戏剧的语言。

2000 年以后《等待戈多》的改编剧主要以 2004 年李然的《等到戈多》和 2005 年吴兴国的京剧《等待果陀》为代表，改编剧更为注重传达原作的精神主旨，为戏剧创造新的表现形式。李然的《等到戈多》，将更多时代元素融入作品中，使其更加诙谐，在语言和动作上更加丰富。吴兴国的京剧《等待果陀》，是对中国传统文化的继承和创新，他将京剧的形式融入对西方荒诞剧的改编中，在舞台演出形式上进行了跨界创新。

如果说 20 世纪 80 年代的戏剧偏重于现实和理想的探讨，90 年代的戏剧则主要体现在对国外戏剧各种思想和流派的杂糅，那么 21 世纪以来我国戏剧的发展道路却遭遇了瓶颈。由于 20 世纪 90 年代的影响，我国的戏剧创作缺少了文化和文学性的支持，以顺应群众的喜好为主，造成了现代戏剧的商业化。我国自对外开放到 21 世纪以来，戏剧作为一门舞台艺术，需要努力探索出自身正确的商业化和市场化的运营模式，同时能够保留其戏剧传统的艺术性。21 世纪初期，我国进入经济快速发展时期，一切都处于创新和发展的阶段，因此对 2000 年以后的戏剧也产生了潜移默化的影响。比如李然的《等到戈多》是将萨谬尔·贝克特的《等待戈多》作为原素材进行再次创新而改编成的戏剧；而吴兴国的京剧《等待果陀》则使人感受不到原剧中那种浓浓的悲剧感和恐怖感，剧中有略带粗俗的捧哏逗乐和夸张无厘头的谐谑表演，使观众当场捧腹大笑。由此看来，我国自 21 世纪初至今，发展了 20 年的创新型实验戏剧为了吸引更多的观众，逐渐具有了一定的娱乐性和商业性。

五、以《等待戈多》为代表的西方戏剧在中国改编所引发的思考

由上述对戏剧作品《等待戈多》的分析不难看出，诸如荒诞派戏剧《等待戈多》等诸多西方戏剧进入我国戏剧市场，为我国戏剧的发展掀起了后现代戏剧的文艺思潮之风，对我国戏剧的影响颇大。外国戏剧如荒诞派戏剧自从进入我国以后，对当时的戏剧家们产生了深远的影响。众多的外国戏剧推动了我国的戏剧发展，对以往较为保守的中国戏剧产生了不小的冲击。改编西方戏剧对我国戏剧发展来说有着重要的意义：首先有

利于提高人们对戏剧的关注度；其次有利于改善我国剧作缺乏优秀作品的现状；最后有利于中国戏曲艺术的传承与发展。迄今为止，诸如北京人民艺术剧院这类国内颇有影响力的剧院，仍然在上演着荒诞派戏剧《等待戈多》，可见这部改编戏剧在我国戏剧界的影响十分深远。

毋庸置疑，西方戏剧对中国戏剧界产生了深远的影响，不仅使带有浓郁现代主义的戏剧在中国流行，还促进了当下中国戏剧观念的更新和中国戏剧现代化的发展。20世纪80年代后的戏剧，最大的特色在于真实和深刻地反映现实，表达出人们的思想和所处环境，主要以表现那个时代的代表性声音为核心；20世纪90年代初期，我国的戏剧开始陷入发展困境，然而随着中国的改革开放，西方戏剧现代主义思潮不断涌入，这促使我国戏剧完成了从古典戏剧到现代戏剧的转型。此外，关于戏剧观也有了更多的讨论，“探索戏剧”“现实主义戏剧”“小剧场”逐渐兴起；然而自21世纪初以来，随着政治环境的活跃和市场经济的深入发展，政治对戏剧的影响已经逐步减弱。

21世纪的中国戏剧经历了主旋律戏剧召唤的同时，在戏剧创作方面也出现了不同的走向。从创作动机、审美追求、戏剧观念以及创作方式来说，与以往相比都有了十分明显的差异，戏剧主要出现了主旋律戏剧、经典名剧、商业化戏剧以及先锋实验剧等诸多类型的混合。针对当下戏剧发展的现状，我国在政策上和财力上都给予了大力支持。剧作家们也不得不重新对戏剧进行思考和创新，使改编戏剧更符合当下时代的发展。

六、结语

综上所述，萨谬尔·贝克特的荒诞派戏剧《等待戈多》，在中国的改编具有划时代的意义。自《等待戈多》被传入中国以来，主要有高行健、陈加林、孟京辉、林兆华、任鸣、李然以及吴兴国等剧作家投入《等待戈多》作品的改编中来。我国20世纪80年代后的戏剧，主要是真实和深刻地反映现实；20世纪90年代的戏剧，主要是从古典戏剧到现代戏剧的转型；虽然我国在21世纪的戏剧改编发展历程中遭遇到了诸多困难，但是人们对戏剧改编重新进行思考和创新的脚步却从未停止。如今，我国观看传统戏曲的观众数量渐少的趋势不容忽视，我们在尽力传承传统戏曲精髓，亟待增强戏剧表演艺术性的同时，也要适当增添戏剧的商业性和市场性，以迎合并提升观众的艺术品位。我国戏剧家在对西方戏剧的改编过程中，需要注意西方戏剧所表达出的内涵与我国传统文化之间存在的差异性，需要去繁就简，表达主题思想的同时旨在传承我国优秀的传统文化思想，并结合时代增添戏剧的审美价值，才能使中国戏剧的发展蒸蒸日上。

作者简介：

秦璇，博士，浙江传媒学院英国研究中心副主任，浙江传媒学院国际文化传播学院副教授，硕士研究生导师。研究方向：跨文化戏剧、英国文学与文化。

泰国传统艺术的当代传承*

——以泰国丝绸为案例

[泰]李雨飞

摘　要：泰国纺织丝绸有着悠久的历史。它既是文化遗产，也是现代产业的一种类型。泰国传统纺织丝绸的纹样、染色工艺和文化内涵在其北部、东北部、中部和南部地区形成了不同的特点，与民俗文化、仪式活动、宗教信仰等关系紧密。泰国传统纺织丝绸的当代传承，从家庭生产走向创意经济，在创新中革新观念、技艺，与时尚、互联网、旅游等产业融合，在探索中形成了新的人才培养模式和传承路径。行业竞争、产业结构的升级和人们生活方式的转变推动了泰国传统纺织丝绸的当代传承。在泰国，将手工劳作与机械化技术有机结合，积极拓展市场，提高民族文化的自觉，平衡纺织丝绸的艺术价值和经济价值，推进传统纺织丝绸的有序和活态传承，成为人们的共识和社会责任。

关键词：传统艺术；当代传承；泰国丝绸；纺织手工艺

泰国丝绸是一种服饰文化遗产，传承了三千多年，最初出现在泰国的东北地区，后来传到其他地区。现在，泰国各地都有结合当地民俗文化的丝绸文化。这些丝绸文化连接当地环境，引发想象，一直流传至今。带有鲜明地方色彩和民族特色的编织品是一种文化创造过程，为了更加了解泰国各地编织手工艺的当代传承，笔者对“泰国民间编织的传承”进行了研究。

* 本文为国家社科艺术学重大项目“中华传统艺术的当代传承”（19ZD001）阶段性成果之一。

一、泰国丝绸的历史和产业发展

（一）中国的“丝绸之路”和泰国的传统丝绸手工艺

蚕，原是自然生长在桑树上的，它以吃桑叶为主，所以也叫桑蚕。在桑蚕还没有被饲养之前，人类的祖先很早就懂得利用野生的蚕茧抽丝了。早在殷周时期，中国的蚕桑生产已经有很大发展，可见开发人工养蚕远在殷周之前。

殷代甲骨文中不仅有蚕、桑、丝、帛等字，而且还有一些和蚕丝生产有关的完整卜辞。甲骨学家胡厚宣的研究指出，有的卜辞上记载，叫人察看蚕事，要经过九次占卜。可见蚕桑在当时是一项非常重要的生产事业。甲骨文中还有关于蚕神和祭礼蚕神的记载，当时人们为了养好蚕，用牛或羊等丰厚的祭品祭礼蚕神。

考古学家不止一次在殷墓中发现有形态逼真的玉蚕，例如河南安阳墓和山东苏埠屯都出土有商代的玉蚕。在殷商的铜器上也常发现有用蚕做装饰花纹的。这些都说明，蚕在当时人们心目中的重要位置。

传世的殷代铜器物很多附着有丝织物的痕迹或绢丝断片，反映出当时已经有相当高级的丝织技术。丝织品在当时社会经济生活中越来越重要，已经成为货物交换的中间媒介。要生产大量的丝织品，只有靠发展人工养蚕，才能提供足够的蚕丝原料。中国南方蚕农发明了桑树嫁接技术，这是一种先进的栽桑技术，它对旧桑树的复壮更新、保存桑树的优良性状、加速桑苗繁殖、培育优良品种等都有重要的意义。

中国古代劳动人民生产的美丽丝绸，很早就源源不断地被运往波斯、罗马等地。西汉建元三年（公元前 138 年），汉武帝派遣张骞出使西域，最远曾到达中亚细亚，中国古代的丝绸，大体就是沿着张骞通西域的道路，从昆仑山脉的北麓或天山南麓往西穿越葱岭（帕米尔），经中亚细亚，再运到波斯、罗马等国。这就是闻名世界的“丝绸之路”。后来蚕种和养蚕方法也是先从内地传到新疆，再由新疆经“丝绸之路”传到阿拉伯、非洲、欧洲。

中国大陆开始养蚕和利用蚕丝纺织时，有证据证明，泰国也开始使用丝绸作为服饰面料了。

服饰是生活中的重要元素，在社会关系中扮演着重要角色，是当地文化、社会、经济的象征。泰国班清乌隆塔尼府发现了一块占着布料的青铜手环，显示了泰国自古就是世界上丝绸产品的重要产地之一。考古学家研究得出，这块青铜手环大约有着 3,000 多年的历史，证明编织丝绸手工艺在泰国最早就出现了，见图 1。

图 1　班清国家博物馆（Ban Chiang National Museum）中占着布料的青铜手环

泰国纺织丝绸从古代的素可泰王朝、阿瑜陀耶王朝、曼谷王朝就开始遍布全国各个地方，特别是在泰国东北地区的众多少数民族地区，比如卡族、高棉族和佬族。他们通过不同的技巧纺织出不同特色的布艺，如帕莱仲花布（ผ้าลายจก）、织布（ผ้าทอ）、帕玉布（ผ้ายก）、棉纱（ผ้ามัดหมี่）等。不同村落的民族会有不同的纺织技巧、不同的染料、不同的文化仪式等。丝绸上独特的花纹代表了他们的信仰和传统文化，反映了泰国东北部各个地区独特的文化特色，有些民族传承的技艺成为他们唯一能够保留下来的遗产。

（二）19 世纪以来泰国丝绸手工艺产业的发展

1855 年，泰国被迫与英国签订《鲍林条约》，泰国的关税自主权被剥夺，泰国一贯奉行的外贸垄断政策被打破。尤其是在拉玛五世皇时期，泰国进口了大量的外国面料，导致本土经济衰退。1901 年，拉玛五世皇对种植桑树和养蚕非常感兴趣，聘请了日本专家，专门成立纺丝手工艺学校。1904 年，为了泰国东北纺丝手工艺能力的提升，政府部门又在泰国东北地区成立种植桑树和养蚕的学校，并进一步发展到其他地区。到拉玛六世皇时期，由于遭遇蚕的病毒感染和死亡，该计划慢慢停了下来。

1948 年，国际蚕业委员会（International Sericultural Commission）在法国里昂成立，泰国于 1992 年加入了该委员会。该委员会目前已有 30 个成员国，主要目标是成员国及其私营部门种植桑树的研究和发展。由于泰国积极促进恢复种植桑树、发展蚕业，以及保护民族丝绸，目前泰国已被国际蚕业委员会考虑主办第 19 届世界丝绸大会。这也将使桑蚕学术界看到泰国桑蚕产业的潜力，对传播泰国民族纺织丝绸手工艺、建立更广泛的专家交流平台起到积极作用。

19 世纪以来，泰丝面临着来自中国和日本的丝织品竞争，整个泰丝工业濒临破产。20 世纪初，美国人金·汤姆森深信华丽质感的泰丝一定在西方有出路。于是，他带着一些丝织样品到纽约、米兰、伦敦和巴黎试探市场，果然大受欢迎。就这样，他在国际市场上找到了稳定的客户来源。返回曼谷后，他很快成立了泰丝有限公司，并以自己的名字“Jim Thompson”创立了泰丝品牌。在他的推动下，泰丝这个古老优雅但近乎绝迹的工艺品重现生机。到 20 世纪 60 年代，泰国已经出现了 100 多家丝绸公司，为成千上万的泰国人创造了就业机会，汤姆森也为自己赢得了“泰丝之王”的美誉。

二、泰国传统纺织丝绸的工艺特征和文化内涵

（一）丝绸的种类和使用特点

泰丝反映了泰国民间的传统文化和艺术精神。依据泰国促进丝绸产业委员会的规定，成品泰丝分为 6 种：特薄泰丝（light weight）、微薄泰丝（medium weight）、微厚泰丝（heavy weight）、厚泰丝（extra heavy weight）、特厚泰丝（drapery weight）、加特厚泰丝（upholstery weight）。在使用上，泰丝一般分为两类。一类是在生活中使用。这种丝绸深受泰国当地人喜欢，制造方法不太精致，但很结实。如纱笼（ผ้าโสร่ง）、筒裙（ผ้าซิ่น）、水布（ผ้าขาวม้า）等。一类是在各种重要庆典场合上使用，如婚礼、宴会等，这种丝绸面料的编织通常是妇女的任务。其做法非常精致、颜色多样，有的要花很长时间才能做好，如莱仲花布（ผ้าลายจก）、帕达布（ผ้าตาด）、帕玉布（ผ้ายก）等。

1. 泰国四部丝绸的花纹及特点

泰国分为四部：北部、东北部、中部和南部。每个地区丝绸的纹样都具有当地特征，并且独一无二。泰国传统丝绸按地区划分如下：

（1）泰国北部的丝绸

在泰国北部的兰纳地区，也就是今天的清莱府、帕尧府、南邦府、帕府、楠府、清迈府和湄宏顺府等地区。兰纳地区靠近中国（云南）、缅甸、老挝等。以前这个地区有很多不同的民族生活。各个民族都有自己的文化和宗教信仰。

傣阮族有自己独特的布料文化，比如：普通男性穿着需要露出大腿，为了展示他们的文身；平民不穿衬衫，但是要有布料披肩；贵族要穿衬衫，也要有布料披肩。如清迈府 Buangkrok Luang 寺壁画（1867 年），见图 2、图 3。泰国北部丝绸最有独特性的就是傣阮布（见图 4）和傣仂布。北部织品花纹的代表见图 5、图 6。

图 2　以前泰国北部男性穿着

图 3　以前泰国北部女性穿着

图 4　傣阮布花纹

图 5　水流花纹

图 6　花物花纹

（2）泰国东北部的丝绸

泰国东北部分为 18 个府，包括 20 个不同的民族，大部分是泰族（也称“傣族”）和佬族。其中“佬”是泰国的其他地区对泰国东北的称谓。除此之外还有高棉族等。

泰国东北部民间编织布料最有名的有两种：丝绸和棉纱。其中棉纱主要是被在泰国的柬埔寨人所喜欢。东北部织品花纹的代表见图 7 ~ 图 9。

图 7　棉纱布（花纹一）

图 8　棉纱布（花纹二）

图 9　棉纱布（花纹三）

(3)泰国中部的丝绸

泰国中部有移民过去的佬族，所以花纹跟东北部佬族的花纹有点相似，如图10。以前主要是婚礼使用，但是现在用作围巾、披肩、被子等。

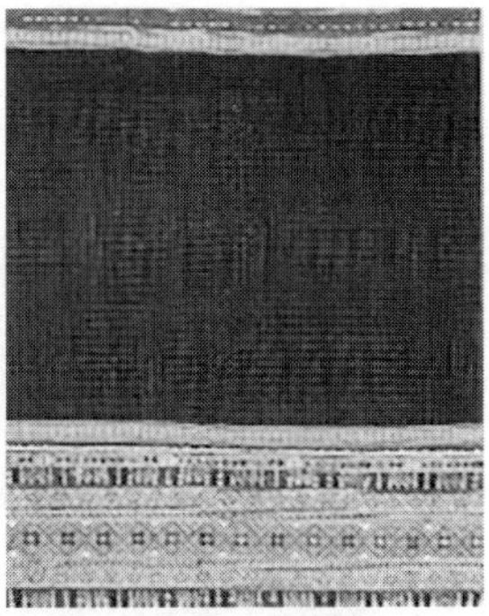

图10 筒裙花纹

(4)泰国南部的丝绸

泰国南部地区为泰国本土文化的集中地，经常与其他国家进行丝绸贸易，如中国、印度和阿拉伯等国。这些国家与泰国进行贸易的同时也带入了许多其他文化，文化在这里相互交融。以前泰国南部的编织丝绸是给皇帝和贵族穿的，后来普及到民间。因此，我们能看出南部的花纹非常细致且吸引人。南部花纹的布料如图11~图13。

图11 帕玉(花纹一)

图12 帕玉(花纹二)

图13 帕玉(花纹三)

(二)纹样文化内涵

泰国丝绸纹样题材丰富，大体可分为植物纹样、动物纹样、宗教神话纹样和几何纹样四大类。各类纹样都受到泰国社会文化、历史习俗、宗教信仰和审美观念的影响，富有深层次的文化内涵和精神寓意。

受宗教影响产生的纹样，如娜迦花纹、城堡花纹等。大部分泰国人相信娜迦是吉祥物，会带来幸福和丰富，如图14。而说到城堡花纹，因为根据民间信仰，人们相信城堡是幸运的象征，只有皇帝、和尚等有身份的人才能住，普通人不能住但可以穿这种花纹的丝绸。

图14 娜迦花纹

受植物影响产生的纹样分为两种：一是宗教供奉时用，二是代表人们的美好希望，如松树花纹、槟榔花纹等。图 15 是松树花纹，寓意人们相信生活会有规律、很整齐，像松树一样。图 16 是槟榔花纹，代表坚强、忍耐和丰富。

图 15　松树花纹

图 16　槟榔花纹

动物纹样如狮子花纹、天鹅花纹、蛇花纹等。泰国民间相信人和动物之间具有联系，于是就创造了动物花纹。图 17 为狮子花纹，人们相信狮子最有权利，是森林之王。

图 17　狮子花纹

（三）泰国丝绸与泰国人的传统仪式

泰国丝绸以使用的场合来分可以分为如下两种：

1. 在日常生活中的使用

这种丝绸是给泰国当地人日常使用的，一般不太精致漂亮，但很结实。泰国人会使用较简单的方法来制造，如撒隆布、欣布、考麻布等。

2. 在各种重要庆典场合上的使用

当有重要的典礼如婚礼、出家礼或泼水节等重要节日时，泰国民众会穿着质量较高、制作精美的衣服。这种丝绸的做法非常精致，颜色艳丽多姿，有一些丝绸要花很多时间才能做好，如莱种布、大布、优布等。

出家礼是泰国社会最重要的佛教礼，对每个泰国男子而言，他们一生当中最为重要的经历莫过于出家。作为一个佛教徒，出家是为了表示对佛教的虔诚，同时也是为了报答父母的恩情，以尽孝道。服饰使用的布料可以用丝绸或者棉花布。

泼水节是泰国的新年，在新年当天泰国人拜访长辈时会穿这种面料的服饰，还需要将其作为礼物送给长辈，比如丝绸和麻布，也有用编织物品供奉寺庙的。

（四）泰国丝绸使用的天然染料

从古至今，泰国人一直用天然染料来染丝绸，这些颜色都是源于植物提取。比如：红色由紫胶虫提取，金黄色由爪哇凤果提取，蓝色由木蓝提取，黑色由叶子提取，等等。以上这些颜色是主体颜色，后来随着天然染料种类的增加，人们通过提取本地植物的颜色来染丝绸，陆续发现了一些新的植物提取色，比如：黄色（由姜黄提取），紫色、蓝色（由蝶豆提取），但是这些颜色耐用度不高。目前为止发现的由植物提取的天然色共有 32 种，大部分是提取自本地的植物，见表 1。

表 1　天然植物染料（部分）

	汉语名	泰语名	颜色
1	杧果（俗称“芒果”）	มะม่วง	棕色、浅黄色
2	叶子	มะพร้าว	灰色、黑色
3	槟榔	หมากสง	卡其色
4	老鸦烟筒花	ปีป	黄色
5	木蝴蝶	เพกา	蓝色、浅绿色、黄色
6	红木	คำแสด	橙色
7	爪哇凤果	มะพูด	金黄色
8	云树	ชะมวง	黄色
9	丝瓜	บวบหอม	棕色
10	银合欢	กระถิน	棕色
11	木蓝	คราม	蓝色、浅蓝色
12	铁刀木	ขี้เหล็ก	黄绿色
13	金链花	ดอกคูณ	棕色
14	羊蹄甲	ชงโค	红色
15	西印度醋栗	มะยม	棕色
16	蝶豆	อัญชัน	紫色、蓝色
17	石榴	ทับทิม	黄色
18	香蕉	กล้วย	灰色
19	波罗蜜（也称“菠萝蜜”）	ขนุน	黄色
20	酸角	มะขาม	棕色
21	印度楝	สะเดา	红色、浅棕色

续表

	汉语名	泰语名	颜色
22	柠檬草叶	ตะไคร้	浅黄色
23	金露花	เทียนทอง	绿色
24	姜黄	ขมิ้น	黄色
25	诺丽果	ยอบ้าน	浅黄色、绿黄色、橙色

从植物中提取的颜色，共分为 8 种：

1. 红色 – 粉色，如：印度楝、诺丽根；
2. 黄色 – 金色，如：姜黄、柠檬草叶、决明子叶、波罗蜜等；
3. 棕色 – 黄褐色，如：西印度醋栗、杧果和酸角；
4. 黑色 – 灰色，如：香蕉、椰子皮；
5. 蓝色 – 浅蓝色，如：木蓝；
6. 紫色，如：蝶豆；
7. 橙色，如：诺丽果；
8. 绿色，如：决明子、金露花、真双子叶。

以上天然染料是民族传统染色所使用的。根据笔者实地考察发现，在选择布料染色剂的时候，泰国民间往往偏向于运用当地植物，并且每个人都会有自己不同的配方。例如：使用榄仁树叶为绿色天然染料，使用美丽蒲葵树皮为棕色天然染料，等等。现在化学染料颜色越来越多，因此越来越多的人也会选择使用化学染料。这种方式比较简单，将染液加热至沸腾，布料泡在沸腾的染液里一个小时，然后清洗即可，这样的方法使染色工序变得更加简单。

三、泰国传统纺织丝绸的当代传承

（一）传承动力

1. 以创新推动“活态”传承

泰国纺丝手工艺是非物质文化遗产之一。近年来，泰国政府立足于纺丝手工艺的生产性保护，对丝织品产业进行了推动。泰国学者认为，纺丝手工艺是在漫长实践中形成的，它离不开当代社会民众生产生活的现实需要，保护传统与改革创新并重才是生产性保护的真谛。纺丝手工艺生产性保护的最好方式就是在生活中保持其核心技艺和核心价值，并与民众生活紧密相连，使之在生活中持久传承。只有建构良好的文化生态环境，重构为生产者、消费者和文化精英所共享的、整体性的新意义，才能在非遗生产性保护过程中产生“合力”，让“见人见物见生活”（见2018年6月6日《人民日报》）的非遗保护理念成为现实。

先谈传统手工艺类非遗为何可以不断创新。非遗不同于一般遗产，它虽然关系“工具、实物、手工艺品和文化场所”（见联合国教科文组织《维护非物质文化遗产契约》第二条定义）等物质性存在，但更主要的是“社会实践、观念表述、表现形式、知识、技能”（见联合国教科文组织《维护非物质文化遗产契约》第二条定义）等非物质的、无确定形式的存在。其实，在联合国教科文组织的《保护非物质文化遗产公约》（2003年）中从未提及“原生态”“本真性”等概念，相反，倒是强调了创新问题，认为非遗“在各社区和群体适应周围环境以及与自然和历史的互动中”，可以“被不断地再创造”。联合国教科文组织保护非物质文化遗产政府间委员会在2015年审议并通过的《保护非物质文化遗产伦理原则》中明确提出，“非物质文化遗产的动态性和活态性应始终受到尊重。本真性和排外性不应构成保护非物质文化遗产的问题和障碍”。

再谈传统手工艺类非遗为何必须创新。联合国教科文组织的《保护非物质文化遗产公约》（2003年）明确提出，“‘保护’指确保非物质文化遗产生命力的各种措施，包括这种遗产各个方面的确认、立档、研究、保存、保护、宣传、弘扬、传承（特别是通过正规和非正规教育）和振兴”。非遗保护的要旨在于保护其“生命力”，而不仅仅是“活态传承”。有识之士早就看到了这个问题，提出了“生产性保护”观念，确认了市场本身对于传统手工艺类非遗保护的重要意义——市场需求是传统手工艺类非遗的血液，一旦失血，国家力量的输血至多能维持其“活态”，却不可能让其焕发生命力。笔者认为，关键就在于其是否能够与时俱进、不断创新。诸多曾是日常生活用品的手工艺类非遗，也并非必然随着社会生活变迁而消失，如竹编、柳编、木雕、纸扎等，通过不断创新，其仍然能够继续保持青春活力。拿刺绣来说，一方面，它不仅使用了机器编织，而且机器绣的花样越来越丰富；另一方面，手工绣技艺也在不断创新，在平针绣、乱针绣基础上，还发展出了融针绣等。其传承人大胆地将传统刺绣工艺与现代时尚设计元素相结合，推出的新品系列设计新颖别致，既满足了当代人的审美诉求，又不失传统刺绣的文化韵味，市场认可度非常高。

2. 行业振兴保障传承的社会机制

如果说行业竞争是手工艺人不断创新的动力机制，那么，对于传统手工艺类非遗来说，保护、发展、振兴一个行业就非常有必要，甚至远比资助个别传承人更为重要。因为资助个别传承人，只能保持其“活态传承”而已，很难恢复非遗自身的生命力，而没有生命力的“活态传承”，就像古希腊神话中的提托诺斯，即使可以永生，却不能永葆青春，只会不断地衰老、干瘪、萎缩。

就拿“MADMEE丝绸”来说，其在泰国丝绸行业中已经算是不错，近百人一年可创造500多万泰铢的产值。笔者认为，重要的因素是市场的认同性消费问题。某位泰国纺织大师也说，“民俗经济从本质上讲是一种认同性经济”。传统手工艺消费属于民俗经济范畴，民众习惯性地、非理性地强烈认同，这对于传统手工艺行业发展的拉动是不可低估的力量。众所周知，从事传统手工艺行业的要么是中小企业，要么是个体户，很难有实力对产品进行品牌建设以及形象与审美价值传播，这就需要公益广告的支持。但令人遗憾的是，考察一下各大媒体以及诸多大中城市的户外广告，罕见面向社会公众进行传统手工艺形象塑造与现代审美价值传播的公益广告。在非遗保护实践中，各级政府都比较重视非遗进校园这项工作，鼓励传承人在大中小学校授课、带徒。但是，其往往只重视“技”的传承，而忽视了在“道”的层面进行传统手工艺的现代审美价值教育。其实，相比较而言，“道”的教育远比“技”的传承更为重要，因为只有对传统手工艺的现代审美价值持续不懈地进行普及性教育，才能培养出一代代认同性消费群体，有了广大认同性消费群体，就会有竞争激烈、富有生命力的行业，自然就会有“技”的传承、革新与发展。对于传统手工艺行业来说，财政支持也是非常必要的。笔者访谈“丝织村民”传承人时，他就一再抱怨税负太重，企业很难扩大经营，他不想让孙女帮忙，因为怕她弄坏企业。由于传统手工艺是劳动密集型行业，员工的“社保费”更是企业扩大生产时所难以承受的重负。减免税收、补贴“社保费”是刺激行业发展的强心针，应该在国家层面予以支持，否则，迷恋GDP的地方政府是不会把这支强心针打在GDP贡献度较低的传统手工艺行业上的。

关于传统丝绸纺织传承的动机，一般主要认为有三种。一是因为自己和家庭成员的使用，需要用它来进行传统服饰的制作，以适应传统风俗，如结婚典礼、出家典礼、治丧典礼等。这些风俗习惯和丝绸制品息息相关，是老百姓生活所必需的。二是具有较好纺织能力的人往往更加能够被社会接受。能纺织的女人甚至会被认为是完美的女人，是家庭后代的榜样。三是认为丝绸纺织是女性长久以来的职责。

（二）传承策略

泰国传统艺术对泰国社会非常重要，需要收集、研究、开发、传播并代代相传。为了使传统的泰国技艺恢复生机，泰国政府采取了诸多措施，这些措施包括：

1. 在高等教育机构中成立相关研究所。

2. 国家文化委员会办公室相比以前更加重视地方文化，特别是在1989~1990年间开始推广地方民间技艺，并使其受到广泛关注。

3. 非正规教育部（NICE）是为泰国成年人提供教育的机构，已经开始建立社区学习中心，进行传统技艺的教育。

4. 教育部在学校推出了泰国传统技艺课程。

5. 国家教委办公室（NESDB）或教育委员会成立新的泰国智慧和教育研究所，专门收集泰国民间技艺，并对其进行研究。

6. 许多企业和非政府组织（NGO）已经开始支持暹罗商业银行关于泰国传统技艺的项目。一些民间的基金会通过与各个领域的专家密切合作，立志于收集大量泰国的民间技艺。

7. 报纸、广播、电视台等大众媒体出现更多关于泰国民间技艺的节目。

从以上信息可以看出，教育过程已经开始发挥作用，此外，还有其他公共和私人机构通过各种方式促进和支持泰国民间技艺的传承。

（三）传承方式

1. 家庭式传承方式的困境和政府的引导

根据笔者调查，泰国高棉族纺丝的传承方式，一直是在家庭中进行的。这种古老的传承方式现今出现了断层。在泰国东北地区的农村，几乎每户人家都有从事纺丝手工艺的人，很多人幼时在长辈的言传身教下，很自然地就学会了纺丝制作。村里的小姑娘大约从15岁就开始在母亲的指导下学习纺丝，有时也帮助母亲做一些拆线工作，在做这些工作时认识了各种针法，逐渐提高了纺丝水平。此外，由于扎花不需要借助什么特殊工具，因此大多数妇女会三五成群地一起扎花，她们一边聊天一边扎花，有时也互相切磋技艺。但她们只会纺织简单的花纹，这无疑在一定程度上限制了纺丝的传承范围。现在的纺丝工作者，基本上都是以中年妇女为主。很少看到青年女性从事这项工作，主要原因有两个：一是以前的人早早地从事纺丝是因为做传统衣服需要而已，而现在的人很少穿传统的衣服，人们习惯于穿现代服饰；二是过去女人不能去上学，只能选择在家进行纺丝手工艺制作或者家务。

泰国苏林府在2003年对政府工作重点进行了八个方面的规划，其中第五个方面的主要内容为“重生态兴文化，增强可持续发展能力”。重点强调“加快发展文化产业。编制实施文化产业发展规划，促进文化与旅游、科技、特色产品加工等融合发展，重点打造苏林创意经济园区和 TASAWANG 纺丝手工艺传承等文化产业园区”。但是对于传统文化的继承和发扬关注不多，尤其是对纺丝工艺的未来发展和规划只字未提。由此可见高棉族纺丝工艺并没有真正得到地方政府的重视和扶持。当代泰国中小企业要发展一般容易遇到的问题主要有两个，一是资金短缺，二是人才短缺。这种情况在泰国村民纺丝企业中显得尤为突出。所以泰国高棉族纺丝要想做大做强，必须先成立公司，树立品牌意识，再加大对技术人才的支持，这样才能提高销售量，自然也会得到政府的支持。许多特色产品都是在政府的扶持下做大做强的，地方特色做好了，经济就会得到发展，政府的压力自然减轻了。

2. 现代产业助推传承

如今在网络上购物的消费者越来越多，泰国国家统计局发布的《2020 年泰国网购用户调查报告》显示，2020 年网购用户在消费方面，60% 线上消费金额都是对传统线下消费的替代，也就是说原本在实体店进行消费的东西如今大部分都实现了网上购买。而在体验满意度方面，八成以上的网购用户表示满意。从网络购物的具体类别中我们不难发现占网购总额的 30% 为服装和家用纺织品，可以说是所有网购商品中比重最大的。特别是少数民族的手工行业所具备的民族独特性，更能吸引消费者的目光。过去的高棉族丝织品只限于当地家庭作坊销售，这使得很多想要购买村民纺丝制品的人因为路途遥远只能望而兴叹，也因此高棉族纺丝无法形成一个完善的特色产品开发之路。如今，随着电子商务逐渐取代了实体店的销售模式，少数民族所拥有的以自身民族文化为主体的民族文化资源将迎来一个新的商业契机。如何因地制宜地发挥自己的文化资源优势，与现代技术加以整合，是我们需要深入研究和探索的一个问题。网络销售不但可以使泰国少数民族纺丝手工艺品不再受游客的影响，还可以实现特色产业的发展道路；不仅可以带动当地的产业结构，还能促进该地区经济的发展，同时弘扬村民传统文化，保护高棉族手工艺文化。比如在一些搜索引擎上进行推广，如 Facebook、Google，这种方式见效最快，当然成本也会较高一些；而在电视、服饰美容等传统媒体上打广告，需要得到政府的扶持；还可以在 Shoppee、Lazada 及 LINE shopping 上注册电子商铺，与客户沟通了解他们的需求；也可以给已经购买的顾客发邮件，告诉他们最新的高棉族丝织品。另外，在包装上也要充分体现出自身的民族特色，最重要的是创新，不断地推陈出新，不断丰富产品的种类，迎合现代快节奏的消费理念，满足社会各个阶层的需求。

越来越多的服装设计师在设计创新上喜欢将东方传统工艺与现代设计理念完美结合。自 20 世纪初在欧洲和美国产生并发展的一次影响面极大的“新艺术”运动以来，东方文化一直受西方设计师青睐。“新艺术”运动涉及建筑、家具、服装、平面设计、雕塑和绘画等方面，延续了长达十余年的时间，当时的艺术家们厌恶机械化生产的产品，他们主张将艺术与技术相结合，当时的西方艺术家对东方艺术评价很高，在创作时对手工艺品极力推荐。在这样一个机械化大生产的时代，人们越来越喜欢从古老的手工艺品中寻找历史的痕迹和自然的气息。在2020的国际T台上，丝绸面料被很多大牌服装公司使用，例如泰国品牌SIRIWAN，这个品牌一直是由泰国公主设计样式，然后让泰国各地的少数民族手工艺者编织出来的，如图18。之后，多个服装品牌都推出了具有朦胧美感的丝绸时装，设计师将不规则的剪裁手法运用于纺丝上，使纺丝所呈现的绚丽色彩极富变化，给人一种原始味道浓郁的朴实感。总之，丝绸服饰的手工痕迹与色晕的自然过渡，让无数西方设计师倾倒。

图18　泰国公主亲自设计的花纹

将泰国纺丝产品作为旅游纪念品也是一个传承的方法。纺丝产品作为泰国的特色，一直受广大游客的青睐。但这种产品在实际应用中存在一定的局限性和盲目性，特别是批量生产的纺丝工艺品既粗糙又没有实用性。如何将这些扎染纪念品做得既有民族文化内涵也有一定的实用价值，是政府要去思考的。针对不同性能的旅游纪念品，我们在设计及开发的时候可以多方位地思考，即使纪念品的本身使用价值不高，但它作为一种异地文化或少数民族文化的物质载体，也有一定的观赏性和收藏性。例如加拿大的旅游纪念章为了使游客便于携带和馈赠，选用的是大家有共识的枫叶；俄罗斯比较著名的旅游纪念品也是它的一种传统玩具——“套娃”，一个套一个、葫芦式的娃娃成了它的最大特征，这种传统样式有趣又有文化内涵。所以，在开发和设计旅游纪念品的应用和选择上，如何体现少数民族文化及展示其手工艺水平是非常重要的，这样才能最大限度地体现其历史价值，弘扬民族文化。

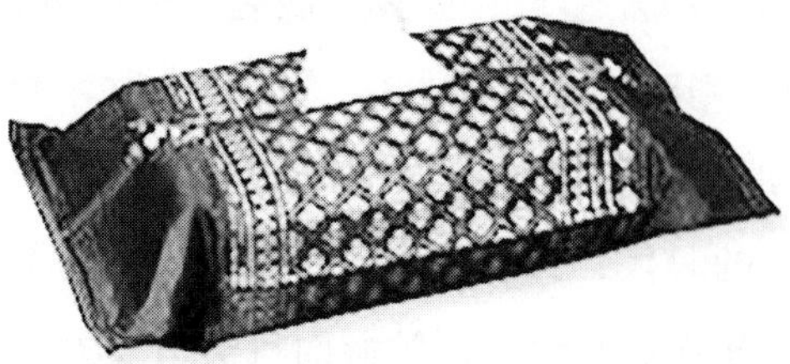

图 19 使用泰国丝绸做纸巾盒的纪念品

其实泰国早就存在一种以不同民族为主题的人偶纪念品，这种纪念品因为做工粗糙所以扎染工艺水平完全没有体现出来。其实，人偶纪念品完全可以做成精品，以便携式为主，人偶的服装该扎染的部分扎染，该刺绣的部分刺绣，并做成可穿脱式的，一个人偶多准备几种不同工艺的服饰替换，为其增加观赏性与收藏性。笔者认为，扎染的纪念品还是应该尽量做成传统的样式，用传统的纺丝技术及传统的植物染料，图案上可以进行创新（见图 19）；还可以借鉴现在流行的个人 DIY 模式，将染色的植物液做成纪念品或是方便包装进行出售，既可以满足游客的动手需求又可以作为特殊的纪念品。

（四）传承生态

在分析纺织手工艺的传承生态的过程中，笔者使用了传播主义的结构模式。传播主义的结构模式为 S-M-C-R，我们也可以借用它来做一个完整的传承生态分析。S-M-C-R 即 S——Sender（传承人）、M——Message（文化传承）、C——Channel（传承道路）、R——Receiver（继承者）。

研究发现，泰国苏林府 CHANROM 村纺丝技艺的传承有以下几个问题：

1. 传承人问题。如今只有中年人和老年人在纺织丝绸，没有年轻人来继承，因为他们面临着更多的职业选择，例如商人、公务员，他们都去城里工作了，而且穿着传统纺织的衣服的时间越来越少了，传承人会逐渐消失。

2. 文化传承问题。这个问题是针对纺织集团的。社会条件发生了变化，人们的生活节奏越来越快，工业生产也在不断进步，因此服装价格更便宜、制作也更省时，纺织技艺逐渐消失。为了下一代，一些纺织集团一直在努力保留古老的手工纺织方法、图案以及扎染方法。

3. 传承道路问题。2002 年，泰国开始恢复保护以及传承纺织智慧。非正规教育部门组织扎染课程和纺织课程吸引年轻人和感兴趣的人前来学习，但问题是年轻人觉得纺织技能很难而且要花很长时间去学习，所以始终对纺织手工艺不感兴趣。而中年人虽然有兴趣，却大部分都有自己的工作。

4. 继承者问题。由于社会变化影响着年轻人的想法和价值观，他们迷恋新文化没意识到自己民族的传统文化也需要被关注。而继承者大部分是年纪大的人，身体状况不允许练习和学习新知识，可能会导致文化传承的停滞。纺织手工艺技能的培养是要通过学习、训练以及充满热爱才能成功的，但这对于年轻人来说很难做到。不管怎么样，保存和传承文化需要年轻人能了解文化的价值，看到非文化遗产的重要性，主动来传承纺织手工艺的智慧。但是现在的情况是，不管是本民族，还是其他民族，年轻人都还没有成为传承纺织文化的主力军。

四、泰国传统丝绸的传承价值与发展趋势

（一）传承价值

泰国纺丝的传承价值包括传统图案的传承与发展、纺丝技术的传承与创新以及天然染料的传承与色彩的突破。延续泰国纺丝制品天然染料的使用，泰国东北苏林府地区的染色艺术在植物染料方面有很大的价值体现，高棉族因自身的民族特性特别偏好红色、绿色、褐色和黑色。因此，虽然泰国东北苏林府地区拥有丰富的植物染料资源，但他们只能染出黑色和褐色做染料。如今的高棉族人也会根据现在流行色彩的趋势来改变传统染料的色彩面貌。例如用茜草、红花、苏枋可以染出红色，用槐花、姜黄、栀子可以染出黄色，用紫草或紫苏可以染成紫色，用五倍子或苏木可以染出黑色。不同种类的植物有很多都是可以用来做染料的，学者深入研究后发现，诸多植物的花、叶、茎及根都可以用来染色。当然，绞缬艺术（即扎染）所使用的板蓝根植物染料所含有的杀菌消炎、清热解毒及护肤作用是不能被取代的。所以，为了能拥有足够的植物染料，人们也可以适当地多种植一些。从植物染料的抗菌性检测报告来看，蓝、郁金、青梅都有抑制细菌产生的功效，另外还有一些抗菌功效小的染料如石榴、紫草、丁字、解放草、杨梅、红木草、杜鹃及黄朵草，这些丰富的植物染料给人更多的色彩选择。除多色搭配以外，设计师前几年比较擅长将渐变染色技法用于设计作品中，这些应用打破了传统的蓝白配色，使得传统工艺也有了时尚的元素。

高棉族纺丝制品的高级定制往往因为需要花费大量时间和金钱而让消费者望而却步，在泰国，越来越多的人开始对高级定制有一定的认识。泰国公主访问法国时所穿的服装就是采用定制的方式，这种行为对消费者起了一定的引导作用。其实泰国人很早就有定制的习惯，只是很多人没有意识到这一点而已。例如珠宝首饰行业和陶瓷行业，人们都会根据产品的样式、色彩对制造者提出要求，这其实就是一种定制。高级定制最早源自法语 HAUTE COUTURE，HAUTE 代表顶级，COUTURE 指缝制和刺绣等手工艺。

最早的高级定制是服装，这也算是一项古老的手工行业，过去我们称其为“裁缝”。随着国外定制市场的饱和，泰国市场格局也开始发生新的变化。如今，泰国也有了国际定制协会，泰国丝织品也可以做高级定制。但怎么做、怎么在保留传统文化的基础上建立可操作的手工产品生产以及销售模式，以适应如今的市场需求是政府要把握的。众所周知，高级定制产品的精髓不仅需要独特的设计，还需要展现精细的手工艺，而且最重要的是所有工艺都是手工完成，所耗费的工时也较长。由于扎染所需要的材料不那么贵重，所以价格会比国外的高级定制低一些，这样也可以服务更多的人，如都市白领或是城市新贵，以及讲究品位和个性的人群，这类人为了彰显自己独特的生活方式，更热衷于纯手工制品，而且他们也有这样的消费能力。借助发达的互联网，可以让更多的外国人知道这项传统手工艺，使泰国传统丝织品走向国际市场。这样，泰丝才能有更广阔的发展前景。总之，西方发达国家早已经开始了对各类文化遗产的审视与保护，这些都为泰国提供了宝贵的经验。泰丝手工艺是值得珍视及继承的民族文化产物，在时代发展的同时，泰丝制品也要与时俱进，比如：成立品牌，在产品上进行创新设计，在销售上紧扣时代脉搏、引入电子商务。

（二）发展趋势

目前，影响纺丝手工艺传承最关键的两点：一是民族纺丝作坊传承能力的缺失；二是传承民族文化的自觉性不高。当然，如今的纺丝个体业主追逐短期经济利益，对传承与发展手工技艺的文化价值缺乏认识，缺乏担当的勇气和雄心，这也应被关注。保护民族传统非物质文化遗产——纺丝技艺的途径、方法和措施可能还会有很多。譬如，在工艺方面，可以考虑努力恢复古法，开发多种适应现代需求的植物染液；在市场方面，尽力适应日益变化的市场需求，主动地去理解时尚、创造时尚，并将扎花印染工艺巧妙地应用到高档成衣上，让古老的纺丝技艺焕发出新的生机；在企业方面，企业应该主动通过品牌战略来开发兼具实用和审美的新产品，积极培育市场，通过营销策略来推广传统工艺文化；在政府方面，政府部门和学术机构应加强宣传，摆脱以往狭隘地把某个老艺人当作某项非物质文化遗产传承人的做法，突出企业的传承主体地位等。但我们应该清醒地认识到，民族纺丝技艺的文化价值主要表现在两方面：一是纺丝工艺体现了当地各民族独特的民俗风情；二是使用纯植物染液保证了人与自然环境的和谐关系。前者关联民众情感，后者关联世界观；前者离艺术近一些，后者离信仰近一些。在非物质文化遗产保护如火如荼的今天，探讨如何将产品的文化价值与经济价值相统一比政府的保护政策来得更具现实意义和长远意义。其实，在当今的产业化进程中，经济与文化并非是不可调和的一对矛盾，具有悠久历史和深厚文化传统的传统手工艺品理应在市场上得到高回报，这样才能实现传统文化的附加值。

笔者认为，在现代社会，传统手工艺在审美方面开始认同“美的艺术”，希望能够作为“纯艺术”进入现代“艺术世界”。那么，传统手工艺能否认同“纯艺术”的“背叛性创新”理念，追求个性化创作呢？首先，即便传统手工艺追求个性化创作，也未必能够为现代“艺术世界”所接纳；其次，即便其能为现代“艺术世界”所接纳，也是以迷失其本性作为代价的。就拿文人艺术泰国雕塑来说，它也努力地想成为现代艺术。由于诸多新雕塑抛弃了传统，趋附“背叛性创新”，传统雕塑的内在精神事实上已经荡然无存，这些新雕塑除了使用泥土这个材料，与传统雕塑之间已经没什么传承关系了。殷鉴不远，传统手工艺一方面应该倡导在创新中发展，另一方面又要提防为了创新而忘了传承。

泰国纺织文化植根于青铜时代的封建社会结构和宗教信仰，且流传至今。随着20世纪社会和经济的变化，许多传统技艺逐渐消亡。幸运的是，泰国高棉族人仍然认同那些正在处于不断变化中的纺织传统，并积极将传统与现代进行再创造。湄公河地区泰族妇女的地位与其他地区有所不同，古代母系氏族社会的某些遗风一直保存下来。因此妇女在社会结构中的作用非常独特，她们通常是家庭经济的主宰。判断一个年轻女子是否有能力做好妻子和母亲，首先看她是否拥有熟练或先进的织造技术。新的设计元素的加入主要建立在传统观念基础上，虽然创新不多，但每块布的织造都具有一定的独特性，并且这些新设计越来越受到人们的欢迎。事实上，传统纺织品也不是一成不变的，织工不仅尝试应用一些新的材料，也热衷于对图案或颜色进行新的设计。特别一些高水平织工，往往对纺织品的流行和创新具有一定的影响力。

在抢救性保护工作中，应加速传承、保护、抢救，避免一把抓，不同手工技艺类型应加以区分，保护传承过程也应更加系统化。资金的保障与支持并不需要全部依靠政府，可以通过政府推动，积极促成公益与传统文化的合作，设立专项基金为手艺人提供资金的支持。在手工技艺类非遗中，传承人是技艺的灵魂与养料，手艺人在，技艺本身就属于活态存在。传承人不必故步自封或怯于尝试，需要让他们认识到现代网络新媒体的力量之强大。而且对于传统手工技艺的关注人数并不少，开拓新的领域以增加受众面，对技艺的普及与培养是非常有利的。手艺人还应将手工劳作与机械化技术结合起来，在保证记忆水准的基础上，减少一些加工类的步骤，交给机械化处理。机械化并不能创造文化，但是它可以更加精细地辅助技艺，使编织花纹更加精致。此外还应该积极开拓市场，无论从产业化的存续还是从技艺传承的可能性来讲，扩大市场无疑是更好的选择。

苏林府的 CHANROM 村纺丝手工艺与其他传统手工技艺类非遗一样，以古朴的手工艺术形式，糅合着时代的变迁，承载着每位手艺人穷尽一生的执着而留存至今。如今的手工技艺被遗弃、被遗忘，被低劣的工业复制品取代，内忧外患致使传统文化被消耗。追逐现代化的人们大多归于集体性、普遍性，难以存有重拾文化记忆的兴趣。为了让非物质文化遗产成为社会的一种文明规范，传承保护非物质文化遗产成为社会的一种普遍的认同与责任感，我们需要采取更多可行的措施，让手工技艺非遗能够有序、活态、良性地传承下去。

作者简介：

李雨飞，泰国人，东南大学艺术学院博士研究生。

传统艺术在新加坡的当代传承

——新加坡传统艺术考察纪行

王廷信

摘　要：新加坡是一个历史不长的多民族国家。政府以国家艺术理事会为杠杆，以各民族艺术传承区为抓手，以社会教育、国民教育、文化产业等为途径，有效扶持了大批艺术社团，推广发展境内各族文化，推动新加坡的文化繁荣。新加坡各族文化协调发展，艺术有效融入人们的社会生活和文化传统当中。新加坡高度尊重各民族的文化传统，并在此基础上推动国家文化繁荣。新加坡社会组织效益很高，新加坡人的文化自觉特征十分显著。新加坡有效利用各类空间弘扬和拓展传统艺术，让其经济、社会和文化彰显活力。新加坡与世界各国交往频繁，在国际社会有效树立了国家形象。中国传统艺术在新加坡有效生长和繁衍，成为新加坡文化和社会的有机组成部分。不过，中国及其他各民族的传统艺术在新加坡也面临着衰退的威胁。

关键词：传统艺术；新加坡；当代传承

一、大学、中国文化中心、画展酒会

2019年9月27日凌晨，我在上海浦东国际机场乘东航MU543出发，于早上5点16分抵达新加坡樟宜国际机场。蔡曙鹏教授驱车来机场接我，他因将时间看错，提前到了樟宜机场，在这里已经等了许久。因我预订的皇后酒店要到下午才能入住，蔡教授临时决定带我去新加坡国立大学、南洋理工大学、新跃大学考察。

新加坡国立大学是新加坡最好的大学，也是一所综合性大学。蔡教授曾在这里教过十年的书。我们在这里的学生餐厅吃了早餐，他便带我去文学院参观。这里正处在休假状态，新加坡大学每学期中段都会让师生休息一周时间。我们去了亚洲研究所、中文系、历史系以及云茂潮中华文化研究中心。因为事先未有预约，所以大多数教师都不在工作室。中文系的信箱上方悬挂着一幅书法作品，上书“抱诚守真”四个大字，让我倍感亲切。这里每位教授都有一个工作室，工作室内一般都布置着一台电脑、一张写字台、两三个书柜，干净整洁，也很安静。国外的访问学者视时间长短也都会有工作空间。蔡教授讲，对于博士毕业想来亚洲研究所做研究的人，只要提交一个有关亚洲问题的研究报告，新加坡政府即提供费用支持。

离开国立大学，我们去南洋理工大学考察。蔡曙鹏教授曾在南洋大学——即南洋理工大学的前身读过本科，故他对南洋理工大学很有感情。南洋大学是东南亚华人集资建设的大学，也是世界历史上第一所海外华人大学，由陈六使先生倡办。令人感动的是，从富商到三轮车夫，各阶层的华人都曾为这所大学的建设捐过款，由此可以感受到华人在海外的团结与奋斗精神。但南洋大学后来被李光耀政府全面改造。为了消除师生对南洋大学的记忆，李光耀对南洋理工大学从专业设置到建筑都做了较大的改造，尤其是那座刻有标志性“南洋大学”四个字的牌坊已被移往别处。但南洋大学的行政楼现在还在使用着，主要作为图书馆和展览馆。

蔡教授带我去了南洋理工大学教育学院和图书馆。教育学院很大，位于一个高坡的后面，高坡前面是一片草坪，高坡上种了几棵椰子树，与教育学院黄色的墙面以及墙面上五颜六色的广告形成对照，在阳光照射下很是鲜亮。教育学院包括多种学科，因处休假时段，我们没有进去。我们绕过人文与艺术学院来到图书馆。图书馆是一座老式建筑，管理很严。我们参观了王赓武图书馆和一个展览现场。

王赓武图书馆里藏着许多中文图书和杂志，空间很疏朗，场馆很干净，人不算多。图书馆虽然是一个英式建筑，但也有不少中国元素，二楼红色的栏杆就是显著标志。二楼的楼梯处安放着南洋大学创办人陈六使先生的青铜雕像，标示着南洋理工大学对学校创始人的怀想。二楼有一个以“何谓华人”为主体的图片展，旨在展览华人的历史，从最早进入新加坡的华人到现在的华人，展览思考的主题是：华人如何从曾经怀揣“衣锦还乡”回到大陆的梦想到现在在地身份的确立。展览前言提的三个问题引起了我的关注：“我有多少华人特质？如何才是华人？何谓华人？”在这三个问题之后有三段阐述：

> 数以万计的海外华人曾经问过自己这些问题，另外数百万人不曾思考过这些问题，因为他们把自己是华人的身份，看成理所当然的。这些问题引出的答案因人而异。一般来说，不同人对华人身份认同的差异会表现在程度上（我有多少华人特质？比谁更倾向于中华文化？）和本质上（如何才是华人？）。
>
> 可见一般人都按一种标准来看华人，而某个华人是否合乎这个标准，就要看

他与中国和华人地区的联系有多密切，以及他对中华文化的了解有多深（何谓华人？）。

然而，华人的特性并非固定不变的，而是随着华人同周围不同种族的人做出比较而被赋予了不同的含义。本展览要探索的是，移居世界各地、不同时代的华人，如何通过自我、通过与其他华人以及非华人进行比照，找出身为华人的定义。

新加坡曾属于马来西亚，1965 年才从马来西亚独立出来。据说华人占新加坡 553 余万人口的 74% 以上，他们不断为自己的利益而努力，在与当地居民共同努力的过程中成为新加坡国民。20 世纪 70 年代末期，新加坡的经济开始崛起，华人与新加坡其他各民族所创造的经济奇迹使其被誉为“亚洲四小龙”之一。

华人的身份认同问题是一个看似简单实际却十分复杂的问题。本次我来新加坡一方面是应邀参加以“东南亚华人与亚太新世纪”为主题的南洋学会成立 80 周年暨新加坡开埠 200 周年纪念国际学术研讨会，另一方面是利用空余时间考察新加坡的艺术传承问题，而华人身份问题则为我的考察提供了视角，让我思考华人在新加坡这样一个国度如何传承和光大中华传统艺术。走在新加坡国立大学和南洋理工大学的校园里，我们随时可以碰到来自中国大陆的留学生。这两所学校在中国大陆声誉很好，所以吸引不少中国留学生来学习。

新跃大学是一个新大学，校长是蔡教授的朋友，他热情洋溢地为我介绍新跃大学的情况。但由于要赶到酒店办理入住手续，我们在校园短暂停留后就离开了。

皇后酒店位于皇后街，对面就是中国政府建的中国文化中心。这里也是新加坡的中心地带。蔡曙鹏教授带我参观了中国文化中心。该中心建于 2010 年，习近平总书记曾出席过该中心的奠基仪式；2015 年 11 月 7 日，习总书记又为中心的落成揭幕。这里的大厅正在举办“美丽苏州”图片展、苏州“非遗”体验和文创产品展、苏州文化会演活动。活动从 9 月 24 日开始，到 27 日结束，我们正好赶上活动的最后一天。大厅聚集了不少人，来自苏州的活动者在此给观众讲解，也有不少有关苏州的文化艺术展示品和图片展板，中心大厅的右侧有苏州传统工艺演示，包括缂丝、刺绣等。大厅大门的正对面搭建了一个临时小舞台，有两对男女演员先后表演了评弹。能在这里听评弹真是别有滋味，我感到很亲切。在大厅，我们见到了中国中心主任肖江华先生，他正忙着给观众解释着什么，匆匆与我们聊了几句，互留了微信，并赠送给我一册介绍中国文化中心的书。由于明天的会议就在中国文化中心召开，所以我们没有多聊。我们在中心剧场又遇到了另外一位工作人员傅羽菡女士。她曾在中央电视台国际频道工作，刚来中心工作不久，她很热情，给我们介绍了不少情况。中心剧场不算太大，但也能容纳大约 200 位观众。这里除了演出，还常举办各类会议，许多重要活动也都在这里举行。据介绍，这里每月都有五六场活动，主要传播中国文化，包括中国各地的文化展示、国际巡演、读书会、学术讲座、学术会议等。观众可以通过中心的网站和公众号预约参加，客满为止。这里的活动吸引了大量新加坡人，尤其是华人。大厅的接待柜台上放了不少中国各地的文化艺术介绍宣传册，可免费赠送来客。

办理完入住手续后，我下午在酒店休息，蔡曙鹏教授去樟宜机场接悉尼大学的讲师石峻山博士。石博士还较年轻，曾在南京大学读书，也曾在江苏省昆剧院工作，主要为该院担任翻译和国际交流工作。大约下午 4 点，蔡教授将他接到酒店，我们一起出去吃晚餐。

晚餐是参加画家陈客湛先生的画展酒会。陈客湛先生大约六十岁上下，住在一座英式豪宅里。这座宅第位于一个高台之上，位置很好，可以眺望大海，据说每个月的租金多达两万新元。晚上参加画展酒会的人多着正装，大家先站在别墅前的院子边喝饮品边聊天，等着新加坡文化、社区及青年部高级政务部长沈颖女士的到来。沈颖是位年轻的女士，她的到来得到了大家的热烈欢迎。在主持人介绍之后，沈颖用英文做了简短的演讲。她讲完之后，大家在主人的带领下一起参观了画展。陈客湛先生的画作都很前卫，这种风格的画作在中国大陆多被称为当代艺术。其中不少是抽象的画作，还有一些装置作品。作品被布置在建筑的二楼，二楼大厅也安排了四位乐手演奏乐曲，看起来很隆重。我们在这个酒会上遇见了蔡曙鹏教授的许多朋友，很多都要旁听明天在中国文化中心举行的学术研讨会。参观完画展，我们在楼下吃了晚餐后离开。

二、南洋学会国际学术研讨会

9 月 28 日上午 8 点 50 分，我到中国文化中心报到，肖江华主任把我们先带到位于中心 9 楼的贵宾室略坐。宾客有南洋学会会长陈荣照先生，新加坡文化、社区及青年部兼交通部高级政务次长马炎庆先生，南洋学会副会长、本次会议筹备主席许振义先生以及参加本次大会的嘉宾、主持和相关赞助者。9 点 10 分大会准时开幕，陈荣照先生代表南洋学会致辞，主要谈了学会的历史和现状，学会遇到的困难以及学会未来的计划。马炎庆先生代表官方讲话祝贺。

我是下午第一个演讲者，向大会报告了《中国戏曲剧种在东南亚的传播》，以戏曲剧种在东南亚的传播为例，讨论了艺术跨国传播的六大法则。本场旨在讨论东南亚华人的表演艺术，由我和悉尼大学的石峻山博士、澳门大学的张蓓瑜博士演讲。演讲结束后在蔡曙鹏教授的主持下，我与本场两位演讲嘉宾回答了在场代表和听众的提问。

本次研讨会的话题较多，其中马来西亚的胡逸山博士的演讲吸引了我。他演讲的题目是《一带一路与中马关系：机遇与挑战？》。他说，1974 年，正值冷战的高峰时期，唯独中国与马来西亚跨越意识形态的鸿沟，高瞻远瞩地建立了正式的外交关系。由于马来西亚华人从小受到华文教育，也潜移默化地受老一辈的激励，所以在马生活的年轻一代华人都会自觉为中马之间的贸易和文化交流搭起虽然无形却无所不在的桥梁。马来西亚很看重中国提出的建设 21 世纪海上丝绸之路的构想。近年来中马之间的贸易往来十分频繁，取得了不少成绩，期待中国与东盟各国尤其是马来西亚相互入境免签，这样可大大促进双方的全方位交往。他主张加强“一带一路”沿途各国中小企业间的频繁接触，认为这样才会增加“一带一路”的活力，也才会成就更加实际的命运共同体，要逐渐将贸易转化为投资，在马来西亚当地创造更多的就业机会，让当地人民真正体验到“一带一路”倡议对自己生活的改善。他建议中马之间要建立设施联通、民心相通的关系，要看到在“一带一路”倡议背景下中马关系的战略挑战与机遇。这项长远的倡议在实践过程中若能设身处地与沿途各国的国情配合，就可达到事半功倍的效果。

在演讲结束后的讨论阶段，我向胡逸山博士提了两个问题，一个是文化跨国传播中最大的障碍是什么？另一个是文化跨国传播应有怎样的做法？胡逸山博士回答，在文化艺术跨国传播中语言是关键，譬如说中国的京剧表演虽然很好，但在马来西亚除了华人之外其他人听不懂，就很难吸引人，尤其是很难吸引年轻人。倒是一些不用语言的表演艺术如杂技就很受欢迎。此外，文化传播需要注意方式。他说某国家曾在他家乡拍摄电影，用他家乡的景，也吸引当地人参与表演，连他自己都饶有兴致地去做群众演员，这种做法很吸引年轻人，效果很好，电影拍出来关注的人就很多。中国文化传播不能只停留于中老年人，更要注意吸引大众尤其是年轻人参与。胡逸山曾是马来西亚前总理的智囊之一，如今在新加坡国际事务学会（SIIA）工作，见过不少世面，演讲率性而幽默。他说本次会议结束后就马上要到北京参加中国的国庆观礼活动。

三、牛车水、市中心文化机构

9 月 29 日 11 点半，蔡曙鹏教授到酒店接我用午餐。午餐地点在新加坡的唐人街——著名的牛车水。牛车水位于新加坡的中心地带。这里聚集着众多华人商铺，多种宗教和谐相处，传统建筑和周围密集的现代化建筑交相辉映，给我留下了深刻印象。蔡教授教授带我在唐人街参观了不少地方，有京剧机构、粤剧机构、戏曲茶馆、民众俱乐部，也有曾经是剧场后来改为酒店的场所，有广场舞台，也有人民剧场，以及各地华人的会馆，还有佛寺、印度教教堂、回教教堂。

据他讲，这里的戏剧机构都是个人的，其中一位京剧机构的演员已八十多岁还在演出。他们在这里所租用的房屋都是政府的。政府将这些房屋廉价租给他们，让他们传承和推广文化，同时也考核他们。考核不合格，就会断租。这些人对自己的事业都很喜爱，经常在自己的演出场所以及学校、社区和广场演出，大大丰富了新加坡的文化生活。

绕过牛车水美食街是一个广场。广场上聚集了许多人，有的在下象棋，有的在闲聊，有的在唱卡拉 OK。牛车水广场一侧是一座露天舞台。舞台上张贴着中峇鲁联络所艺术中心晚上的演出“欢乐今宵”的喷绘广告，还有欢庆开埠两百年暨花好月圆庆中秋的演出节目单。从节目单来看，舞狮是每天的必演节目。每天的演出都不一样，有新歌谣演唱、20 世纪 70 年代—90 年代歌曲演唱、广东金曲演唱、开埠 200 年怀旧金曲演唱等。除此以外，这里的中秋活动还有不少其他项目，如庆中秋嘉年华、灯笼彩绘比赛、中秋街头集市、中秋综艺晚会、牛车水中秋灯会、美食与文化之旅等，内容丰富多彩。2019 年的中秋活动从 8 月 31 日持续到 9 月 28 日，时间很长。蔡老师给我解释说，许多表演都是由新加坡国家艺术理事会、企业或个人赞助，演出广告都要将这些赞助单位或个人标出。露天舞台右前方是一座巍峨的佛牙寺。这里香火旺盛，有许多人在这里烧香祭拜。

离开牛车水露天舞台，我们去考察附近的牛车水人民剧场，经过通往人民剧场的回廊时，看到一个“牛车水乐龄活动中心”的牌子。我问蔡老师为何叫作“乐龄”？蔡老师解释说，“乐龄”就是“老龄”，因为老而退休，开始进入享乐生活的年龄，故谓“乐龄”。我觉得这个叫法很好，一字之差，境界迥异。

牛车水人民剧场是一座传统建筑，体量不是很大，但也颇具规模。我们在这里看到中国香港一个粤剧团庆祝新加坡开埠 200 周年及牛车水人民剧场成立 50 周年的“文武艺萃荟狮城”演出广告、新加坡东安会馆庆祝第十一届世界东安恳亲大会的“粤韵荟萃耀狮城粤剧粤曲晚会”演出广告，还看到牛车水人民剧场基金会的广告栏及墙面介绍粤剧的宣传文字和图片，可以看出粤剧在新加坡的影响力。剧场大门一侧一个较为醒目的地方布置了一个剧场装置，下面是数十个戏曲脸谱的墙面，上面是剧场屋顶，屋檐下书写“牛车水人民剧场”的中英文字样。

牛车水人民剧场建于1979年，新加坡前国会议员、前副总理兼教育部长吴庆瑞博士曾为剧场主持开幕典礼。早在1967年，吴庆瑞博士就建议建立一座永久性的舞台，用于推广中国戏曲。这个建议得到了新加坡华人团体的支持。由于剧院经济收益不会太好，所以便于1975年成立了一个基金会，以免每年向政府申请免税。基金会推动音乐、戏剧和多元文化活动，负责剧院的运作，为当地穷人提供经济援助，也支持中国艺术团体前来演出。最近翻修过的牛车水人民剧场观众席可容纳1,100余人，常年承接各类演出，是海外演出团体来新加坡演出的重要场所之一。除剧场外，这里还做各类表演培训。据蔡曙鹏教授讲，他的许多学生就在这里教过表演。

之后，我们来到亚洲文明博物馆、文化中心、维多利亚剧院和维多利亚记忆馆等地参观。这些文化机构位于新加坡河旁，与国会大厦、高等法院等国家机构相邻，隔河望去是密集的现代化高层建筑，大多是银行，包括中国银行，也有一些较为低矮的老建筑被保留下来。在亚洲文明博物馆，我特意参观了文创产品商店。这个商店大约有150平方米大小，所展售的产品也很丰富，有折扇、钟表、艺术磁盘、儿童玩具、丝巾、茶具、抱枕、布包、服装、插花、文物复制品、传统首饰和挂件、相框、书籍等，设计都很精美。新加坡的文化活动十分密集，许多文化机构都会为公益文化活动提供场地，但私人活动则需要租用。这里的场地都很现代，用起来很方便。我深深感到文化交流的重要性，甚至感到交流就是生产力。新加坡其实就是一座城市，没有多少土地，主要依靠金融业、贸易业、港口业和少量的制造业支撑，如果没有大量的文化交流活动，就无法吸引游客。因为旅游业和文化产业是新加坡的重要支柱之一。文化交流活动吸引着来自全世界各地的专家学者、艺术家和观众，也推动着新加坡的旅游业和文化产业，提升着新加坡国民的文化素养和新加坡国家的美誉度。我们从遍布新加坡的宾馆酒店就可以看出这个国家旅游业的繁荣和文化事业、产业的兴盛。

四、滨海艺术中心、史丹福艺术中心、南华潮剧社、凤山宫

9月30日7点多，我独自一人去了市区，信步游览，没料走到了滨海艺术中心。滨海艺术中心位于新加坡河的入海口，由两座形似榴梿的大型建筑构成，包括一个1,600座的音乐厅和一个2,000座的剧院。面向河口的是一座露天演艺场，对面就是金融中心和赌场，现代而又时尚。这里除了提供表演艺术外，还提供各类艺术展出、购物和餐饮服务。购物商场面积超过8,600平方米，包括专卖店和多元化的食品、饮料店。这里有每年超过3,000场的演出，其中七成以上是公益演出，包括音乐、舞蹈和戏剧

表演。

上午10点，蔡碧霞老师带我去史丹福艺术中心考察。该中心距离我所住的宾馆很近，步行8分钟就到了。这是由一所旧小学校园改造的体量不大的老建筑，建筑物对面就是印度庙、观音庙两座神庙，街上有不少卖香火鲜花的摊子，还有一个自由市场，看上去很是热闹。

史丹福艺术中心有很多艺术场所，其中包括黑匣子剧院、画廊、多功能厅、咖啡吧等，以丰富多彩的艺术遗产为人们提供体验和参与各种艺术形式的机会，涉及戏剧、电影、音乐、舞蹈、诗歌、雕塑、绘画等。这里定期举办音乐会、舞会和艺术工作坊，也举办古典音乐节，许多活动或空间向观众开放。蔡碧霞老师所在的传统艺术中心就在该建筑的三楼。史丹福艺术中心聚集了不少民族的传统艺术项目工作室。工作室在这里租用房间，房租都很低廉，每个项目都可向政府申请补贴。蔡碧霞老师在戏曲传播和传承方面做了不少有价值的工作，其中包括在中小学教学与演出、召开学术研讨会、举办戏曲节、在新加坡当地剧场演出，她所在的传统艺术中心还是中国戏曲学院的海外教学实践基地。近年来大陆有不少学者与剧团都参与其中。蔡碧霞老师的新加坡传统艺术中心创办于2012年，曾于2014年荣获新加坡国家艺术理事会颁发的种子基金，2017年得到新加坡国家艺术理事会的主要扶助计划赞助。这个中心的使命是在新加坡传播和发展华族戏曲艺术，为本地戏曲界培养新学、发掘后起之秀。在蔡碧霞老师赠送给我的两个活动的宣传册中，我发现了两位新加坡官员的献词，透露出新加坡对于戏曲艺术的态度。一位是新加坡国家艺术理事会主席及新加坡外交部巡回大使陈庆珠女士在2017年“狮城戏曲荟萃”活动中的献词，她在献词中说：“传统戏曲艺术历史悠久，演绎方式也丰富多彩，汇聚了华族文化的精髓，在保留华族历史文化和弘扬传统道德观方面有着重要的角色。在新加坡，不少社区组织、乡会以及戏曲团体也经常积极主办戏曲表演和课程活动。为了推广戏曲艺术，国家艺术理事会每年支持超过70多个戏曲活动。新加坡传统艺术中心是国家艺术理事会拨款的团体之一。”另一位是新加坡文化、社区及青年部兼交通部高级政务次长马炎庆先生在2018年“新加坡戏曲节”上的献词，该献词说：“新加坡是一个多元文化的国家，各种族的传统文化滋养了我国独特的艺术环境。戏曲作为我国华族传统文化重要的艺术形式之一，结合了音乐、舞蹈、服装、舞台设计等多个艺术形式，也传承着优良的传统道德价值观。传统戏曲在新加坡源远流长，已被列入新加坡非物质文化遗产的档案库里，表示它在国人心中有着一定的地位。”从这两段献词，我们可以看出新加坡政府对戏曲艺术的尊重和支持。

我从史丹福艺术中心离开后，蔡曙鹏教授带我去了新加坡印度艺术协会。该协会是用于推广印度艺术的机构，也是一座学校，致力于培养印度艺术人才，主要是歌舞表演人才。在这里我们见到了新任校长、一位华裔人士。印度艺术协会是一个在新加坡教印度古典艺术的组织，成立于1949年，吸引了不少来自印度、马来西亚和新加坡的音乐爱好者，主要推广印度古典音乐和舞蹈，把音乐和舞蹈表演跟课程教学结合起来进行。此外，他们还开设绘画课程。今天晚上这里有印度舞蹈表演，可惜我们没有时间观赏了。

告别印度艺术协会后，我们先去了滨海艺术中心，拜访了该中心的文化社区节目策划主管金登风女士。金女士在一间小会客厅接待了我们，给我们介绍了滨海艺术中心的相关情况。接下来我们直奔华族文化中心拜访南华潮剧社。潮剧社的社长卓林茂先生接待了我们。南华潮剧社驻扎在华族文化中心。新加坡华族文化中心大楼于2016年落成，是优质演出、展览和文娱活动的聚集地，通过多个层面促进华族文化，加强族群间凝聚力以及社会和谐。据介绍，南华潮剧社的历史可追溯至1963年，是由当时一群志同道合的潮剧爱好者所成立的，旨在联络同好之情谊，研究戏曲，弘扬潮人优秀传统文化。为使剧务与时俱进，南华潮剧社在2015年4月获准为慈善机构，享有捐款扣税优惠。2017年，南华潮剧社也获得新加坡国家艺术理事会主要扶助计划下为期三年的拨款。南华潮剧社多年来坚守弘扬潮剧传统的理念，同时积极寻求表演艺术领域的突破。除了呈献经典演出剧目，南华潮剧社也大胆尝试创新，通过结合现代科技及融合不同流派等方式，提高观众的参与度，提升他们的感官体验。南华潮剧社亦不遗余力开展无数场对外演出和工作坊，以把触角伸向更多观众，尤其是年轻一代。南华潮剧社积极服务社会公益事业，参与各项义演。近年来，南华潮剧社在国际舞台上大放异彩，足迹遍布中国、韩国、柬埔寨、马来西亚和德国，也在潮剧发祥地中国广东多次演出，屡获好评。据卓林茂先生讲，他要在这里建立一个潮文化研究中心，目前的措施是要将有关潮文化包括潮剧的文献、文物、唱片、录音带、录像带转化为数字形式，以便热爱潮文化的人们来研究和体验。南华潮剧社位于华族艺术中心的高层，视野很开阔，打开窗帘就可以望见茫茫大海。我们参观了南华潮剧社的排练场、服装道具室、办公室，到处都能感受到卓林茂先生的雄心。卓先生讲，他们先是通过向潮籍人士募捐的形式募捐到一部分基金，然后新加坡政府按1比1配套，目前资金已达500余万新元。但数额还是不足，因为要做很多事，尤其是潮文化文献数字化的事就要花去很多钱，所以还需要不断努力。南华潮剧社的使命就是保留、发展、推广新加坡传统潮剧。该社在潮剧传承和推广方面也做了大量工作，其中有潮剧表演、潮剧工作坊、潮剧教学等，许多工作都得到了朋友和新加坡政府的大力支持。

卓先生带我们吃了午饭。饭后我们去了马来传统艺术中心。该中心位于原来的马来皇宫旧址，可惜今天周一休息。一位中年女性工作人员给我们简单介绍了情况，我们就去了凤山宫考察。

凤山宫位于新加坡东南部郊区，原先是一个村落，英殖民时期曾广种葱茅，故有葱茅园之称。这里的居民主要来自中国的福建、广东两省，信奉九皇大帝，故凤山宫供奉着以九皇大帝为核心的众神香火。

我们驱车到这里，发现除了九皇大帝，还有诸多神灵也同时被供奉，如孔子、关公、财神、斗母等，大约二十多位神灵。这里正在举行庆祝仪式，庆祝中国福建省凌霄县的潮剧团在这里演出。蔡曙鹏教授的朋友萧建南先生在这里工作，但萧先生没在，他的夫人接待了我们。萧夫人很是热情，她带我们从本次庆典活动的厨房介绍起，讲了很多情况。他们为庆典临时在凤山宫后面搭建了厨房，规模很大，各样食材均摆放在这里，许多都是信众捐赠的。各式素斋被厨师们做出来，装进好几个大桶，萧夫人还一一揭开桶盖让我们看。这里的人多是潮州人，做出来的菜肴也是潮州风味，看起来很美，闻起来很香。萧夫人说这里的厨师都是义工，也都是九皇大帝的信众。他们平时都在做自己的事情，庆典期间来这里义务做菜或帮厨。厨房和用餐区没有太多分割，只是用餐区划分为三个部分：一是捐赠者用餐的地方，相对较小，但为表示尊重辟为专区；二是观众用餐处，面积较大，在凤山宫一侧，有二十多个餐桌，观众和其他宾客均可在此免费用餐；三是义工区，主要是参加庆典的义工用餐。萧夫人请我们在义工区吃了饭。义工们都很热情，他们在着装方面最大的特征就是头上包着白色的布，说着带有潮州方言的普通话。

接下来萧夫人带领我们拜访来此演出的剧团。今年凤山宫庆典邀请的是中国福建省云霄县潮剧三团。该团将从农历八月二十一日演出至九月初十，共演出 18 个剧目，包括《五子平南》《冯武忠挂帅》《兄弟情仇》等，另外还有一个折子戏专场。据云霄县潮剧三团的团长蔡坤何先生介绍，本次来凤山宫演出的演员约五十人，都是经过县里选拔并公示过的。他们坐了十多天的船来到新加坡，每天的演出酬金是 3,000 新元，当然还会有一些观众的赏钱。他们在这里免费吃住。凤山宫也会卖门票，门票价格 5~10 新元，价格很便宜，门票收入归凤山宫。我们还参观了演员的住宿区和化妆棚。演员们的住宿房屋是临时搭建的，五六人一间房子，上下铺，男女演员各住一个区。距离舞台较近的住宿区是女演员居住，屋门外是一个化妆棚，几位演员正在化妆，准备今晚的演出。舞台也是临时搭建的，观众席都是塑料板凳，大约四五百个座位。为防止下雨和日晒，观众席就在一个临时搭建的大棚下。舞台周围张贴了满墙的标语，多是祝贺演出成功、标示剧团水平的标语，看上去很隆重。我们还参观了舞台的后台，后台摆放着服装、道具，很有秩序，还供奉着戏神，戏神棚前摆放着香炉，几炷香还在冒着青烟。

凤山宫的庆祝仪式很隆重，但都是在相关组织的支持下做的。据萧夫人介绍，本次活动由诚友会、联合社、老菜友会等支持。这些会社多是行业组织，例如老菜友会就曾是一些卖菜人组织起来的会社，诚友会则是由一些世代相传的好朋友结成的会社。每个会社在庆典活动中都会出人、出力、出资。

我们在此参访约一个小时后，萧建南先生回来了。萧先生是一位企业家，在凤山宫庆典活动中担任总务。他很热情地招待我们，并邀请我们晚上看戏。戏于晚上八点准时开演，今晚演出的是《梅花公主》上本。戏演得很好，服装鲜亮、演员卖力，赢得不少掌声。演出结束后，我们到舞台上跟演员们一起拍照留念。离开凤山宫后，蔡教授把我送回酒店。

五、骆明先生、GOOGMEN 艺术区、国家艺术理事会、戏曲学院

今天是中国的国庆日，我退了酒店，与蔡教授于 10 点见面，开启了最后一天的考察之行。

我们上午拜访了宗乡会馆联合总会的谭瑞荣先生及其助手欧雅丽女士。谭先生是位画家，20 世纪 90 年代从贵州移民到新加坡。欧雅丽是陕西人，本科和硕士都曾在中国人民大学中文专业学习，现在新加坡工作，但未移民。我们在此谈了宗乡会馆的相关问题后，驱车拜访骆明先生。

骆明先生本名叶坤灿，曾当过多年的中学校长，已八十多岁，住在新加坡东部靠近斗母宫的一座连排别墅内，蔡教授对他很尊重。骆明先生常年研究中国现代文学，自己也写散文，是一位华文作家，到过中国许多地方。蔡教授介绍，骆明先生是新加坡文艺界的前辈。早在 1980 年，他就发起并组织新加坡文艺协会，后于 1988 年又创办亚细安华文文艺营。他也曾创办多种文学刊物，倡导设立多个文学奖项，鼓励华文创作，倡导华文文学的本土化，他的个人著述已达三十余部。骆明先生说话声音不高，但很清楚。听蔡教授说我从中国来，他很希望见见我。在交谈中，骆明先生讲了他的许多经历以及在中国的见闻，并赠送给我他的两部著作。我们在他家聊了一会，他便提出请我们吃饭。骆明先生开车把我们带到一个僻静的小区。这里有一座商场，商场里有许多饭店。

我们选择了一家潮州菜馆。大家在吃饭过程中聊了许多。骆明先生一直是新加坡华人社会的文艺领袖，并坚持用汉语写作和做研究。最近他写了一部回忆录，蔡教授建议他整理出一部分，可在《艺术学界》杂志发表，我觉得是一件好事情。可惜他不会电脑打字，还需要孩子们整理。

午饭之后，蔡教授和我来到 GOOGMEN 艺术区，新加坡国家艺术理事会的洪子杰先生接待了我们。洪子杰担任国家艺术理事会的高级经理，主要做传统艺术拓展工作。据他介绍，他们 2018~2022 年的计划中有三个领域的工作：一是用传统艺术开启民智；二是通过传统艺术促进民族和谐；三是让传统艺术走出国门，树立新加坡的国际形象。国家艺术理事会的职责是推动艺术发展，其中包括新加坡三大民族的传统艺术的拓展。洪子杰先生建议我到理事会的官方网站上查询详情。从这里离开后，我们到了艺术园区的天韵京剧社。天韵京剧社的社长罗德民先生及其夫人林美莲女士接待了我们。林美莲女士也是天韵京剧社的艺术总监，曾受国家艺术理事会经费支持在中国戏曲学院读书。天韵京剧社是新加坡仅有的三个京剧社之一，在青少年京剧人才培养方面很有成绩。他们与这个园区签了三年合同，按规定三年结束后他们就要离开。天韵京剧社在这里的场地大约有 40 平方米，除了罗德民夫妇的办公桌外，中间是一个小的排练场，其他地方都堆放着服装、道具、书籍。天韵京剧社主要通过德明华文中学培养人才、传承京剧。此前他们也曾招过学生，但多是中老年人。据罗先生讲，他认为中老年人仅仅是作为业余爱好学京剧，不利于京剧的传承，所以他们找到德明华文中学的校长，得到了校长的支持，开始在该校传承京剧。中学接受京剧的传承主要是因为国家有任务。国家拨款到学校，学校邀请艺术家或专家开设课程，京剧也行，其他艺术门类如书法、国画也可。德明华文中学是新加坡十大名校之一，初中四年、高中两年。该校从初中三年级起开设京剧课程，效果很好。这种效果体现在学过京剧的学生素养都很高。这些学生大学乃至研究生学习期间或毕业之后仍然热衷于演戏。跟罗德民夫妇学习京剧的学生约数百人，多数都成为罗德民夫妇的朋友。他们夫妇很注意营造氛围，不仅关爱学戏、演戏的学员，还关爱其家人。京剧社每年要公开演出两场戏，都得到了学员家人的支持。在讨论京剧在新加坡的传承与传播问题时，罗先生不无担忧地表示，由于新一代年轻人对中国语言和文化的疏离，京剧在新加坡的地位也会受到威胁。其实，罗先生说京剧会受到威胁，我感到其他剧种更会受到威胁。因为东南亚国家的现代教育不再重视方言，以方言为特征的地方剧种在东南亚各国的传承比京剧更加艰难。

离开天韵京剧社，我们拜访了新加坡戏曲学院董事局主席林方华处。林方华先生现担任世联常务副主席、新加坡福清会馆主席等职务，是新加坡中侨百货董事经理，曾获“新加坡共和国国庆奖章——公共服务奖”。我们跟林先生讨论的问题主要是由他发起的戏曲胡姬花奖。胡姬花是新加坡的国花，胡姬花奖是新加坡目前唯一涉及各个剧种的奖项。林先生讲，胡姬花奖的设置主要是为了推动戏曲在新加坡的传承与传播，奖项设立以来，推出了许多优秀的演员和表演团体，在新加坡戏曲推广方面发挥了重要作用，他还将一如既往地做好这件事。

离开林方华先生的办公室，我们来到新加坡戏曲学院。这里正在排练越剧。演员全是业余的，他们晚饭后来到这里排练蔡曙鹏教授曾经撰写的一个剧本《聂小倩》。

新加坡戏曲学院成立于 1995 年，是由新加坡国家艺术理事会支持创办的非营利性艺术培训机构，旨在推广华族戏曲的学习与研究，曾在皇后街的阿里哇艺术中心（Aliwal Art Centre）驻扎，蔡教授曾在这里担任过多年的院长。新加坡戏曲学院在过去几年有不少变动，2015 年底因院长、经理和导师相继离职而处于停滞状态。国家艺术理事会在 2016 年 4 月停止拨款资助。2017 年 12 月 1 日，新加坡戏曲学院搬进福清会馆五楼办公。学院目前有三名全职员工，主要工作是：推广戏曲艺术、开办各类艺术课程、开拓不同团体之间的合作空间、着重培养本地的戏曲导师、出租戏曲服装和道具、出租多功能排练厅、提供团体免费查阅戏曲资料服务等。《聂小倩》改编自聊斋故事，自 2002 年在新加坡首演以来，先后应邀在韩国的春川国际戏剧节、浦项国际戏剧节、大邱国际戏剧节以及印尼国际戏剧节、马来西亚文化节、摩纳哥国际艺术节、美国德州国际戏剧节等重要节庆活动中演出，最初是以潮剧形式表演，后来被移植为越剧、豫剧、歌仔戏、黄梅戏等剧种，很受观众欢迎。这次重新排演，也是为了赴国外参加演出。各位演员年岁都较大，除了导演外，演员皆为女性，其中一位小生演员特别出色。排练结束后，大家围着蔡教授听意见。他表扬了大家，也逐一提出表演中存在的问题。他很认真，针对每位演员的问题进行指导，还赤脚为大家做示范。从蔡教授的示范动作中，我深切感受到他对角色的理解能力和把握能力。由于我要赶飞机，他一讲完我们便匆匆离开赶往樟宜机场。路上我问他的戏曲表演是从哪里学到的，他说自幼就常由祖母带着去看戏，也深深爱上了戏曲。他的表演多是跟着录像带模仿学来的，当然也受到经常接触的中国戏曲演员的影响。

大约 21 点，蔡教授送我到达樟宜国际机场，我与蔡老师道别后进入机场办理出境和登机手续，为时五天的新加坡之行在感动、忙碌和深思中结束了。感谢蔡曙鹏教授以及新加坡的各位朋友。

六、思考与结论

新加坡是一个建国历史不长的多民族小国家，但对文化艺术十分重视。政府以国家艺术理事会为杠杆，以各民族艺术传承区为抓手，以社会教育、国民教育、文化产业等为途径，有效扶持了大批艺术社团，推广发展境内各民族文化，丰富着国民的文化生活，促进着各民族的融合，也推动着新加坡的文化繁荣。

文化是艺术生长的重要前提，没有文化营造的氛围、没有行之有效的文化政策、没有文化自身的持续性，艺术很难孤立生长。在新加坡，各民族文化协调发展，艺术生长在人们的社会生活和文化传统当中，成为人们表情达意、打理生活、认识世界、珍重生命的特殊方式，所以其才会呈现出生机勃勃的状态。新加坡政府高度尊重各民族的文化传统，也把境内各民族的文化传统纳入本国的传统一起培育，政府在尊重各民族文化传统的基础上顺势推动国家文化繁荣。所以，新加坡的文化艺术战略和相关政策得到了民众的积极响应。

新加坡的社会组织效益很高，无论是国家艺术理事会的支持和考核体系，还是民间组织；无论是传统艺术组织，还是现代艺术组织，都层次丰富、形式多样、效益显著。新加坡的企业家多关注并支持文化艺术事业，绝大多数规模以上的企业家都在以自己的方式支持着文化艺术事业，成为支撑新加坡文化艺术事业的民间力量。

新加坡艺术界人士对自己从事的艺术事业都很热衷，除专业组织外，大多数参与艺术创作、展演和活动的人士都是在业余时间从事艺术活动的，虽然不无名利，但多数无关名利，以忠于自己的爱好为主调。文化自觉、艺术自觉的特征在新加坡十分显著。

新加坡有效利用各类空间弘扬和拓展传统艺术，传统艺术渗透在新加坡的各个社区和学校中，并利用这些空间广泛接纳着世界各国的经典艺术，从而丰富了新加坡的文化艺术类型和民众的社会生活，让新加坡经济、社会和文化彰显出无限活力。

新加坡与世界各国交往频繁，各个艺术团体不断参与世界各国的艺术活动，文化艺术活动被辐射到全世界，在国际社会有效树立了新加坡的国家形象。

中国传统艺术借助新加坡华人的努力和该国政府的支持在新加坡有效生长和繁衍，并逐步融入新加坡的文化和社会传统中，成为新加坡文化和社会的有机组成部分。但由于受青少年一代所接受的现代教育内容和形式的影响，尤其是各民族语言在新加坡国民教育体系中的削弱，中国及其他各民族的传统艺术在新加坡也面临着威胁。

传统艺术的传承和拓展既需要一个较为稳定的体制与机制，又要面对时代的变化不断调整。传统艺术在新加坡的当代传承中，既未丢弃传统路径与方法，也在创设新的路径与方法。多数传统艺术的传承都在密切关注青少年一代，希冀在青少年一代中产生影响。

作者简介：

王廷信，文学博士，中国传媒大学艺术研究院教授，博士生导师。

社会变革背景下的戏曲传播

——评王廷信教授《20世纪戏曲传播方式研究》

冯昱玮

摘　要：在20世纪这个充满变革的时代，戏曲传播方式经历了复杂而又富有价值的历史景象。《20世纪戏曲传播方式研究》对社会变革背景下的百年戏曲传播的动力、机构、方式、效果进行了系统梳理，提出本位传播和延伸传播两大重要概念，为戏曲传播的学术研究搭建了理论框架，对戏曲传播的理论研究和实践探索以及戏曲艺术未来的传承、传播和发展具有借鉴意义。

关键词：社会变革；20世纪；戏曲传播

2020年，王廷信教授的《20世纪戏曲传播方式研究》一书由中国文联出版社出版。该书对20世纪中国戏曲的现状、戏曲传播的方式进行了整体研究，主要内容涉及戏曲在20世纪的传播背景、传播动力、传播方式和传播效果。该书认为，20世纪是中国社会由传统向现代转型的重要时期，戏曲艺术的传播也经历了由传统向现代传播方式的转型，形成了传统传播与现代传播并行的传播方式。

作者首先把20世纪戏曲传播放在变革的主调、传媒的兴盛和社会转型的大背景下进行思考，认为在这三大背景基础上形成了20世纪戏曲传播的各种动力。作者认为，文化变革、政治需求、经济推动和民俗习惯是20世纪戏曲传播的四大动力。20世纪的文化变革旨在革除旧弊、开创新风，在思想上为中国开辟一条现代化的强国道路。作者认为，戏曲在20世纪文化变革过程中既作为开蒙工具，成为启蒙大众梳理现代观念、进入现代社会的重要工具，又作为被改造对象从内容到形式与现代社会接轨。这两方面均在文化变革的轨道上从不同角度形成推动20世纪戏曲传播的主要动力。在文化变革的基础上，政治需求也直接推动了20世纪戏曲传播。

20世纪，对于戏曲艺术而言，也经历了从传统的农耕社会到现代社会的转型，戏曲艺术与生俱来的生存需求在此转型中被凸显出来，成为20世纪戏曲传播的动力之一。在经济动力这条线上，传统的传播模式逐渐过渡到现代模式，从1949年后的公有制体制，演进到20世纪80年代中期的院团体制改革。在此过程中，戏曲传播也从舞台、剧院延伸到电影、音像、广播、电视等现代传媒领域，形成较为先进的经营理念、较为灵活的经营形式，从而有效推动了戏曲传播。20世纪，以节日时令、神灵信仰、人生礼仪、社会风尚为代表的四大民俗系统依然延续，民俗为戏曲传播所提供的载体在20世纪前半叶与现代传播方式并行，到20世纪最后的二十余年间，随着国家对传统文化的重视，民俗又兴起，继续为戏曲传播提供动力。

《20世纪戏曲传播方式研究》在宏阔的背景下对戏曲传播四大动力的思考是符合20世纪中国社会和戏曲传播实际的，作者对这些问题的分析也是准确到位的。没有这样特殊的背景和特别动力，20世纪戏曲传播方式也许就不是我们所看到的样态。

可贵的是，作者在该书中提出了“本位传播”和“延伸传播”两个核心概念，并以这两个概念为轴心，把20世纪戏曲传播的基本方式有效统领起来。作者把戏曲的舞台传播作为本位传播，并将本位传播划分为整体传播（一个完整舞台剧目的传播）和分支传播（剧本阅读、单出戏表演、唱段欣赏等），认为整体传播体现了戏曲传播的原真性，分支传播基于戏曲的综合性特点，可以“化整为零”，以剧本、单出、唱段等形式灵活传播，成为戏曲本位传播的一支重要力量。作者在本位传播的基础上析出延伸传播的概念，认为延伸传播是对本位传播各类信息的再传播，如通过海报、广告、戏单、舆论、绘画、邮票、录音、录像、广播、电视等形式让戏曲信息延伸到更多领域，集中以信息传播、舆论传播、知识传播、技能传播、音像传播、图像传播、广播影视传播等七大方式来体现。本位传播和延伸传播两大概念准确地概括了20世纪戏曲传播的所有形式，为研究戏曲传播问题提供了可资借鉴的理论依据。

在《20世纪戏曲传播方式研究》一书中，作者还专门研究了戏曲传播的机构，这些机构也构成了20世纪戏曲传播的主体。这些机构主要有专业院团、专业剧场、传媒机构、政府部门、社团行会、专业院校。作者认为，这六类力量作为戏曲传播的主体，或独立或联合，共同为20世纪戏曲传播贡献了自己的智慧。

值得一提的是，戏曲这种传统深厚的艺术形式在现代传媒技术在中国兴起之初便及时“搭载”，并在与现代传媒技术结合的过程中形成了新的表现形式。无论是在现代报刊、影像中，还是在现代广播、电视中，我们都能看到戏曲艺术活跃的影子。麦克卢汉有一重要观点——“媒介即讯息”（《理解媒介：论人的延伸》，商务印书馆2000版），戏曲艺术不仅作为一种艺术形态成为人们的欣赏对象，也作为一种媒介形式传播着各类信息。在现代媒介尚未出现之时，戏曲就以媒介身份传播着历史、人情、风俗、文化等丰富的信息。而现代媒介兴起之后，戏曲的媒介属性与现代媒介的传播属性直接“黏合”，不仅以内容身份成为现代媒介的有效信息，而且其表现形式也强化了现代媒介的信息属性。这种情形也让戏曲有效地“搭载”现代媒介，突破实体空间的限制走进虚拟空间，成为大众随处可赏的精神食粮。大众可以借助现代媒介便捷地欣赏戏曲，也能便捷地与戏曲传播主体进行互动，大大提升了戏曲传播的质效。在现代媒介这条路上，戏曲联结了政府、商人、知识分子、普通民众等各类社会角色，以独特的方式刺激了社会对戏曲的需求。作者认为，戏曲自身的媒介属性决定着戏曲的传播本能，戏曲借助现代媒介传播自身，也为自己找到了有效的生存空间。不仅如此，戏曲在现代媒介的传播道路上，也催生出与现代媒介相适应的独特的艺术形式，如借助广播形成的戏曲广播剧，借助电影形成的戏曲电影，借助电视形成的戏曲电视剧，等等，都显示出戏曲艺术与现代媒介相结合的独特价值，也显示出戏曲自身的“再生”能力。

戏曲能够适应现代新兴媒介并进行有效传播的原因，除了作者书中所论，笔者认为，新兴传播媒介的兴起与推广在20世纪的戏曲传播中也起着极其重要的推动作用。正如作者所言，整个20世纪，中国戏曲的传播都与现代传媒业的兴盛有着不可分割的关系。它不仅将“本位传播”更好地呈现给观众，尤其是电影电视的呈现方式，让更多的人能够对戏曲艺术实现资源上的共享，也留存下了中国传统戏曲的原本状态，例如很多珍贵的录影录像资源以及光碟的留存，对于戏曲文化历史及其研究有着重要影响。在“延伸传播”方面，戏曲与现代媒介的结合形成了一条特殊的商业产业链，比如海报、报纸、戏单、画刊、剪纸、火花、邮品、年画等。所以，戏曲介入现代媒介，也反过来推动了现代传媒经济的发展。

20世纪的中国，是一个耐人寻味的中国。20世纪戏曲的传播问题，也是一个耐人寻味的问题。在强大的社会变革背景下，戏曲艺术在20世纪的传播呈现出多姿多彩的面貌，虽然其中也有波折，但都没能阻挡戏曲从传统社会向现代社会的迈进。这与中国人对戏曲艺术的深厚感情有关，也与戏曲在20世纪中国的机遇有关，更与戏曲传播主体的共同努力有关。王廷信教授的《20世纪戏曲传播方式研究》从多个侧面探讨了这一百年的戏曲传播问题，对我们研究戏曲艺术很有参考价值。在该书的最后一章，作者探讨了20世纪戏曲传播的效果，认为从民众戏曲艺术意识的增强、戏曲演员地位的提升、戏曲形式的变化、戏曲产业的萌生四大方面可以看出这一百年间戏曲传播的显著效果。其中，民众戏曲意识的增强颇为重要。戏曲作为一种从传统社会走进现代社会的产物，如果没有传播力量的推动，可能会被人们淡忘，甚至消逝在现代社会的迷途中。正是传播的推动，才使戏曲创作主体、传播主体、欣赏主体提升了对戏曲价值的认知，也才使戏曲这种珍贵的遗产在今天依然能够焕发活力，成为中国人精神生命的源泉之一。

作者简介：

冯昱玮，北京外国语大学艺术研究院硕士研究生。

附录

《中国文化传播》征稿启事

一、出版信息

《中国文化传播》是由中国传媒大学艺术研究院主办、中国传媒大学出版社出版的大型学术集刊。本刊将于 2022 年起正式出版，每集 20 万字，每年出版 2 集，分别于 6 月、12 月出版（每集审稿时间分别在每年 1 月、8 月），面向国内外公开发行，每集所发表文章均在中国知网收录。

二、编辑宗旨

《中国文化传播》立足中国，面向世界，结合中国传媒大学学科优势，团结国内外优秀学者，以中国艺术传播与传承为主要内容，专门致力于中国文化传播的理论探索和实践研究。《中国文化传播》坚持理论与实践相结合的立场，提倡学术性、前沿性、探索性，引导中国文化传播的理论和实践，为中国文化传播提供学术支持。

三、核心版块

本刊设置专家访谈、前沿理论、传播历史、传播原理、经典案例、讲座实录等核心版块，具体如下：

1. 专家访谈：拟对在中国文化传播与传承理论研究和实践探索方面卓有成就的专家进行访谈，集中体现文化传播与传承的动向。

2. 前沿理论：发表文化传播与传承研究领域的前沿学术成果，体现理论研究方面的探索性、引领性特征。

3. 传播历史：着眼于文化传播与传承的历史研究。

4. 传播原理：着眼于文化传播与传承的原理性、机制性研究。

5. 经典案例：发表中国文化传播与传承的经典案例研究成果。

6. 讲座实录：发表本领域知名专家学者的学术讲座内容实录。

四、投稿要求

1. 本刊采取电子投稿方式，稿件一般不少于 1 万字，特殊稿件不超过 2 万字。须在每集出刊前 5 个月内投入本刊编辑部指定邮箱，以附件 word 形式发送。

2. 稿件含文稿标题、作者姓名、作者简介（含服务机构名称、职务、职称、主要研究方向）、中英文摘要（约 350 字）、中英文关键词（3~4 个）、正文、参考文献、获基金赞助信息（含基金发布机构名称、基金名称、基金项目编号，不超过 2 个赞助基金项目）、作者联系方式（含手机号码、电子邮箱、邮寄地址、邮政编码）。

3. 稿件要求内容充实、格式正确、引注规范（文稿采取脚注方式，含引文文献作者、译者信息、引文标题、引文出处，引文须标注准确页码，属互联网文献者，须标明作者姓名、文献名、网名、网址、文献发布日期、引用日期），公式和外文文字核对准确，文中术语、计量单位、人名、地名的译名及其汉语拼音的拼写等，请按最新出版的国家标准使用。稿件图片一般不超过 5 幅，并标明序号、图片名称和图片出处。

4. 来稿文责自负，稿件不得出现抄袭、重复发表或其他学术不端行为。

5. 本刊对来稿有权做技术性和文字表述修改。

五、审稿程序

1. 本刊收到稿件后在 2 个月内完成审稿，并通过电子邮件给作者审稿意见。

2. 请作者自留备份稿，本刊不予退稿。

3. 论文一经发表，即向作者赠送当期样刊 2 册。

六、联系方式

编辑部指定邮箱：cbxk2022@163.com

《中国文化传播》编辑部